Otto Zardetti, Karl Johann Greith

Eine Festschrift auf das goldene Priesterjubiläum des Hochwürdigsten Herrn Bischofs von St. Gallen

Otto Zardetti, Karl Johann Greith

Eine Festschrift auf das goldene Priesterjubiläum des Hochwürdigsten Herrn Bischofs von St. Gallen

ISBN/EAN: 9783742896018

Hergestellt in Europa, USA, Kanada, Australien, Japan

Cover: Foto ©Lupo / pixelio.de

Manufactured and distributed by brebook publishing software (www.brebook.com)

Otto Zardetti, Karl Johann Greith

Eine Festschrift auf das goldene Priesterjubiläum des Hochwürdigsten Herrn Bischofs von St. Gallen

„Requies S. Galli."

Requies S. Galli
semper in spinis
numquam
sine rosis

„Requies S. Galli"

oder

Geschichtliche Beleuchtung

der

Kathedrale des hl. Gallus

im

Lichte ihrer eigenen Vergangenheit.

Eine Festschrift

zum

Goldenen Priester-Jubiläum des Hochwürdigsten Herrn Bischofs

von St. Gallen

Dr. Karl Johann Greith

am 29. Mai 1881.

Von

Dr. Otto Zardetti,

Domcapitular und Domcustos in St. Gallen.

Mit Titelblättern und illustrirenden Einlagen.

Einsiedeln, New-York, Cincinnati und St. Louis.

Druck und Verlag von

Gebr. Karl & Nikolaus Benziger,

Typographen des heiligen Apostolischen Stuhles.

1881.

„Hæc requies mea in sæculum sæculi."
„Hier ist meine Ruhestätte für ewig."

Worte des hl. Gallus nach Ps. 131, 14.

Dem hohenpriesterlichen

Jubilar,

dem

Hochwürdigsten, Gnädigen Herrn

Dr. Karl Johann Greith,

Bischof von St. Gallen,

auf sein

Goldenes Priester-Jubiläum

den 29. Mai 1881.

Hochwürdigster Herr Bischof!

Gnädiger Herr!

enn der Verfasser dieser „Festschrift" als Glied Ihres Domcapitels und Klerus Ew. Gnaden zur goldenen Jubelfeier Ihres Priesterthums diese Blätter zu widmen sich erlaubt, so veranlaßte ihn dazu das Drängen seines Herzens, mit einer, wenngleich noch so bescheidenen, literarischen Arbeit Ew. Gnaden Jubelfest mitzufeiern und einigermaßen zu verewigen. Kaum aber hatte der Verfasser begonnen, mit sich über die Wahl des passendsten Themas zu Rathe zu gehen, als sich auch seinem Geiste mit einem eigenthümlichen Reize eben jenes Thema präsentirte, welches er hier mit allerdings schwachen Kräften zu behandeln versuchte. Da man nämlich nicht

selten, zumal an Orten, wo reiche finanzielle Mittel eine Festlichkeit dieser Art äusserlich verherrlichen helfen, bei solchen Gelegenheiten die hervorragendsten Gebäude und monumentalen Denkmäler des Festortes zu beleuchten pflegt und so gleichsam im Feuerglanze als dem Reflexlicht des innern Jubels und der Begeisterung die gefeierten Stätten verklärt, so schien dem Verfasser nichts passender, als in Ermanglung einer für's körperliche Auge sichtbaren Beleuchtung, die Kathedrale des heiligen Gallus, die ehrwürdige Stätte dieser priesterlichen Jubelfeier, im Lichte einer dem geistigen Auge vermittelten Beleuchtung erstrahlen zu lassen.

Die Kathedrale des heiligen Gallus ist ja, Hochwürdigster, Gnädiger Herr, jene hochheilige Stätte, welche seit dem providentiellen Falle des heiligen Patriarchen Gallus n i e m a l s ihrer ursprünglichen Bestimmung, dem „göttlichen Dienste", entfremdet worden, und deren ehrwürdige Umfriedung bis zur Stunde noch von jener Profanation ist verschont worden, welche sonst im Laufe der Zeiten in immer enger sich schliessendem Zirkel auch dieses Heiligthum umkreiste und bedrohte. Die Kathedrale des heiligen Gallus in ihrer Eigenschaft als früheres Central-Heiligthum der fürstlichen Gallusstiftung, wir möchten sagen, als das Tabernakel oder Allerheiligste vom Gotteshause des heiligen Gallus im weitern Sinne des Wortes d. h. seiner Stiftung, ist auch das erhabene, selbst den Sturz des Stiftes überdauernde D e n k m a l geworden, dem die

wechselvollen Ereignisse einer zwölfhundertjährigen Stifts=
geschichte ihre Spuren eingepreßt und in dessen hochheiligem
Innersten gleichsam die geheimnißvollen Urkunden und Bücher
seiner großen Vergangenheit zum Studium und zur Betrach=
tung offen liegen. Die Kathedrale des heiligen Gallus
aber, Hochwürdigster, Gnädiger Herr, steht zumal mit
Hochihrer Person in so mannigfaltigen und tiefliegenden
Beziehungen, daß es schwer sein dürfte, zu entscheiden, ob
gerade diese Ihre persönlichen Beziehungen zum Denkmal
des heiligen Gallus oder aber die demselben ohnedies
innewohnende Bedeutung mehr die Wahl dieses Themas
rechtfertigen.

War es denn nicht, wie Ew. Gnaden selbst in
jenem herrlichen Werke betonen, das Sie auf die „Con=
secrations= und Säcular=Feier der Domkirche"
erscheinen ließen und „Ihrem Domcapitel und Klerus"
widmeten,¹) die „Ruhestätte des heiligen Gallus",
die „seit den Tagen Ihrer Jugend für Sie ein Gegen=
stand mannigfacher Studien, treuer Liebe und hoher
Bewunderung gewesen"? Ist nicht Ew. Bischöflichen Gnaden
hochverdienstliches und glanzvolles Priesterleben, welches
heute im Goldschimmer seines fünfzigsten Vollendungs=
tages festlich vor uns aufleuchtet, beinahe ausschließlich
dieser „Ruhestätte des heiligen Gallus" im

---

¹) Das in dieser Festschrift oft citirte, herrliche Werk: „Geschichte der
alt=irischen Kirche". S. 1.

engsten Sinne des Wortes, d. h. seiner **Kirche**, wenigstens in erster Linie geweiht gewesen? Wer anders war, wie sich heute die im Festschmucke prangende „**Kathedrale des heiligen Abtes Gallus**" dankbar erinnert, die Seele jener Bemühungen, als deren Resultat mit Errichtung des Bisthums St. Gallen auch diese letzte geistige Vollendung der Stiftskirche und ihre Erhebung in den Adelsstand der Kirchen, nämlich zur „bischöflichen Kathedrale", angesehen werden muß? Ist es nicht diese heilige Stätte, an welche, seitdem der Vermählungsring der St. Gallischen Kirche Ihre bischöflichen Rechte schmückt, die Bande der heiligsten Pflicht, wie der glühendsten Sympathie Ihr Herz stets gefesselt haben? Hat nicht Ihre bischöfliche Hand diesem monumentalen Baue, welchen zum ewigen Denkmal des fürstlichen Stiftes einer seiner größten Fürsten noch errichtet hat, gleichsam die Firmung ertheilt, als Sie vollendend, was Cölestin II. begonnen, in der Consecration der Kathedrale erst den Charakter eines himmlischen Gebäudes dem Gebilde menschlicher Hände und irdischer Stoffe verliehen? Drängt sich nicht jedem, welcher in diesen Tagen, wo der Glanz Ihres Jubiläums auch bis in Ihre entfernteste Vorbereitungscarrière zum Hohenpriesterthum zurückfällt und deren geheimnißvolle Wege aufhellt, — drängt sich nicht jedem, frage ich, die Ueberzeugung auf, daß wir in Ew. Gnaden heute den **Hohenpriester** feiern, welchen eine besondere Vorsehung für diese „Requies S. Galli" erweckt hat, damit er rings um diese heilige Umfriedung gegen jede Art von Anfeindung und Behelligung das schimmernde Cherubsschwert seiner Wissenschaft und Geistesgröße schwinge, bis er einst, — aber wir hoffen noch lange nicht — in dieser „Ruhestätte des heiligen Gallus" auch seine Ruhestätte von den Mühen irdischen Kampfeslebens finde?

So ist denn, Hochwürdigster Herr, in diesen Tagen wohl Grund genug vorhanden, daß wir der Kathedrale des heiligen Gallus jenen Glückwunsch zurufen: „Gratulare sponsa Christi, quæ per fidem genuisti virum tanti nominis." [1]) Wir konnten gewiß dem katholischen Volke des Bisthums keine passendere Festgabe bieten, als indem wir es durch die „Beleuchtung der Kathedrale des heiligen Gallus im Lichte ihrer eigenen Vergangenheit" von der Bedeutung, Heiligkeit und Würde jener Stätte zu überzeugen versuchten, woselbst, wie einst der heilige Gallus, wie später Fürst Gallus II. [2]), so heute sein Hochwürdigster Oberhirte als Jubilar an den Altar des Herrn tritt.

Möge, — das ist unser Aller Wunsch, — der Herr, welcher einst am Primiztage „Ihre Jugend erfreute", jetzt wieder bei der festlichen Secundiz die Freude Ihres jugendfrischen Greisenalters sein! Möge die herrliche Rose,

---

[1]) „Heil dir, Braut des Herrn, die du im Glauben eines solchen Ruhmes Mann erzeugtest!" Hym. seq. in Offic. propr. S. Otton. Ep. Babenberg.
[2]) Der hl. Gallus war über 50 Jahre Priester. Fürst Gallus II. feierte ebenfalls feierlicherweise in der Stiftskirche seine Secundiz.

welche heute in Ew. Gnaden Jubelfeste wiederum dem Dornengestrüppe böser Tage entblühte, lange blühen, und auf dem Goldgrunde, welcher auf unserm Titelblatt die symbolischen Rosen und Dornen zeigt, verkünden, daß um die „Requies S. Galli" zwar immer Dornen sich finden, aber auch die Rosen nie fehlen! Wollen Ew. Bischöfliche Gnaden endlich den Tribut der Verehrung und Liebe genehmigen, wie ihn mit dieser Arbeit documentiren wollte,

Ew. Bischöfliche Gnaden!
Hochwürdigster Herr!

ganz ergebenst

Der Verfasser.

St. Gallen, den 3. Mai 1881, am 18. Jahrestage der Bischofsweihe des Hochwürdigsten Herrn Jubilars.

Vorwort.

ach der in der vorangehenden Widmung motivirten Wahl unseres Themas ist eine Vorrede nur noch zur klareren Erörterung der Art und Weise erforderlich, wie wir das besprochene Thema durchzuführen und zu behandeln suchten. Auch diese ist übrigens bereits in der Umschreibung des ersten lateinischen Titels gegeben, die wir wohl zu beachten bitten: „Geschichtliche Beleuchtung der Kathedrale des heiligen Gallus im Lichte ihrer eigenen Vergangenheit." Wir wollten mit diesen Worten jeder irrthümlichen Auffassung der vorliegenden Schrift vorbeugen und so folgerichtig der etwaigen Kritik ihre Grenzen ziehen.

Es ist diese Schrift vorerst, wie schon der bildliche Titel andeutet, eine Fest- und Jubelschrift mit der ausgesprochenen Tendenz, auch in literarischer, wenn gleich noch so bescheidener Weise, das Jubelfest des in der Literatenwelt so hoch geschätzten Jubilars mitzufeiern. Diese Tendenz ist aber für die vorliegende Schrift nicht etwa eine blos äußere Veranlassung ohne Einfluß auf deren innere Durchführung geworden, sondern recht eigentlich die Seele und durchgreifende, belebende Kraft, wie sie aus der mehr oder weniger gehobenen Schreibweise hervorleuchten dürfte. Wir rühmen uns keineswegs, irgendwelche neue Forschungen angestellt zu haben, benützten vielmehr fleißig nur, was der forschende Fleiß so verschiedener St. Gallischer Geschichtsforscher uns nahe legte, suchten uns sogar sorgsam vor zu sehr in's Trockene gehender Erörterung und Einläßlichkeit in Details zu hüten; was uns aber die Hauptsache schien — wir versuchten das durch die Geschichte uns dargebotene Material durch Reflexion zu vergeistigen, in jenem Geiste gleichsam aufzulösen, welcher stetsfort die zeugende Kraft alles Großen an dieser Stätte gewesen, und sodann diesen gewonnenen, geistigen, Lichtglanz auf das noch stehende Prachtwerk des Cölestinischen Baues zu werfen.

In dieser Zusammenstellung und Verarbeitung des Ganzen glaubten wir auch unsere ganze Arbeit gelegen. Wir haben selbst in der Wahl der einzelnen Capitelstitel wie „**Kapelle**", „**Kirche**", „**Basilika**", „**Monument**", „**Tempel**", „**Stiftskirche**" und „**Kathedrale**" auf den fortschreitenden geistigen Entwicklungsgang dieser „**Kirche des heiligen Gallus**" hinzuweisen gesucht und der Einheit des Gesammtbildes Rechnung tragend, bisweilen chronologisch spätere Veränderungen den frühern in der Darstellung vorgezogen, wie z. B. die baulichen Veränderungen der Klosterkirche, der Schilderung der „**Tage ihrer Herrlichkeit**" und die Beschreibung der letzten Restaurationen „**der Erhebung der Stiftskirche zur Kathedrale**".

Dankbar für die den Quellen der Geschichtsforschung enthobenen Funde, haben wir dieselben mehr in der Weise zu verwerthen gesucht, daß deren Kenntniß, Combination und Vergeistigung auch für das Gesammtpublicum sich zum erhebenden Bilde einer großen Vergangenheit gestalte. Wir glauben mit **Scheffel**, daß „wenn das Sammeln alterthümlichen Stoffes wie das Sammeln von Goldkörnern zur Leidenschaft geworden, und das gewonnene Metall nicht auch gereinigt, umgeschmolzen und **verwerthet** wird, sehr wenig erreicht wird, ja nichts als ein ewiges Befangenbleiben im Rohmaterial, eine Gleichwerthschätzung des Unbedeutenden, wie des Bedeutenden, eine Scheu vor irgend einem fertigen Abschließen . . . . . eine Literatur von Gelehrten für Gelehrte, an der die Mehrzahl der Nation **theilnahmlos vorübergeht** und mit einem Blick zum blauen Himmel ihrem Schöpfer dankt, daß sie nichts davon zu lesen braucht". Wir versuchten demnach durch unsere ganze bescheidene Arbeit nur, durch Hervorhebung der großen Vergangenheit, die sich an das ideelle und bauliche Denkmal der Kathedrale knüpft, auf das allgemeine, zumal katholische Publicum einzuwirken, daß es hier an dieser Stätte „nicht theilnahmlos" vorübergeht. Nur eine in lebendiger Auffassung entworfene Darstellung spricht wiederum zum Geiste, und die Größe und Schönheit eines baulichen Denkmals entstrahlt erst recht der ideellen Betrachtung und Erfassung desselben.

Wir brauchen deshalb schließlich kaum auf die bekannten St. Gallischen Geschichtsquellen hinzuweisen, denen wir unsere Berichte entnommen, da wir immer genau auf dieselben zu verweisen pflegen. Es haben uns dieselben in unserer Arbeit ebenso sehr unterstützt, wie die Firma der Herren Gebr. Karl und Nikolaus Benziger in Einsiedeln in Druck und Ausstattung, und des Herrn Chr. Bischof's Lithographie in St. Gallen (Tribelhorn's Lithographie) in Herstellung der Titelblätter die äußere Erscheinung dieser Festblätter mit großer Freundlichkeit zu heben suchten.

Der Verfasser.

Inhalts-Verzeichniß.

	Seite
Widmung	VII
Vorwort	XIII
I. Die Kapelle des heiligen Gallus, des „Apostels v. Alemannien"	1
II. Die Kirche des heiligen Gallus unter Abt Othmar, dem Heiligen	35
III. Die Basilika des heiligen Gallus unter Abt Gozbert, 830	55
IV. Das Monument des heiligen Gallus in seinem Fallen und Erstehen	79
V. Der Tempel des heiligen Gallus in den Tagen seiner Herrlichkeit	109
VI. Die Stiftskirche des heiligen Gallus unter Fürst-Abt Cölestin II.	139
VII. Die Kathedrale des heiligen Gallus bis zu ihrer feierlichen Consecration durch Bischof Karl Johann von St. Gallen 1867	167
Reihenfolge der Aebte, Fürsten und Bischöfe von St. Gallen	193
Nachtrag über die Reliquien der heiligen Gallus und Othmar in der Metropolitan-Kirche zu Prag	197

1.

Die Kapelle des heiligen Gallus,

des

„Apostels von Alemannien".

I.

Die Kapelle des heiligen Gallus, des „Apostels von Alemannien".

Aller Anfang ist meistens klein und verborgen. — Blick auf die heutige Kathedrale und Rückblick in die Zeit und auf den Zustand derselben Stätte vor der Ankunft des heiligen Gallus. — Zustand dieser Landschaft vor Ankunft der heiligen Columban und Gallus. — Die Vorsehung bestimmt Gallus zum Apostel dieses Landes. — Des heiligen Gallus Lebenslauf vor seiner Ankunft in dieser Gegend. — Der heilige Gallus trennt sich vom heiligen Columban und zieht mit Hiltibod in die Wildniß an der Steinach. — Der providentielle Fall des heiligen Gallus in die Dornen und seine prophetischen Worte: „**Hier ist meine Ruhestätte für ewig.**" — Analogie zwischen der Weihe dieser heiligen Stätte durch St. Gallus und dem officiellen Ritus der Kirchweihe. — Die Kapelle des heiligen Gallus als Erstlingsform der Kirche des heiligen Gallus. — Ihre Erweiterung und Heiligung durch des heiligen Gallus eigenes Leben. — Hier feierte der heilige Gallus zuerst die heilige Messe. — Hier stand die „cathedra S. Galli". — Hier diente er Gott in freiwilliger Kreuzigung seines Fleisches. — **Hier wird der Leib des heiligen Gallus auf göttliche Fügung hin beigesetzt.** — Bedeutung, welche diese Erstlingsform der Galluskirche gewinnt a) durch den Besitz des „**heiligen Leibes**", b) in der Eigenschaft als **Mutterkirche** für die weitere Umgegend, c) als **Centralstätte** jenes universalen Cultus, dessen Gegenstand der „**Apostel Alemanniens**" geworden. — Cult des heiligen Gallus in der Schweiz, Deutschland, Europa, Amerika. — Worte des heiligen Notker über die „**Ruhestätte des heiligen Gallus**".

„Hæc requies mea in sæculum sæculi."
„Das ist meine Ruhestätte für ewig."
Worte des Hl. Gallus, nach Pf. 131, 14.

Aller Anfang ist nicht blos nach dem Sprüchworte schwer, sondern meistens auch klein, unansehnlich und verborgen. Analog dem Entwicklungsgange des ersten und vorzüglichsten aller Werke Gottes auf Erden, — das in seinem Ursprung dem Senfkorne vergleichbar, auch wie dieses zum Baume sich entwickelt, der die Welt überschattet und in dessen Zweigen die Vögel des Himmels wohnen, — sind auch alle großen historischen Schöpfungen und Institute aus der Kleinheit und Verborgenheit zu ihrer Größe erst emporgewachsen. Es gilt das besonders von jenen Instituten und Schöpfungen, in deren Grundlegung, Entwicklung und Bedeutung Gottes Hand directer und fühlbarer mit im Spiele war, als bei andern. So führt uns auch, wollen wir die Geschichte des heute noch stehenden Denkmales St. Gallischer Herrlichkeit und Vergangenheit schreiben, eben dieses Monument im Geiste rückwärts bis zu jener Zeitepoche, wo noch wilde Steineichen und Tannen an Stelle der jetzigen Kathedralthürme zum Himmel ragten, ein Kreuz, von Haselstauden gebildet, die gotterwählte Stätte bezeichnete, und der Mann, nach dessen Namen und Heiligkeit wir uns heute noch nennen, bei seinem providentiellen Falle in's Dornengestrüppe in prophetischem Schauen aussprach, was der tiefste Grund der geschichtlichen Größe und Herrlichkeit, das Motto und Resumé der Stift- St. Gallischen Geschichte, aber auch das grundlegende Wort des St. Gallischen Domes geworden: „Das ist meine Ruhestätte für ewig."

Wer jetzt von den sonnigen und blumenreichen Höhen des Rosenberg's in die Niederungen hinabschaut, welche einer immer steigenden und sich ausbreitenden Fluthung gleich das Häusergemenge der jetzigen Gallusstadt schon dicht bis an deren Grenzen ausfüllt, — oder wer auf der Speicherstraße der Stadt zueilend, aus der Mitte des jetzigen Häuserlabyrinthes in königlicher Majestät die jetzige Fronte des Domes emporragen sieht, — dem kostet es allerdings, und besäße er die lebhafteste Phantasie, einige Mühe, sich in jene Zeit zurückzuversetzen, wo nach der ältesten Donationsurkunde¹) König Sigisbert's II. (613—614) noch eine „vasta solitudo", eine „weite Einöde" sich über diese Höhen und Niederungen ausdehnte. Tausend und mehr Jahre haben das Angesicht dieser Erde verändert. Reizende Gruppirungen menschlicher Wohnstätten und lachende Fluren sind an Stelle der frühern Waldungen getreten. Die Einsamkeit der „Einöde" ist jetzt dem Tumulte einer industriellen Stadt gewichen, gleichsam als die versteinerte Geschichte und zwölfhundertjährige Vergangenheit dieses Landes überragt aber noch heute der majestätische Dombau den Wirrwarr des Alltagslebens und seiner Veränderungen, und er verkündet dem ruhelosen Geschlechte unserer Tage schon in der Ruhe seiner vollendeten Architektur, von welcher Ruhestätte aus Stift und Stadt ihren Anfang genommen.

Als genau auf dem Fleck Erde sich zum Himmel thürmend, wo einst der Apostel dieses Landes seinen providentiellen Fall in

---

¹) Ueber diese Urkunde siehe das herrliche Werk unseres hochwürdigsten Jubilars, das er 1867 auf die Säcular- und Consecrationsfeier des Domes herausgegeben und seinem Domcapitel und Klerus gewidmet hat: „Geschichte der altirischen Kirche und ihrer Verbindung mit Rom, Gallien und Alemannien." (Von 430—630.) Als Einleitung in die Geschichte des Stiftes St. Gallen. Von Dr. Karl Joh. Greith, Bischof von St. Gallen. Herder 1867. Seite 370 ff.

die Dornen gethan, als die majestätische Wölbung, die zur Stunde noch die heiligen Gebeine des Landesvaters überschattet, als das durch Schicksalsstürme oft gebrochene und immer wieder neuerstehende Heiligthum der Gesammtstiftung des heiligen Gallus ist es vor allem die Kirche des heiligen Gallus, an welche die ununterbrochene Geschichte einer zwölfhundertjährigen Vergangenheit geknüpft ist, in deren heiligen Schatten sich so schön von der einstigen Herrlichkeit und Größe träumen läßt, und deren Anblick nach solchem Traume gewiß jedem das Geständniß entlockt, welches einst der Patriarch Jakob, vom geheimnißvollen Schlummer erwachend, mit den Worten aussprach: „Wahrhaft heilig ist der Ort, und ich habe es nicht gewußt." [1])

Beschränken wir uns nun auch darauf, nicht etwa ein Skizzenbild der Geschichte der Stiftung des heiligen Gallus, sondern nur ein solches vom Centrum und Heiligthum dieser Stiftung zu geben, so müssen wir uns gleichwohl ein wenig diesen geheimnißvollen Träumen überlassen. Wieder ist vor unsern Augen Stadt und Dom verschwunden, und wir vernehmen nur das Rauschen der Steinach durch das Steingeröll, wo jetzt der Kathedralorgel volle Töne des Herrn Lob wiedergeben. Sind auch die Anfänge des St. Gallischen Gotteshauses klein und verborgen, so tritt doch aus dem geschichtlichen Berichte von St. Gallus' erster Ankunft in dieser Wildniß uns das Bild einer feierlichen Weihe dieses Bodens, wir möchten sagen der Grundsteinlegung des St. Gallischen Domes vor die Seele.

Wir wollen uns demnach vorerst an Hand der geschichtlichen Berichte die Scenerie jenes unwirthlichen Landes vor die Seele zaubern, in dessen Mitte sich das erste Heiligthum des heiligen Gallus erheben wird. Der zwar sattsam unserm Volke, aber vielleicht weitern Kreisen doch weniger bekannte Eintritt des Apostels in diese ehemalige Wildniß, wird uns gleichsam als die feierliche Consecration jener Erde erscheinen, die der Herr dem hl. Gallus

---

[1]) Gen. 28, 16.

zum ewigen Erbe überwiesen hat. Endlich werden wir im Waldesdickicht ein Kapellchen sich erheben sehen, in welchem wir als der „Kapelle des Apostels von Alemannien", den ersten Tempel auf dieser Stätte, ich möchte sagen die erste Erscheinungsform des spätern Domes zu erkennen haben.

Sechshundert und zehn Jahre nach Christi Geburt, zur Zeit, als der heilige Columban mit seinen Begleitern von Irland aus über Gallien nach Alemannien zog, bildeten die gegenwärtig fruchtbarsten und volkreichsten Länder zu beiden Seiten des Rheines beinahe nur einen einzigen großen Wald. Berge und Thäler waren mit finstern Tannen bedeckt, von Wildwassern durchschnitten und von Sümpfen durchzogen, und dienten zahlreichen wilden Thieren zum Aufenthalt. Von eben dieser Gegend entwirft der Historiker Ammian Marzellin [1]) um das Jahr 380 folgendes Bild: „Der Rheinstrom ergießt sich in das Becken eines großen und umfangreichen See's, welchen die rhätischen Anwohner um Bregenz den Bregenzersee nennen; bis zu seinen Quellen hin bildet der Strom weite Sümpfe und durchschneidet den See in der Mitte, ohne sich mit seinem Wasser zu vermischen. Rings an seinen Ufern breiten sich schauerliche und unzugängliche Wälder aus, außer wo etwa die altrömische Kraft und Verständigkeit Straßen gebahnt hat, um die Wuth der Barbaren, die wilde Gegend und die Unfreundlichkeit des Klimas zu brechen.[2]) Noch weiter hinauf von den Niederungen des Bodensees bis auf die steinichten Höhen St. Gallens führt uns jetzt aber des heiligen Gallus eigener Wegführer, und seiner abschreckenden Schilderung

---

[1]) Ammian. Marcell. Hist. XV. XXVIII. XXXI. Greith, „Altirische Kirche". Seite 352.

[2]) Der Verfasser dieser Schrift kann sich diese unwirthlichen Ufer des Bodensee's vor 1200 Jahren nur zu leicht vorstellen, weil er im fernen Nordwesten Amerika's dasselbe undurchdringliche Waldesdickicht die Ufer des wilden „lake superior" umkränzen und darin wohl ein Bild von ehemaligem Zustande dieser Gegend gesehen.

entnehmen wir erst die detaillirte und bestimmte Skizzirung des ehemaligen St. Gallens. „Mein Vater," sprach selbst der des edlen Waidwerkes kundige Diakon Hiltibod zu Gallus, der ihn nach dem Zustande des jetzigen Hochlandes von St. Gallen befrug, „die ganze Gegend ist eine Wildniß, reich an Wassern, von hohen Bergen umschlossen, von engen Thälern durchschnitten, aber auch von verschiedenen wilden Thieren, von ganzen Heerden von Wölfen, von zahllosen Bären und Wildschweinen bewohnt." [1]

So sah es an der Steinach aus, als die Providenz endlich den Mann in diese Wildniß führte, an dessen Kommen und Namen sich die Metamorphose dieser Einöde zur weltberühmten Stätte klösterlicher Heiligkeit, mittelalterlicher Wissenschaft und Kunst, der spätern Stadt und Umgegend von St. Gallen knüpft. Wie die verschiedenen Länder und Völkerschaften des Abendlandes ihre Christianisirung und Cultur meistens einem jener außerordentlichen Männer verdanken, die als Organe Gottes das Mark einer ganzen künftigen Generation in sich trugen, so sollte auch Alemannien seinen Apostel finden und einer persönlichen Größe die Herrlichkeit und Größe der spätern das Abendland durchstrahlenden Stiftung St. Gallens entsteigen. Der große Glaubensbote aber, dem hier die Vorsehung ein Ziel seiner Wanderungen und die Nachwelt im jetzigen Dome ein Denkmal gesetzt, kam von jenem heiligen und immer grünen Erin, das gleichsam zur privilegirten Officin solcher Instrumente der Vorsehung geworden war.

Es kann hier nicht unsere Aufgabe sein, des Nähern in die Geschichte des heiligen Glaubensboten Gallus und seiner Heranbildung im irischen Kloster Bangor einzutreten, da wir nur des Heiligen ersten Einzug zur Grundsteinlegung dieses unseres Monumentes berühren möchten. Der hohenpriesterliche Jubilar, dem diese bescheidenen Blätter gewidmet sind, hat überdies in seiner durch Gelehrsamkeit des Inhaltes wie Glanz der Diction gleich

---

[1] *Vita primaev.* p. 8. — *Walafr. Strabo. vita S. G.* c. 4.

ausgezeichneten Schrift: „Geschichte der altirischen Kirche und ihrer Verbindung mit Rom, Gallien und Alemannien (von 430 bis 630) als Einleitung in die Geschichte des Stiftes St. Gallen" die geistige Genealogie der irischen Glaubensväter in Patricius, Columba, Comgall und Columban in so herrlichem Colorite skizzirt, daß ein Blick in dieses literarische Atrium der St. Gallischen Geschichte genügt, um uns gleich von Anfang an mit hoher Bewunderung und Verehrung zu dem Greise zu erfüllen, der auf göttliche Fügung hin als geistiger Nachkomme jener irischen Altväter erst am Abende seines Lebens hier an dieser Stelle, wo nun sein Denkmal zum Himmel ragt, Ruhe und das Endziel seines ruhe- und rastlosen apostolischen Wirkens gefunden. Um das Jahr 545 in Irland aus fürstlichem Geschlechte entsprossen, schon frühe dem berühmten Lehrer Columban der Klosterschule zu Bangor übergeben und daselbst in der Blüthe seiner Jugend unter Abt Comgall mit der Würde des Priesterthumes [1] geziert, wie Columban, sein heiliger Lehrer und späterer Meister, von jener Wanderlust ergriffen und verzehrt, die den Iren jener Zeit gleichsam zur zweiten Natur geworden war,[2] mit Columban endlich um das Jahr 589—590 die „Gottesmission" beginnend und unter dessen strenger Leitung nach einander erst in Gallien, dann am Züricher-, endlich am Bregenzer-See mit verzehrender Gluth des apostolischen Amtes waltend, erscheint Gallus bis dahin allerdings als ein Stern erster Größe und eine feurige Nebensonne an der Seite des „Sonnenmannes"[3] Columban, aber seine Lichtgestalt wird doch

---

[1] Siehe Greith, „Altirische Kirche" Seite 246.
[2] „Quorum cupido emigrandi altera natura erat."
„Cœpit peregrinationem desiderare." Walafr. Str. II. 47.
Der gewöhnliche Ausdruck für das Abreisen der Missionäre.
[3] In Anspielung an eine Vision, welche die Mutter des heiligen Columban vor seiner Geburt gehabt haben soll, erscheint der heilige Columban mit einer „Sonne" auf der Brust.

von den Strahlen dieser Sonne überschimmert. Jetzt erst, um das Jahr 612 und bereits im vorgerückten Greisenalter sollte Gallus jene Mission erfüllen, zu welcher seine ganze bisherige **Laufbahn** nur eine Vorbereitungscarrière gewesen, und **die Vorsehung**, welche diesen leuchtenden Stern aus der unmittelbaren Nähe Columban's entfernte, firirte ihn nun ob der Einöde des spätern St. Gallens, damit sein Leuchten das Dunkel des Heidenthums **und der Barbarei aus der Wildniß** verscheuche.¹)

Wie so oft die **Pläne Gottes** auch die Gedanken der heiligsten und erleuchtetsten Menschen durchkreuzen, so wollte dem heiligen Columban das Zurückbleiben seines „besten **Schülers**" Gallus, der am Fieber krank lag, erstlich nicht entsprechen, und wir kennen die

---

¹) Schon besingt Herder diese Wirksamkeit des heiligen Gallus:

„Grauenvoller Anblick! Undurchdrungener Wald.
Bedeckte Thäler, Auen und Gebirg',
Bis hinten unersteigbar hoch das Eis,
Der Gletscher glänzt in kalter Majestät;
Aus Klüften stürzen Ströme wild herab
Ueber die Felsen. Tief im Hain erscholl
Das Kampfgeschrei der Männer und des Urs;
Am Altar floß Menschenblut dem Wuotan.
Oede lag das Land im trägen Sumpf und Moor.
Da wagten aus entfernten Landen
Von Gott erweckte Männer sich in das Grau'n
Der alten Nacht, durchwanderten das Land
Arm, einsam, unbekannt, verfolget.
Wer hat der Sonne Raum verschafft,
Die Erde zu erwärmen? Weissen Hand
Hat diesen Fels durchbrochen, diesen Wald
Gelichtet, ausgehackt die Wurzelknoten
Der ewigen Eichen? Wer hat dieses Moor
Zum Garten umgeschaffen? War es nicht
St. Gallus und der Mönche fleiß'ge Hand?
Und wie den Boden, so durchpflügten
Sie die noch wildern Menschenseelen!"

Herder's sämmtliche Werke zur Kunst und Literatur. III. Theil. Seite 313.

harte Buße, welche der gestrenge Obere seinem apostolischen Schüler auferlegte. In der Fiebergluth aber, welche Gallus auf's Krankenlager warf, ist die Hand der Vorsehung nicht zu verkennen, welche, wie sie den Sternen ihre Bahnen angewiesen hat, so auch zur bestimmten Stunde ihren Organen den providentiellen Wirkungskreis anweist. So faßt auch im Sinne der ganzen geistigen Nachkommenschaft des heiligen Gallus Walafried Strabo diese Krankheit des heiligen Gallus auf und ruft aus: „O Krankheit, kräftiger als alle menschliche Kraft und freudiger als alle Gesundheit. Nach Christi Beispiel wurde Gallus für uns krank, damit er durch Verkündung des göttlichen Wortes die Krankheiten unserer Seele vertreibe; die Reise mit seinem Lehrer konnte er nicht unternehmen, um uns später zu lehren, den Weg der Wahrheit und Gerechtigkeit zu wandeln." [1]) Dieses Verbleiben des heiligen Gallus an den Ufern des Bodensee's ist somit eine Folge der ersten providentiellen Action in der Grundlegung der St. Gallischen Schöpfung, als deren Denkmal heute einzig noch der Dom dasteht. Die Führung und Leitung des heiligen Glaubensboten durch dieselbe unsichtbare und „spielende Hand" [2]) der Vorsehung wird schon deutlicher und von den Ufern des Bodensee's drängt's und zieht's nun den Apostel mit unwiderstehlicher Gewalt bergaufwärts, bis er endlich fühlt, jetzt sei sein Ziel erreicht, fällt und im Fallen die Auferstehung und das Heil dieses Volkes und Landes begründet. Weil jedoch dieses erste Capitel der Geschichte des St. Gallischen Domes weniger in detaillirter Beschreibung des ursprünglichen Bethauses von St. Gallus seine Bedeutung hat, als vielmehr in der außerordentlichen, historisch verbürgten, wir möchten sagen hochsymbolischen Besitznahme dieses Erdreiches durch den Apostel dieses Landes, so müssen wir auf Grundlage der authentischen

---

[1]) Siehe Greith, „Altir. K." Seite 321.
[2]) Prov. 8, 30. „Ludens in orbe terrarum".

Berichte den Einzug des heiligen Gallus in die Wildniß an der Steinach wiedergeben. Weitern Kreisen dürften deren Details noch weniger bekannt, wenn nicht neu sein. Dem St. Gallischen Geschlechte aber kann die Majestät jener Inauguration St. Gallens nie genug zur Betrachtung und Beherzigung vorgelegt werden. Für die Geschichte, die wir schreiben, bildet diese Partie die hochfeierliche Ceremonie, wodurch Gallus erstlich Platz und Stelle consecrirt, welche seines eigenen glorreichen Namens Denkmal tragen sollte.

Gallus war nämlich nach der Weiterreise Columban's mit seinem Kahne und seinen Netzen zum Priester Willimar in Arbon, der die Glaubensboten schon bei ihrer ersten Ankunft höchst freundlich empfangen hatte, zurückgekehrt und ward von dessen Klerikern Maginald und Theodor auf's beste verpflegt. Kaum genesen, richtete er seine Gedanken auf die Wahl eines schicklichen, abgelegenen Ortes für seine Niederlassung, und ganz erfüllt von diesen Gedanken eröffnete er dem bei Willimar lebenden Diakon Hiltibod die Pläne seines Herzens und frug ihn, der alle Wege und Stege der Berg- und Waldgegend kannte, mit apostolischem Nachdrucke: „Mein Sohn, hast du niemals in den abgelegenen Gebirgen einen Platz gefunden, welcher zum Baue eines Kirchleins und einer Wohnung sich eignen würde, denn mit Sehnsucht verlangt meine Seele, die mir noch übrigen Lebenstage in der Einsamkeit zuzubringen."[1]) Umsonst entwarf Hiltibod dem Greise die abschreckendste Schilderung jener Gegend; umsonst war der Hinweis auf die in jenem Hochthale hausenden Bestien, denn „wenn Gott mit uns ist, wer ist wider uns, und ist Derjenige, der den Daniel aus der Löwengrube errettete, nicht mächtig genug, mich aus den Klauen

---

[1]) Alle diese Details berührt Walafried Strabo in seiner «Vita S. Galli». Wir benützten zumeist die neue und mit vortrefflichem Commentar versehene Ausgabe dieser Vita von G. Meyer von Knonau in den „Mittheilungen zur vaterländ. Geschichte". Herausgegeben vom hist. Verein in St. Gallen. Neue Folge. 2. Heft. 1870. (St. Gallen. Huber.)

dieser Bestien zu befreien?" war die Antwort des Heiligen, welchen nicht bloß seines Herzens Drang, sondern eine höhere Hand vorwärts trieb; umsonst war alle Anstrengung menschlicher Klugheit gegenüber dem Vorsatze des kaum genesenen, fast siebenzigjährigen Greisen, so daß man unwillkürlich an die Worte denkt «Non est consilium, non est prudentia adversus Dominum.»¹) und in Gallus nur mehr das gebrechliche Instrument einer viel mächtigern Hand erblickt. „Morgen schon," sprach er, „werden wir in's Innere des Waldes vordringen, um uns einen tauglichen Platz zu suchen; denn ich vertraue auf die Güte unseres Schöpfers, daß Er sich würdigen werde, uns wie einst dem jungen Tobias einen Engel zum Führer zu geben." ²) Gallus hatte noch die ganze folgende Nacht im Gebete zugebracht, war dann mit Hiltibod am frühen Morgen, mit einigen Netzen und Lebensmitteln versehen, in's Gebirge hinaufgestiegen, hatte aber noch keinen Ort gefunden, wo seines Bleibens sein konnte. Sie wanderten weiter, bis endlich Hiltibod, des Steigens und Gehens müde, sich an seinen Gefährten wandte mit den Worten: „Es ist schon drei Uhr Nachmittags und somit Zeit, daß wir uns erholen und durch etwas Brod und einen Trunk Wasser uns zur Weiterreise stärken;" aber Gallus erwiderte: „Sohn, thue, was dir gut dünkt, ich werde keinen Bissen genießen, bis mir Gott den Ort meiner künftigen Wohnung angezeigt hat."

Auf dieses hin vergaß auch Hiltibod wieder Hunger und Müdigkeit, und beide setzten mit neuem Muthe ihre Wanderung fort. Schon ging der Tag zur Neige, und die Sonne war bereits

---

¹) Prov. 21, 30. „Es gibt keine Weisheit und keine Klugheit wider den Herrn."

²) Diese höhere, unsichtbare Leitung des heiligen Gallus findet in der künstlerischen Darstellung meistens ihren Ausdruck in Engelgestalten, welche ob dem in die Dornen fallenden Gallus erscheinen. Siehe das Altarbild im Dome und das neue Frescobild in der neu restaurirten Wallfahrtskirche „Heilig Kreuz" bei St. Gallen.

hinter den Bergen verschwunden. Sie waren unterdessen zu einem Flüßchen gekommen, Steinach genannt (Stein= aha= Petrosa), folgten seinem Laufe und erreichten einen Felsen, über den es schäumend hinabstürzt und unten im Wirbel kreiset. Hier erblickten sie zahlreiche Fische und warfen ihre Netze aus; aber während Hiltibod eben daran war, ein Feuer anzuzünden und ein Nacht= mahl zu bereiten, war der Heilige betend etwas seitwärts gegangen, fiel in ein Dorngesträuppe und verletzte sich so den Fuß. Das Ziel seiner apostolischen Wanderungen war erreicht; er sollte nicht mehr weiter ziehen. Die innere Stimme, die ihm bis jetzt keine Ruhe gelassen und ihn unaufhaltsam weiter gedrängt hatte, mahnte ihn jetzt mit derselben Sicherheit und Entschiedenheit zum Bleiben. Wir stehen im Geiste wieder da, wo jetzt der Dom sich erhebt, aber vor unsern Augen erblicken wir im Waldesdickicht, welches eben die Strahlen der scheidenden Sonne noch schwach durch= schimmern, einen heiligen Greis mit dem Angesicht auf der Erde liegen und beten. Wie oft und innig ist seit diesem Gebete des heiligen Patriarchen hier an dieser Stelle gebetet worden! Wie viele Tausende haben seit dieser Abendstunde, wo Gallus im Ge= bete auf den Knieen lag, bis zu jener frühen Morgenstunde, welche einer der letzten Fürsten von St. Gallen, Cölestin II., hier in dem von ihm erbauten Münster vor dem Tabernakel knieend zubrachte,[1] wie viele Tausende, sag' ich, haben an dieser Stelle gekniet! Die Vorsehung hatte zum zweiten Male eingegriffen und die Stätte ihres erwählten Heiligthums bezeichnet.

Als Hiltibod den Fall des Heiligen gewahrte und ihm zu Hilfe eilte, erhielt er von dem Heiligen die denkwürdige Antwort: „Lasse mich, hier ist meine Ruhe für ewig. Hier will ich wohnen, denn ich habe den Ort mir erwählet." Zur Erde gebeugt betete Gallus noch lange, machte dann aus

---

[1] Cölestin II., Fürstabt von St. Gallen, pflegte jeden Morgen um vier Uhr, an den Stufen des Hochaltars der Stiftskirche knieend, sein Morgengebet zu verrichten.

einer Haselruthe ein Kreuz, befestigte daran seine Reliquientasche, die er bei sich trug, und worin Reliquien der seligsten Jungfrau, des heiligen Martyrbischofs Desiderius von Vienne und des heiligen Moritz von der Thebäischen Legion eingeschlossen waren, und indem er das Kreuz in die Erde pflanzte, sprach er folgendes Gebet zum Herrn: „Herr Jesu Christe, Du Urheber der Welt, der Du mit dem Siegeszeichen des Kreuzes dem Menschengeschlechte zu Hilfe gekommen bist, würdige Dich, zur Ehre deiner göttlichen Mutter und deiner Heiligen diesen Ort für deinen Dienst bewohnbar zu machen."[1]) Als sich Hiltibod nun nach der Mahlzeit zur Ruhe legte, ging der Heilige leise wieder hinweg, betete wiederum inbrünstig vor dem aufgestellten Kreuze, und im Angesichte, wie in der Kraft dieses Siegeszeichens übte der Mann Gottes zum ersten Male in diesem Walde seine Wunderkraft,[2]) deren Beweise Kunst und Poesie der Nachwelt überliefert haben. Vor dem Kreuze und seinem Apostel schwand selbst die Wuth der Bestie, flohen heulend und klagend die feindlichen Gewalten, und die nun durch feierlichen Exorcismus gereinigte Gegend[3]) war bereits befähigt, den ersten Altar, den Grundstein des spätern Tempels, zu tragen. Bevor wir aber die wirkliche Errichtung des ersten Bethauses auf dieser Erde erwähnen und beschreiben, müssen auch wir unter dem Eindrucke des Wortes des heiligen Gallus „Lasse mich, denn hier ist meine Ruhe für ewig" im Gange unserer fortschreitenden Erzählung etwas innehalten und in Betrachtung rasten.

Der trockene und geistlose Chronist geht freilich gleicherweise über die wichtigsten, wie über die bedeutungslosesten Ereignisse

---

[1]) Siehe Greith, „Altir. K." S. 357, Walafr. Str. vita S. G., c. 12.

[2]) Sie offenbarte sich namentlich in der wunderbaren Bezähmung des Bären und in der Vertreibung böser Geister. Greith, „Altir. K." S. 333—352 u. 359 ff.

[3]) „Eremum cum jam dictis discipulis ingressus, triduano jejunio consecravit et monasterium condidit." Propr. S. Galli.

einfach erzählend hinweg, aber auf denjenigen, welcher gewohnt ist, in allen Wechselfällen die „spielende Hand" der Vorsehung zu erkennen, übt dieses außerordentliche Spiel derselben unsichtbaren Hand einen unwillkürlichen Zauber. Selbst die ältesten Hagiographen von St. Gallus nehmen die Worte des in die Dornen fallenden Patriarchen im Sinne einer feierlichen Prophetie, und [1]) wenn wir in den einzelnen Umständen dieses feierlichen Einzuges des heiligen Gallus in die Wildniß eine förmliche Weihe und Consecration des Bodens erblicken, der den Dom des heiligen Gallus noch trägt, so spiegelt uns das nicht etwa eine allzu lebendige und combinationsreiche Phantasie [2]) vor, sondern wir haben die reellsten Anhaltspunkte in der Vergleichung dieser historischen Begebenheit mit der officiellen Liturgie der Kirchweihe, wie sie noch heute nach Vorschrift des römischen Pontificale vorgenommen wird.

Wie das Pontificale dem eine Kirche weihenden Bischof vor der Verrichtung der Ceremonien Fasten vorschreibt und den Ritus der Weihe selbst mit Abbetung der Bußpsalmen David's einleitet, so fastet und betet Gallus vor Eintritt in die Einöde. Wie den weihenden Hohenpriester die Diener der Kirche zum neuen Gotteshause geleiten, so betritt auch hier der priesterliche Patriarch in Begleitung des liturgischen Kirchendieners, eines Diakons, [3]) die

---

[1]) Auch das „Proprium Sangallense" sagt in den Responf. II. Nocturn. in Offic. S. Galli, 16. Oct. sehr schön: „Vir autem Dei praescius futurorum, ait etc.

[2]) Siehe hierüber Pontif. Rom. in Dedic. Ecclesiae. Auch das Proprium. Sang. faßt diesen Einzug des heiligen Gallus als förmliche Consecration dieser Stätte auf, widmet seiner Erzählung die ganze 4. Lect. der II. Noct. des Officiums der Kirchweihe und leitet sie folgendermaßen ein: „Quod post Constantini Magni, beatique Silvestri Summi Pontificis tempora toto orbe terrarum concessum est, ecclesias aedificare, altaria in titulum erigere . . . . id in Arbonensi deserto etiam S. Gallus Abb. felicibus auspiciis propagavit."

[3]) Hiltibod war Diakon.

Stätte, welche Gottes Tempel im weitern Sinne werden und Gottes Tempel im engern Sinne tragen soll. Das Kreuz, welches der consecrirende Bischof mit heiligem Chrisam an die Wände einer Kirche zeichnet,[1]) und endlich im Bilde über den Altar stellen läßt, wird hier von Gallus feierlich als Siegeszeichen aufgepflanzt, und mit ihm in innigster Verbindung erscheint schon bei diesem ersten Cultusacte in der St. Gallischen Gegend jene Verehrung der heiligen Reliquien, die im Ceremoniell der Kirchweihe feierlichsten Ausdruck findet.[2]) Was dann endlich der heilige Patriarch vor dem Kreuze in jenem Weihegebet ausspricht, ist im Grunde nichts Anderes, als der in wenige Worte zusammengefaßte Sinn und Inhalt der vielen und sinnvollen liturgischen Gebete der Kirchweihe

„Wahrhaft dieser Ort ist heilig, und ich habe es nicht gewußt," — so sagt jeder zu sich selbst, der mit Ernst und Nachdenken diesen ersten Einzug überdenkt. Auf der so geweihten Stätte werden wir nun ein kleines Heiligthum, wie gesagt, die Erstlingsform des spätern Domes sich erheben sehen. Schon in seiner bereits citirten Frage an Hiltibod nach dem Zustande des Hochthales an der Steinach hatte der heilige Gallus die Absicht, „ein Kirchlein" zu bauen, ausdrücklich kundgegeben. Werfen wir nun einen Blick auf das erste, äußerlich so anspruchslose, kleine Heiligthum, suchen wir uns dann von der ihm innewohnenden Weihe und Heiligkeit einigermaßen eine Idee zu bilden, bis wir des Heiligthums äußeres Ansehen und immer steigende Bedeutung in rascher Entwicklung gleichsam mit eigenen Augen wachsen und zunehmen sehen.

Wir haben uns natürlich das erste Bethaus des heiligen Gallus sehr einfach vorzustellen. Er baute nach dem Muster, wie er es in der Heimath gesehen. Die Irländer bauten selbst ihre großen

---

[1]) Alle diese Ceremonien finden bei der feierlichen Consecr. Eccl. statt. Siehe darüber Pontif. Rom.

[2]) Eine Haupt-Ceremonie der Kirchweihe bildet die feierliche Einschließung heiliger Reliquien in das sogenannte „sepulcrum" des Altares.

Kirchen bis in's zwölfte Jahrhundert nie aus Stein, sondern aus Holz.¹) So bestand das Bethaus an der Steinach nur aus dünnen Baumstämmen und Weidengeflecht und war mit Schilf und Tannenzweigen bedeckt. Zwei der Jünger des heiligen Gallus, Magnus und Theodor, waren ihm beim Baue behilflich. Eine kleine, vierseitige Glocke²) aus Eisen rief die Brüder zum Gottesdienst zusammen. Eine solche hatten Columban und Gallus aus Irland mitgebracht und bei der Aureliakirche in Bregenz verwendet. Dort wurde sie sorglich aufbewahrt, im Jahre 1786 dem Fürsten Beda geschenkt und befindet sich als die älteste Glocke der Schweiz in der Sakristei der Domkirche zu St. Gallen. Mehrere Glocken aus dieser Zeit, von ganz ähnlicher Gestalt und Größe, sind noch in den Alterthums-Sammlungen Irlands zu finden. Die so vom Manne Gottes selbst errichtete erste Kapelle erfuhr aber schon gar bald eine bauliche Veränderung und Erweiterung, welche einerseits des Königs Sigibert II. von Austrasien Vergabungsurkunde veranlaßte,

¹) So sind jetzt noch die meisten neuen Missionskirchen in Amerika aus Holz erstellt. Die ursprüngliche Kathedrale in Milwaukee (Wisc.) war eine einfache, dem heiligen Petrus geweihte Holzkapelle.

²) Ueber diese Glocke siehe Greith, „Altir. 8.", S. 318 in not. Zu dem illustrirten Prachtwerke des Oxforder Gelehrten J. O. Westwood, „Facsimiles and Miniatures of Anglo-Saxon and Irish Manuscripts" — welches Werk auch die St. Galler Stiftsbibliothek besitzt, widmet der Verfasser ein eigenes Capitel den „Sacred bells" (heiligen Glocken) und bespricht Pl. 52 Fig. 1 die berühmte St. Patriks Glocke, welche einst Columba der Kirche von Armagh geschenkt und die jetzt noch in kostbarem Metallverschluß, von dem das Werk eine Zeichnung gibt, im Trinity College zu Dublin aufbewahrt wird.

Bezüglich der noch erhaltenen Glocke, die erst im letzten Jahrhundert wieder nach St. Gallen kam, kann mit Sicherheit nicht ermittelt werden, ob sie nur in Bregenz benützt worden oder wirklich auch Gallus-Glocke in St. Gallen gewesen. Die der Glocke jetzt aufgemalte Inschrift sagt freilich, daß „Anno 612 der heilige Gall diese Gloggen" gebraucht habe und zwar in St. Gallen. Von unserer Glocke sagt dasselbe englische Werk: „The bell of S. Gall is also preserved in the Treasury of S. Gall. It is of the usual quadrangular form." S. 152.

und zu welcher anderseits des Heiligen bereits zur Zwölfzahl angewachsener Schülerkreis drängte. Walafried Strabo[1]) erzählt nämlich, daß, „als der König Sigibert II. hörte, daß sich der Mann Gottes in den Besitzungen königlichen Eigenthumes aufhalte, er eine Vergabungsurkunde ausstellen ließ, damit der heilige Mann den Ort, welchen er bewohnte, fürderhin durch königliches Ansehen erhalte," und der Herzog Cunzo, dessen vom bösen Geiste geplagte Tochter Fridiburga der heilige Gallus geheilt hatte, befahl dem Landgrafen von Arbon, in Verbindung mit den dortigen Bewohnern dem heiligen Manne beim Aufbau des Klösterleins (cellae) allen möglichen Beistand zu leisten.

Wir könnten somit gewissermaßen schon jetzt von einem zweiten Bethaus des Heiligen reden, betrachten es aber doch immer noch als die erste kleine Kirche an dieser Stelle. Treten wir einmal im Geiste in dieses kleine Heiligthum. Die Brüder, die sich um Gallus geschaart, leben hier nach der Mönchsregel des heiligen Columban und singen schon hier im Walde jenes Lob Gottes, durch dessen Hebung in den erhabensten Melodieen des Choralgesanges das spätere Stift St. Gallen so berühmt geworden. Schon der heilige Notker[2]) sagt uns, daß Gallus vor allem ein „geistiges Gebäude" zu errichten die Absicht hatte, „und er ergab sich demnach," fährt er fort, „der Einfachheit, dem Gebete und der Arbeit, brachte das Volk vom Irrwahn des Götzendienstes ab, zertrümmerte dessen Götzenaltäre und bekräftigte seine Predigten durch die Wirksamkeit seiner Wunder."

Wir haben in diesen Worten das Resumé von der ganzen Geschichte der apostolischen Wirksamkeit des Apostels, welche ihr Centrum und ihren Ausgangspunkt in dem nun erstellten Oratorium fand. Das „geistige Gebäude", welches hier Gallus errichtete, verleiht erst dem materiellen, sichtbaren Gebäude seinen höhern Werth. Welcher Glanz heiligen Lebens erfüllte das Innere

---

[1]) Siehe darüber Greith, „Altir. K.", S. 370 ff.
[2]) S. Notkeri Martyrol. bei H. Canis. Lect. ant. Tom. VI. p. 928.

dieses Bethanies von St. Gallen, bevor die Strahlen äußern Glanzes und Ruhmes die Stiftung des Apostels zu beleuchten anfingen! Hier in dieser Kapelle brachte jener apostolische Greis, dessen ganzes Leben die fast wörtliche Uebersetzung jener Bibelworte der Epistel aus der Messe heiliger Aebte geworden, so viele Stunden im Gebete zu. Es dürfte kaum eine zutreffendere Illustration zu jener schönen Schilderung im Buche der Weisheit geben, als die Legende vom heiligen Gallus.¹) „Geliebt von Gott und Menschen, ist sein Andenken nun im Segen. Gott hat ihn an Herrlichkeit den Heiligen gleich gestellt und ihn erhöht zum Schrecken der Feinde, und in seinem Worte besänftigte er die Ungeheuer. Er verherrlichte ihn vor dem Angesichte der Könige und gab ihm Befehle angesichts des Volkes und ließ ihn schauen seine Herrlichkeit. In Treue und Sanftmuth heiligte Er ihn und erwählte ihn aus allem Fleische. Er hörte auf ihn und seine Stimme und führte ihn in das Wolkendunkel. Er gab ihm selbst die Gebote und das Gesetz des Lebens und der Weisheit, um Jakob zu lehren seinen Bund und Israel seine Rechte.“ Aus dieser Kapelle, wo im Verkehre mit Gott seine begnadigte Seele gleichsam durch das Auge leuchtete und ihren Glanz auf sein Angesicht warf, ging der Mann Gottes so oft hinaus, und es flohen vor seiner fast überirdischen Erscheinung alle Kräfte des Bösen, und die bösen Geister verließen ihre Wohnung, wo sie so lange gehaust. Erst wenn wir uns recht lebendig in jene ersten Jahre zurückdenken, in welchen der Patriarch dieser Gegend noch in seiner Erstlings-Kapelle des heiligen Amtes waltete, werden wir von tiefer Ehrfurcht für den Ort, wo jetzt die Kathedrale des heiligen Gallus steht, ergriffen werden und in die Worte Jakob's ausbrechen: „**Wahrhaft heilig ist der Ort, und ich habe es nicht gewußt.**“

---

¹) Miss. Rom. Epist. in missa de Comm. Abb. *„Dilectus Deo et hominibus etc."*

Hier an dieser Stelle, wo jetzt der hohepriesterliche Jubilar im Vollschmucke des bischöflichen Amtes nach fünfzig Jahren seines Priesterthums dem Allerhöchsten das unblutige Opfer des Neuen Bundes darbringt, hat auch der heilige Gallus[1]) schon dasselbe Opfer mit der ihm eigenen Andachtsgluth gefeiert, ja wir können annehmen, auch er habe eines Tages als Jubilar am bescheidenen Altare seines kleinen Gotteshauses gestanden; denn wenn er, wie geschichtlich feststeht, schon im Bangor zum Priester geweiht wurde, und wie ebenso sicher ist, 95 Jahre alt erst sein Haupt zur ewigen Ruhe niederlegte, so dürfte auch er ja mehr als 50 Jahre das heilige Priesteramt bekleidet haben. Lange Zeit hatte der Heilige nach dem harten Verbote seines gestrengen Lehrers Columban sich der erhabensten und segensreichsten Function des Priesterthums enthalten müssen, aber gerade jenes Verbot,[2]) „die Messe zu lesen," sicherte eben wieder in providentieller Weise den heiligen Mann der Zelle zu St. Gallen. Auf die Aufforderung des Herzogs Cunzo nämlich, den Hirtenstab der Diöcese Konstanz zu übernehmen, entgegnete Gallus, „daß er, so lange Columban lebe, die Messe nicht feiere," und so entging der Apostel der bischöflichen Inful, um unser Vater zu bleiben. Die Vorsehung aber wollte doch, daß der Mann Gottes und Vater dieses Landes noch mit eigenen Händen in dieser seiner Kapelle die heiligen Geheimnisse feiere und so einen Cultus inaugurire, welcher durch die Jahrhunderte hindurch an dieser Stätte ununterbrochen fortlebte, blühte und in den großartigsten und erhebendsten Ceremonien und Feierlichkeiten sich entfalten sollte.

Es war an einem Sonntage des Jahres 615, als der heilige Gallus nach der Ruhestunde des mitternächtlichen Chorgebetes

---

[1]) Ueber die Feier des heiligen Meßopfers in der altirischen Kirche siehe wieder Greith, „Altir. K." S. 432—454.

[2]) „Wenn du an meinen Arbeiten nicht mehr Theil nehmen willst, so sollst du, so lange ich lebe, die Messe nicht mehr darbringen." Greith, „Altir. K." S. 321.

seinen Jünger Magnoald rief mit den Worten: „Steh eilends auf und bereite alles zur Darbringung des heiligen Opfers." Der Diakon erinnerte jedoch mit geziemender Bescheidenheit seinen Meister an das Verbot Columban's, indem er sprach: „Wie kommt es, daß du heute die heilige Messe lesen willst." Aber Gallus erwiederte: „Nach dem nächtlichen Chorgebete ist mir geoffenbart worden, daß mein Lehrer Columban gestorben sei, und daß ich für die Ruhe seiner Seele das heilige Opfer entrichten soll." Alsogleich wurde das Zeichen zur heiligen Messe gegeben (signum tangebatur), die Brüder versammelten sich zum Gebete, und allgemein war die Freude, den heiligen Gallus nach so langer Zeit wieder zum ersten Male am Altare zu erblicken.[1]) Als Erinnerung an diese Offenbarung, welche Gallus über Columban's Tod empfangen hatte, und an den Wiederbeginn seiner priesterlichen Opferfunction, die damit in Verbindung steht, wurde lange Zeit bis auf die Tage des heiligen Notker jener Stab (Cambutta) Columban's, welchen Gallus gleich nach dessen Tode durch Maginald in Bobbio hatte abholen lassen, am Altare der Basilika des heiligen Gallus aufbewahrt. St. Notker benützte noch denselben in seinem Kampfe mit dem Dämon, aber von da an findet man in den Annalen keine Spur mehr von ihm.[2])

Hier an dieser Stelle, wo jetzt noch neben dem Altare die Kanzel sich erhebt, stand auch die erste Kathedra, auf welcher Gallus den zu seiner Kapelle eilenden Bewohnern der Umgebung das mystische Brod des göttlichen Wortes zu brechen pflegte. Wir wissen nämlich, daß sich der heilige Gallus, schon bevor er die

---

[1]) Walafr. Str. Vita S. Galli, c. 37: „Surge velociter et praepara mihi ad missam celebrandam."

[2]) Ueber solche Stäbe im Allgemeinen und diesen insbesondern siehe Greith, „Altir. K.", S. 377. Westwood irrt sich, wenn er in seinem Werke diesen Stab als heute noch erhalten bezeichnet. An den Kampf Notker's mit dem Dämon, in welchem der heilige Mönch sich dieses Stabes bedient haben soll, erinnert noch heute das Altarbild des St. Notker-Altares, und wohl auch deshalb erscheint St. Columban's Bild auf demselben Gemälde.

Wildniß betrat, durch besondere Salbung in Verkündung des göttlichen Wortes auszeichnete. Weil sich Gallus nicht nur durch die Gewandtheit im Lateinischen,[1]) sondern auch in der Kenntniß der barbarischen Sprache hervorthat, so gab ihm schon in Bregenz Columban den Auftrag, eine Rede an das noch vom Wahne des Götzendienstes befangene Volk zu halten, bevor er selbst die feierliche Weihe der dortigen Aurelia-Kapelle vornahm. Als der heilige Gallus später bei der Weihe seines Schülers Johannes zum Bischofe von Konstanz die berühmte, noch erhaltene lateinische Anrede[2]) hielt, da wurden seine Zuhörer bis zu Thränen gerührt und gingen tief ergriffen nach Hause unter dem einstimmigen Rufe: „Gottes Geist hat heute durch den Mund dieses Mannes gesprochen." Wenige Wochen vor seinem Tode endlich bat der Priester Willimar den Heiligen nochmals dringend, nach Arbon zu kommen, „um das Volk durch seine honigsüßen Vorträge zu lehren und das eifrige Volk in der Lehre des Heils zu unterrichten." Dürfen wir demnach zweifeln, daß St. Gallus vor allem an der Stelle und vor dem Altare, wo er das sacramentale Brod brach, auch das geistige Brod des Gotteswortes so oft und eindringlich sowohl seinen Jüngern, als den Pilgern gebrochen habe, welche der Ruf seiner Heiligkeit von allen Seiten anzog?

Wohl hat einst ein Chronist des St. Gallischen Landes in neuester Zeit gegenüber den anerkannt historischen Belegen die Behauptung gewagt: „Für die Missionsthätigkeit besaß Gallus namentlich das wichtigste Hilfsmittel nicht, die Sprache," wie derselbe „Chronik" überhaupt die ganze Geschichte des heiligen Gallus in's Gebiet der Mythe, Dichtung und Sage zu verweisen sich erkühnte. War vielleicht auch dies eine Fügung der Providenz! Die höhnischen Angriffe auf die Authentizität der St. Gallischen Urgeschichte von Seite eines hochtrabenden modernen Goliath fanden

---

[1]) Walafr. Str. Vita S. G., c. 6. Greith, „Altir. K." S. 316.
[2]) Ueberl. in Greith, „Altir. K.", S. 427 ff.

auch „David, den Gesalbten" als Apologeten des heiligen Glaubensboten. Waren auch in den über alle Zweifel erhabenen authentischen Geschichtsquellen des St. Gallischen Landes, wie in tieferer Kenntniß der Theologie und Menschengeschichte überhaupt die Widerlegungen jener in der That unerhörten Behauptungen schon gegeben, so hat doch St. Gallus und seine Geschichte noch nie einen glänzendern Apologeten gefunden, als bei dieser Gelegenheit. Es ist der hohe Jubilar, dem diese Blätter gewidmet sind, welcher um diese „Requies S. Galli" gleichsam das flammende Cherubsschwert seiner Gelehrsamkeit und apologetischen Beredsamkeit schwang, als er in seinen zwei herrlichen Flugschriften: „**Der heilige Gallus, der Apostel Alemanniens**" und „**Die heiligen Glaubensboten Columban und Gallus, und ihre Stellung zur Urgeschichte St. Gallens nach den ältesten Quellen und neuesten Fabeln**"[1]) mit dem Aufwande tiefer Gelehrsamkeit sowohl, als hocherhabener Darstellung die „Wirksamkeit der heiligen Glaubensboten", die „Wunder", welche dieselbe begleiteten, und das „Erbe des heiligen Gallus" der Wahrheit und den Acten entsprechend klar und sicher stellte. Wie wir übrigens in der Cambutta des heiligen Columban ein Andenken an den Wiederbeginn der heiligen Meßfeier von Seite des heiligen Gallus besaßen, so erinnert uns noch seine dem Wortlaute nach erhaltene Rede von Konstanz an seine apostolische Predigtweise. Zudem hat man früher lange Zeit ein kleines, in Messing gebundenes Büchlein als vom **heiligen Gallus selbst**[2]) herrührend bezeichnet und in der Klosterkirche

---

[1]) Diese zwei herrlichen Schriftchen, von denen wir nur eine neue Auflage wünschten, erschienen ohne Angabe des Namens des hochwürdigsten Verfassers, verriethen aber den bischöflichen Apologeten auf jeder Seite. Sie sind zwar in desselben hochwürdigsten Verfassers „Geschichte der altirischen Kirche" wieder benützt, aber die apologetisch lebendige Form verleiht diesen zwei Schriften einen besondern Reiz.

[2]) Siehe über dieses interessante handschriftliche Codicill No. 913 den Handschriften-Katalog der St. Gallischen Stiftsbibliothek. Das Büchlein befindet sich im Schaukasten des Bibliotheksaales.

verehrt. Wir haben in demselben immerhin, sollte die Kritik es
auch dem heiligen Gallus selbst absprechen können, ein höchst
interessantes Denkmal des 7. oder 8. Jahrhunderts vor uns,
nämlich ein lateinisch-deutsches Vocabular, wie sie bei der Grün=
dung klösterlicher Niederlassungen der Irländer unter Deutschen
verwendet wurden. — Doch die „Predigt" des heiligen Gallus
hat uns fast vom „predigenden Gallus" an der Stelle, wo noch
jetzt derselbe Glaube verkündet wird, weggezogen.

Hier an dieser Stelle, welche durch des Apostels Cultusfunc=
tionen und Verkündung des göttlichen Wortes geheiligt worden,
oblag der wahrhaft große Mann auch jenem verborgenen Gottes=
dienste, der nur Gott und die Engel des Himmels zu Zeugen hatte,
indem der durch sein abgehärtetes Leben, seine aufreibende aposto=
lische Wirksamkeit schon abgeschwächte Greis noch sein Fleisch in
freiwilliger Buße und Abtödtung kasteite. Im kirchlichen Officium
betet noch heute der St. Gallische Klerus: „Gallus, der Streiter
Gottes, brachte die Nächte im Gebete zu, um das, was er in gött=
licher Liebe begonnen, durch die Erstlinge der Abtödtung zu hei=
ligen."[1]

Bei diesem Gebete denkt man unwillkürlich an das heilige
Staunen und die Verwunderung der Jünger des heiligen Gallus,
als sie bei der Beisetzung seiner Leiche jene hölzerne Schachtel öff=
neten, die der Heilige zu seinen Lebzeiten stets verborgen gehalten.
Sie fanden darin einen kleinen Bußgürtel und eine kleine eherne
Kette mit Blut übergossen und nahmen endlich bei genauerer Be=
sichtigung seines Leichnams im Fleische die blutigen Spuren solcher
Kreuzigungen seiner selbst wahr. Noch zur Stunde bewahrt man
in der Schatzkammer der Kathedrale eine ganz kleine Reliquie jenes
Cilicuums und jener Bußkette, durch deren Anwendung hier der
Mann Gottes sich und die Stätte seiner Wohnung heiligte. Doch
wir haben bereits von der entseelten Hülle des Heiligen geredet!
Das schon durch das Tugendleben des Apostels geheiligte „Ka=

---

[1] Propr. Sang. ad 16. Oct.

pellchen des Apostels von Alemannien" gewann erst durch den Tod des Heiligen seine vollendete Weihe, und von nun an im Besitze seines heiligen Leibes, übergossen von jenem überirdischen Glanze, den der verklärte Apostel gleichsam auf sein Heiligthum zurückwarf, stieg es erst recht an Bedeutung, Ansehen und folglich auch äußeren Schmuck und Reichthum.

Wir haben also, wollen wir die skizzenartige Geschichte der Erstlingsform des St. Gallischen Domes gehörig vollenden, vor allem deren mit dem Tode des Heiligen erst aufblühendes äußeres Ansehen zu schildern und die drei Factoren hervorzuheben, denen die Zunahme der Bedeutung dieses Kirchleins von nun an zuzuschreiben ist. Es sind erstens der Besitz des heiligen Leibes; zweitens die Bedeutung, welche das Kirchlein als Mutterkirche für einen weitern Umkreis gewann und drittens die Eigenschaft der durch das gottgeweihte Leben, wie den seligen Todesschlaf des heiligen Gallus ausgezeichneten Centralstätte jenes in immer weitere Kreise sich verbreitenden Cultus des irischen Glaubensboten. Wir haben zuerst den kostbaren Besitz des heiligen Leichnams erwähnt. Die Lebensgeschichte des heiligen Apostels berichtet uns, daß der Heilige, bereits 95 Jahre alt, auf die Bitten des Priesters Willimar nochmals nach Arbon ging und am Feste des heiligen Michael, den 29. September, daselbst mit gewohnter Salbung predigte. Als er am dritten Tage zu den Brüdern zurückkehren wollte, warf ihn ein heftiges Fieber auf das Krankenlager, dem er nur als Leiche enthoben ward. Wieder war es ein Fieber, wodurch nach Walafried Strabo „die alles leitende Vorsehung ihm den zeitlichen Weg zur Rückkehr verschloß, um an ihm nach seinem Tode vor dem Auge aller Zeitalter ihre Wunder zu offenbaren." Die Geschichte berichtet uns weiter, daß, als endlich Gallus am 14. Tage seiner Krankheit, den 16. October 640, seines Alters im 95. Jahre, in die Ruhe seines Herrn eingegangen war, Bischof Johannes von Konstanz herbeieilte, an der Spitze des laut weinenden und klagenden Volkes ihm den Trauergottesdienst hielt und endlich der Anschauung damaliger Zeit gemäß verordnete, daß, um Gottes Willen zu erkennen, wo der theure Schatz niederzulegen wäre, der Sarg von zwei jungen, noch nicht gezähmten, ohne Leitung frei gehenden Pferden dem Orte seiner Bestimmung zugeführt würde. Bischof und Volk beteten. Willimar theilte Almosen unter das Volk aus und — o Wunder! „die Pferde",[1]) — so fährt der Bericht fort, „wichen auf dem Wege weder zur Rechten noch zur Linken ab, bis sie zur **Zelle des Heiligen** gekommen,[2]) wo die Schaar der Schüler den Zug empfing, den Sarg ablud und auf ihren Schultern in das Oratorium trug. Darauf wurde im Oratorium zwischen dem Altare und der Wand das Grab gegraben und unter himmlischen Trauergesängen der Leib der Erde übergeben." Die hölzerne Schachtel mit dem schon erwähnten Bußgürtel wurde am Kopfende seines Grabes an der Wand des Oratoriums aufgehängt. So ständen wir wieder an der auserwählten Stätte und zwar wieder auf außerordentliche Weise dahin geleitet. Schon der zweite Trauergottesdienst findet in der kleinen Kapelle statt, und wie der erste der Seelenruhe des heiligen Meisters Columban und dieser dem Frieden der Seele des heiligen Gallus galt, so feiert noch alljährlich die Kathedrale des heiligen Gallus in der Octave seines Festes einen feierlichen Trauergottesdienst, dessen Erinnerungen an der Kette erlauchter Fürsten und Mönche des Gotteshauses von St. Gallen zurückgeleitet, in jenem zweiten Trauergottesdienste gleichsam ausmünden. Allzu helle aber leuchtet hier wiederum die eingreifende Hand der Vorsehung, welche Gallus **dieser Stätte** schenken wollte, als daß wir hier nicht einen kurzen Rückblick auf jene Zeit thun sollten.

Die Vorsehung war es ja, die den Sohn irisch-fürstlicher Abstammung für St. Gallen bestimmte. Sie griff durch jenes von Strabo als „glückselig" gepriesene Fieber ein, als Columban seinen Schüler zum Weiterziehen aufforderte. Sie führte ihn durch das

[1]) Siehe Greith, „Altir. K." S. 393 ff.
[2]) Die feierliche Antiphon zum «Benedictus» des Festofficiums vom hl. Gallus lautet: «Superposito equis indomitis feretro et frenis de capitibus eorum ablatis recto itinere pervenerunt ad cellam viri Dei.»

Waldesdickicht an die Steinach und ließ ihn in dem Falle in das
Dorngestrüppe den Willen Gottes erkennen, daß er hier bleiben
solle „für ewig". Sie fügte es, daß der allgemeine Wunsch,
Gallus zum Bischof von Konstanz zu machen, unerfüllt blieb. Sie
legte, als eine Abordnung ihn dringend um die Annahme der Abt-
würde von Luxeuil ersuchte, ihm die Worte in den Mund:[1] „Einst
habe ich den Befehlen der Brüder in Luxeuil freudigen Gehorsam
geleistet, jetzt bin ich aber mit dieser Einöde zufrieden und will
mein Leben hier beschließen." Sie führte endlich den Heiligen
todt denselben Weg, den er zum ersten Male in providentieller
Leitung gegangen, — von Arbon zu seiner Zelle und Kapelle, damit er da bleibe „für ewig"; daß er hier, als Senfkorn der Erde anvertraut, als mächtiger Baum in seiner Stiftung
wieder erstehe; daß nach dem Grundsatze alles Lebens:[2] „Erst wenn
der Leib abstirbt, wird der Geist entbunden", sein Geist hier eine
Stiftung beseele, welche eben durch dieses Senfkorn seines heiligen
Leichnams die mächtigste Förderung ihrer geistigen und materiellen
Entwicklung fand.[3]

Gallus hatte in seinem apostolischen Leben den Herrn verherrlicht; jetzt begann seine Ruhestätte es zu erfahren, daß der heilige
Geist sein Wort erfüllte: „Wer Mich verherrlicht, den werde
Ich verherrlichen."[4] Der heilige Glaubensbote hatte Alles verlassen und für sich und sein Volk nur „das Reich Gottes zuerst
gesucht", und jetzt erfüllte sich wörtlich an seiner Stiftung der

---

[1] Siehe Vita S. G. u. Greith, „Altir G.", S. 387.
[2] Siehe Ernst v. Lassaulx. Philos. der Geschichte.
[3] Dieselbe Vorsehung fügte es wohl später im Laufe der Stiftsgeschichte, daß der Plan Abt Ulrich's VIII., das Kloster St. Gallen nach Rorschach zu verlegen, in Folge mißgünstiger Umstände und hindernder Gewaltthätigkeiten mißglückte, und Abt Diethelm Blarer denselben Plan, als ihm die Umstände günstiger waren, gleichwohl aufgab und nicht ausführen wollte. „Hier ist meine Ruhe für ewig!" Siehe A. Näf: „Chronik der Denkwürdigkeiten der Stadt und Landschaft St. Gallen." 1867.
[4] I. Reg. 2, 30.

andere Theil des göttlichen Wortes: „Und alles Andere wird euch zugeworfen werden."¹) Wie wir aus der englischen Mönchsgeschichte²) wissen, wurden Klöster, in denen der Leib eines weithin berühmten Heiligen ruhte, gar oft derart von Besuchern und Wallfahrern überströmt, daß man solch' kostbaren Besitz für ein Kloster seiner für das Klosterleben nachtheiligen Folgen wegen oft fast befürchten mußte. Auch die Kapelle des heiligen Gallus ward nun ein vielbesuchter Wallfahrtsort, zu dem die Gläubigen von nah' und fern hinwallten. „Der heilige Leib" war aber auch für die Stiftung des heiligen Gallus ein reiches Capital im materiellen Sinne, denn die meisten ersten Donationen an das Kloster St. Gallen galten in erster Linie seiner Kirche als „Ruhestätte seines heiligen Leibes". Hatte König Sigisbert II. den lebenden Apostel königlich beschenkt, so gab schon im Jahre 700 der Alemannenherzog Gottfried „auf Bitten des Priesters und Pastors Mangolf zum Unterhalte der Lichter in der St. Galluskirche eine Unterstützung."³) „Der Wille Gottes," schreibt Aloin im Jahre 720, „bestimmte mich, meine Besitzungen zu Ehren des heiligen Gallus und Desiderius zu schenken." Im Jahre 745 schreibt ein gewisser Lambert, daß er seine Besitzungen dem Kloster St. Gallen vermache, „weil dort sein heiliger Leib ruht". So gewann sein Leib noch, was die Seele verschmähte. So war der heilige Leichnam auch für die materielle Hebung seiner Ruhestätte ein fruchtbares Capital. Gleichwohl konnte noch in unserm so kritischen Jahrhundert trotz dieser actenmäßigen Bezeichnungen der Ruhestätte „seines heiligen Leibes", der schon erwähnte Wyler „Chronist" seine „Fabeln" mit dem Ausspruche krönen: „Die Kathedralkirche in St. Gallen besitzt keinen Leib des heiligen Gallus." Sie besaß ihn nach den erwähnten Urkunden einst wirklich. Sie

¹) Matth. 6, 33.
²) Siehe «Mores catholici oder Ages of faith. Studien über die Klöster des Mittelalters." Aus dem Englischen von A. Kobler. Regensburg. Pustet. 1867.
³) Siehe hierüber Greith, „Altir. K.", S. 371 ff.

wäre überglücklich, ihn noch heute vollends zu besitzen, wenn nicht, wie wir sehen werden, die eigenen Söhne am Gebeine ihres Patriarchen gefrevelt hätten. Sie ist heute aber noch stolz und glücklich, einige Gebeine jenes „auserwählten Rüstzeuges Gottes" zu besitzen.

Die zweite Ursache des zunehmenden Ansehens des Kirchleins vom hl. Gallus war nun die Bedeutung desselben als „**Haupt- und Mutterkirche**" eines weiten Umkreises. Die Bedeutung der lateranensischen Basilika[1]) zu Rom für den Erdkreis „**als Haupt- und Mutterkirche aller Kirchen**" ward für einen engern Kreis auch gewissermaßen dem Kirchlein des heiligen Gallus. Das apostolische Amt, dessen Gallus für diese Gegend waltete, fand in seinen ersten Schülern schon eifrige neue Träger. Die ausbreitende Kraft des Gottesreiches fand in diesem Heiligthume einen beständigen Hort und Herd ihrer Erneuerung. Zwar war der heilige Gallus nicht der erste Verkünder des Christenthums in allen Ufergegenden des Bodensees, da er in Arbon, Konstanz und Ueberlingen schon christliche Priester und christlichen Gottesdienst vorfand, allein das zähe Heidenthum umwucherte noch mit seinem giftigen Unkraut den jungen Baum des Christenthums, und der Götzendienst, den der heilige Gallus am Oberrhein, in Tuggen und in Bregenz noch angetroffen hatte, wußte sich mit allen seinen Gräueln in den Urwäldern und öden Gegenden zu halten. „War auch die Schlacht bei Zülpich vom Jahre 496 für die siegenden Franken sowohl, als für die besiegten Alemannen ein Wegweiser zu Christus, und bildete das alemannische Elsaß die Brücke, auf der das Christenthum in unsere Gegenden wanderte, und waren auch die Villen und Curten der Könige und Großen die ersten Municipien derselben, so ist es doch unverkennbar, wie Professor Hefele bemerkt, daß im Anfang des 7. Jahrhunderts das Christenthum die Masse der Alemannen noch nicht ganz durchdrungen hatte; das gemeine Volk in den wilden, waldigen Gauen und Marken hing den heid-

---

[1]) Die Inschrift an der Front der lateranensischen Basilika lautet: «Omnium ecclesiarum et urbis et orbis et mater et caput.»

nischen Göttern noch immer an."¹) Die apostolische Aufgabe, welche in diesen Umkreisen Alemanniens zumal dem Bisthum Konstanz und der Stiftung des heiligen Gallus damals und in den folgenden Jahrhunderten von oben zugedacht war, war somit eine durch die Zeitumstände gegebene. Die Apostel dieser Gegend wirkten theils neu schaffend, wo es galt, unter den Heiden das Christenthum zu begründen, theils fördernd, mehrend und stärkend, wo die christliche Religion schon eingeführt war.²) „Und wie der heilige Gallus von dieser Stätte aus im nahen und weiten Kreise der Ausbreitung des Christenthums bis in's höchste Alter sein Leben geweiht, so sind auch die Schüler dieses großen Meisters von seinem Grabe und seiner Zelle weg nach allen Richtungen ausgezogen, um das Licht der christlichen Religion in ferne Gegenden hinzutragen und dort neue Stammsitze und Mittelpunkte des christlichen Lebens und Wirkens zu errichten. Theodor errichtete die Abtei Kempten im alten Noricum; Magnus drang bis nach Füssen, am Eingang der julischen Alpen, vor; Sigisbert nach Disentis in Chur-Rhätien, — überall stifteten sie Klöster, die über elfhundert Jahre in jenen Gegenden als feste Stützen der christlichen Religion, Wissenschaft und Cultur sich erwiesen haben und als ebenso viele **Filialen der Metropole** angesehen werden dürfen, welche der heilige Gallus hier am Fuße des hohen Alpensteines gegründet hat." Was wir also bereits betonten, daß nämlich die apostolische Thätigkeit des heiligen Gallus und seiner Jünger dieser von Gallus erbauten kleinen Kirche als Mutterkirche für weitere Umkreise eine besondere Bedeutung verliehen, das sehen wir wieder von den glanzvollen Ausführungen unseres, bischöflichen Apologeten hervorgehoben.

Als dritten Factor endlich, welcher die Kapelle des heiligen Gallus für weite Kreise berühmt und verehrungswürdig machte,

---

¹) Siehe die apolog. Broschüre: „Der heilige Gallus, der Apostel Alemanniens." S. 32 ff. St. Gallen. Sonderegger und Buff. 1867.
²) Siehe Greith, „Altir. K.", S. 342 ff.

nannten wir deren Eigenschaft als Centralstätte eines immer weiter um sich greifenden Cultus unseres Glaubensboten.[1] Der Ruf der am Grabe des heiligen Gallus fortwährend gewirkten Zeichen und Wunder drang bis in die weitesten Kreise und weckte Vertrauen in die Fürbitte dieses Heiligen. Dieses Vertrauen documentirte sich in den zahlreichen dem heiligen Gallus geweihten Kirchen; denn wir begegnen solchen Galluskirchen in Menge nicht nur in der östlichen Schweiz, sondern auch in Vorarlberg, in Bayern, im badischen Lande; sie sind im Elsaß, im alten Burgund, bis in's Innere von Lothringen zahlreich anzutreffen. Doch wäre auch dieser Umkreis noch zu eng gezogen, so wollten wir die Bisthümer, die Kirchen und der Reihe nach die Schriftsteller, die Geschichtschreiber, die Dichter und Künstler alle nennen, welche unserm heiligen Glaubens= und Landesvater schon in den frühesten Zeiten ihre Huldigung geweiht und seine glorreichen Verdienste gefeiert haben.[2] Auch über die Alpen bahnte die Liebe und Begeisterung für ihn sich den Weg nach Italien; zu Florenz, in vielen Kirchen und Klöstern Etruriens, an den Ufern der Trebia wurde sein Cult begangen. In Istrien, in der Nähe des alten Aquileja, war schon im Jahre 1030 das Kloster Mosacio zu Ehren des heiligen Gallus gegründet; „durch ganz Europa drang der Ruf

---

[1] Schon bei Lebzeiten wurde Gallus den heiligen Altvätern beigezählt. Die ältesten Missalien der St. Gallischen Kirche weisen ihm im Meßcanon nach der „Commemoration der heiligen Apostel Petrus, Paulus, Andreas" neben den heiligen Benedict, Columba, Columban eine Stelle an (Cod. mem. 339 saec. IX. p. 11 und 352) und bezeichnen sein Fest als «depositio S. Galli».

[2] Zur Belebung und Förderung des so segensreichen Cultus unserer großen Landesheiligen sei hier vor allen andern Schriften ein Büchlein empfohlen, das, wie selten ein Gebetbuch, reich an den herrlichsten Gebeten und Anmuthungen ist und zugleich auf eine sehr originelle Weise die Lebensgeschichten von St. Gallus und Othmar für das praktisch=christliche Leben verwendbar zu machen sucht. Sein Titel ist: „Die Heiligen Gallus und Othmar. Betrachtungen und Andachten von Aug. Egger, Domdekan in St. Gallen." Einsiedeln. Benziger. 1876.

seiner Thaten, seiner Verdienste, seiner Wunder,"¹) wie ein Schriftsteller sich ausdrückt, und die Bisthümer in der Schweiz, in Deutschland, in den österreichischen Erblanden deutscher Zunge, in Tyrol und in Böhmen begehen seinen Festtag.

Doch nicht mehr blos in Europa wird St. Gallus verehrt, sondern es hat sein Cultus auch schon den Weg über den atlantischen Ocean nach Nordamerika gefunden und im fernen Nordwesten dieses großen Staatengebietes der amerikanischen Union, in der commerciellen Hauptstadt des Staates Wisconsin, Milwaukee, in der erzbischöflichen Metropole der Kirchenprovinz gleichen Namens erhebt sich bereits eine stattliche Galluskirche im gothischen Style. Der noch lebende greise Erzbischof Johann Martin Henni, ein geborner Graubündner von Obersar, hatte nämlich einige seiner Studienjahre in St. Gallens früherer Kantonsschule zugebracht. Die Verehrung, welche er wohl hier für den heiligen Landesvater sich angeeignet, sowie die Pietät gegen seinen frühern Lehrer und Freund, den verstorbenen ersten Bischof von St. Gallen, Johannes Petrus Mirer, veranlaßten den Bischof dieses fernen Landes, in seiner bischöflichen Residenz der neu erstehenden Pfarrkirche einer irischen Gemeinde den heiligen Gallus zum Patron zu geben.²) Es hat den Verfasser dieser Zeilen angeheimelt, als er im Juli 1880 bei einer Rundreise durch die Vereinigten Staaten Nordamerika's auch Milwaukee besuchte und hier durch einen Zufall, ohne es zu wollen, gerade vor allen andern Kirchen der Galluskirche begegnete. Nahezu 5000 englische Meilen von St. Gallen entfernt, erhebt sich auch dort in jener westlichen Hemisphäre eine hübsche Galluskirche, ob deren Portal in der Front eine steinerne Statue uns den Heiligen predigend darstellt.³) Der Verfasser hat in derselben Kirche zum ersten Male in Wisconsin

---

¹) Bolland. Octob. 11. ad 16. Oct.

²) So hat Erzbischof Henni das Bild des heiligen Gallus auch in sein erzbischöfliches Wappen aufgenommen.

³) An jener Steinstatue des heiligen Gallus vermißt man nur die traditionelle Beigabe, den Bären.

und Milwaukee das heilige Opfer gefeiert; er gewahrte im Innern auch ein hübsches Oelgemälde des Heiligen, das ein Geschenk des schon genannten Bischofs von St. Gallen sein soll, und kam endlich dem wiederholten Drängen der dort pastorirenden Geistlichen nach, eines Sonntag-Abends vor dem feierlichen sacramentalen Segen der zahlreich versammelten irischen Gemeinde in englischer Mundart etwas vom Leben und der Geschichte des heiligen Gallus und seiner Stiftung zu erzählen.

Gewiß aber wird jedermann, der diesen universalen Cult des heiligen Apostels mit uns betrachtet, uns auch beistimmen, wenn wir behaupten, daß durch ebendenselben Cult zumal die Stätte, die Zelle und diese Erstlingsform des spätern Domes schon hohen Ruhm und großes Ansehen gewannen. Sie war und ist die Centralstätte dieses Cultus. Auf Gottes Geheiß vom Heiligen selbst erwählt „für ewig", ward sie durch sein Leben und seinen Tod geheiligt. Ihr — der Kirche des heiligen Gallus, deren Geschichte wir schreiben und deren Erstlingsform wir kurz in ihrem Aus- und Ansehen zu schildern versuchten, gilt im engern und vollsten Sinne das schöne Wort des heiligen Notker, mit dem wir dieses erste Capitel „Die Kapelle des heiligen Gallus, des Apostels von Alemannien" geziemend schließen:[1] „Weil das Buch von dem Leben und den Wundern des heiligen Gallus überall gehalten und gelesen wird, will ich nur Eines in Erinnerung bringen: daß die Güte Gottes den seligen Gallus dem alemannischen Volke zum Apostel bestimmte. Denn er hat dieses Volk, das er in das Heidenthum versunken vorgefunden, in der Wahrheit des Glaubens unterrichtet und aus der Finsterniß der Unwissenheit zur Sonne der Gerechtigkeit, die Christus ist, selber ein eifriger Wanderer auf dem Wege Gottes, zurückgeführt. Er hat aus dem Orte, den er für Menschen unzugänglich und nur

---

[1] S. Notker Martyrol. ad 16 Cal. Nov.

von wilden Thieren, Schlangen und Dämonen bewohnt angetroffen, die Feinde vertrieben und ihn der Gottheit zu einem Wohnorte hergerichtet. Darum soll man sorglich wachen, daß das Bundesgezelt Gottes, welches auf göttliche Weisung hin der heilige Gallus hierorts begründete und das durch königliches Ansehen für ihn zum Antheile und Loose eines Gottesvermächtnisses ausgeschieden wurde, durch kein Unterfangen menschlicher Anmaßung angetastet werde und nicht die Habsucht der Menschen das sich aneigne, was er von der Wuth der Dämonen und dem Grimme der wilden Thiere befreite, und daß endlich dort, wohin unbezähmte Rosse den Leib des heiligen Gallus zu Grabe geführt, ihn nicht jegliche Unruhe menschlicher Verwegenheit zu belästigen sich erkühne."

II.

Die Kirche des heiligen Gallus

unter

Abt Othmar, dem Heiligen.

II.

Die Kirche des heiligen Gallus unter Abt Othmar, dem Heiligen.

St. Gallens „heiliges Gründerpaar": Gallus und Othmar. — Des heiligen Gallus und des heiligen Othmar zusammengehörende und sich ergänzende Wirksamkeit. — Erbrechung des Grabmals von St. Gallus und Verfall der Gallusstiftung vor dem Amtsantritte Othmar's. — Erneutes Aufblühen der St. Gallusstiftung in geistiger, wie materieller Hinsicht zur Zeit der Regierung St. Othmar's. — Erweiterung und Ausziehen der Gallusskirche unter Abt Othmar, dem Heiligen. — St. Othmar's heroische Defensive und tragisches Ende. — St. Othmar's Rechtfertigung und Verklärung an der Ruhestätte des heiligen Gallus. — Der heilige Leib des heiligen Othmar bildet von nun an mit den Ueberresten des heiligen Gallus der Gallusbasilika größten und kostbarsten Kirchenschatz. — Hymnus auf den heiligen Othmar.

> „Ejus ad sanctum tumulum patescit, quanta
> splendoris teneat perennis dona"
> *Ex hymno in Vesp. festi S. Othmari, Proprˢ.*
> *Sangall.*
>
> „Seht, die Wunder dort, am Grab' des Hei=
> ligen! Ueberirdische Kräfte es in sich birgt."

Nach der Geschichte hat ein Brüderpaar Romulus und Remus der historisch merkwürdigsten aller Städte, Rom, den Ursprung gegeben. Ein gei=stiges Brüderpaar wiederum legte die Fundamente des christlichen und päpstlichen Rom, entweihte aber dieselben nicht durch Vergießung von Bruderblut [1] sondern gab ihnen erst durch sein eigenes Blut die unauslöschliche Consecration. Auch St. Gallen, in so manchen Partieen seiner kirchlichen Geschichte der Geschichte der universalen Kirche verwandt, rühmt sich eines „Gründerpaares" [2] und wenn auch der heilige Gallus allein seiner Stiftung den unmittelbaren Anfang gegeben, so ist doch

---

[1] Auf diesen Gegensatz der Fürstapostel zu Rom's erstem Gründerpaar spielt Leo I. an in seiner Rede in natali Apost. Petri et Pauli, wenn er sagt: «Isti sunt sancti patres tui verique pastores, qui te regnis coe-lestibus inserendam multo melius multoque felicius condiderunt, quam illi, *quorum studio prima moenium tuorum fundamenta locata sunt: ex qui-bus is, qui tibi nomen dedit, fraterna te caede foedavit.*» Leo I. Serm. IV. in nat., c. 1.

[2] Die erste Urkunde, welche St. Othmar neben St. Gallus als Schutz-patron des Klosters nennt, ist erst von 878 (Wartmann, Urkundenbuch n. 608) «sancto Gallo scilicet sive beato Otmaro».

und zwar nicht ohne tiefliegende Gründe das Andenken des heiligen Othmar, als des zweiten Gründers von St. Gallen, von der Erinnerung an Gallus selbst so unzertrennlich geworden, wie das des heiligen Weltapostels Paulus von dem des Fürstapostels Petrus, der doch auch strenggenommen der einzige und alleinige Begründer der römischen Primitialgewalt ist.

Noch in unsern Tagen wird der Besucher des feierlichen Hauptgottesdienstes an einem der höchsten Festtage rechts und links zu Seiten des Crucifixes auf dem Hochaltare zwei vergoldete Statuetten gewahren. Sie stellen die zwei Heiligen Gallus und Othmar dar und mahnten mich schon oft an jene zwei gleich großen, vergoldeten Statuetten von Petrus und Paulus, welche der Besucher Roms, wenn er einem päpstlichen Pontificalamte zu Rom beizuwohnen Gelegenheit findet, nie zu Seiten des Altar-Crucifixes vermissen wird. Noch heute fügt der St. Gallische Klerus jenem liturgischen Gebete des Breviers, welches in specieller Weise immer dem Hauptpatrone einer Kirche gewidmet ist, dem Namen des heiligen Gallus den von St. Othmar bei, indem er bei den kirchlichen Laudes spricht:[1] „Lasset uns loben unsere Vorväter und die ruhmvollen Männer in ihrem Geschlechte, und auf den Ausgang ihres Wandels hinschauend, ahmen wir ihr Beispiel nach!"[2] Noch heute stehen an der Fronte des Cölestinischen Prachtbaues jene zwei herrlichen und majestätischen Thürme, deren Zweizahl uns stets auf die Zweizahl der St. Gallischen Patrone hinweist, ja, die vor dem Altare dieser providentiellen Stätte sich zum Himmel thürmend, als die steinernen Repräsentanten jener Männer angesehen werden können, welchen das liturgische Gebet der Vesper gilt: „Das sind die zwei Männer der Barmherzigkeit, welche dastehen vor dem Herrn, dem Beherrscher der Welt."[3]

Schreiben wir somit eine, wenn auch noch so kurze und so wenig auf Einläßlichkeit Anspruch machende Geschichte der Stiftung

[1] In den sogenannten „Suffragia" des kirchlichen Officiums.
[2] Eccli. 44, 1.
[3] In suffragiis Antiph. ad Vesp. ex II. Par. 9, 7.

des heiligen Gallus im engsten Sinne des Wortes, d. h. seiner Kirche, so dürfen wir gleichwohl an St. Othmar's Gestalt, Leben und Zeit nicht vorübergehen, denn sein Name steht auch mit dieser Kirche aus gar vielen Gründen in innigster und unzertrennlicher Verbindung. Der Name des heiligen Othmar wird nicht etwa blos aus reiner Pietät für den großen Heiligen stets mit dem des heiligen Gallus verbunden, sondern seine Sendung, Wirksamkeit und Bedeutung auch für diesen Tempel des heiligen Gallus war eine mitbegründende, wiederaufrichtende und fortführende. Was der heilige Gallus in providentieller Mission begründet, hat St. Othmar ebenso wiederbegründet; was St. Gallus in religiöser Pflege der umwohnenden Christen begonnen, hat St. Othmar durch Errichtung einer ordentlichen, geregelten, pfarrlichen Seelsorge in dem Kirchlein des heiligen Gallus genauer festgesetzt und gesichert; was St. Gallus als Fremdling und Ire nach den Satzungen seines irischen Meisters Columban in seiner Stiftung festsetzte, das hat St. Othmar sodann als einheimischer Abt und nach den Vorschriften der abendländischen Benedictinerregel geordnet; hat St. Gallus die Stätte seiner Wirksamkeit mit dem Glanze eines heiligen Bekenners umstrahlt, so werden wir sehen, wie St. Othmar's Leiden und Siege etwas vom Purpur der Martyrerglorie in jenen Glanz der St. Galluszelle mischen wird; der Erde entrückt und über den Sternen verklärt, stehen die zwei Heiligen selbst in ihren Festen noch in der innigsten Zusammengehörigkeit und Verwandtschaft, feiert doch St. Gallens Dom und Diöcese heute noch in den zwei zunächst sich stehenden Monaten October und November und zwar am jeweiligen selben Monatstage, am 16., die Erinnerungstage beider himmlischen Schutzherrn dieser Stiftung. Wie nach dem Zeugnisse der Stift-St. Gallischen Geschichte die jeweilig hervorragendsten Aebte und Fürsten des Gotteshauses St. Gallen sich immer besonders durch Hebung, Neuerstellung oder Verschönerung der Kirche des heiligen Gallus hervorgethan haben und so des heiligen Gallus Monument zugleich zum Denkmal ihrer eigenen Administration und fürstlichen Munificenz machten, so trifft das auch in hervorragender Weise beim zweiten Gründer oder dem Wiederhersteller der Zelle des heiligen Gallus, bei St. Othmar, zu.

Wir geben in analoger Entwicklung zum ersten Capitel zuerst auch hier ein Skizzenbild der damaligen äußern Lage, in welcher sich des „Apostels von Alemannien" Heiligthum beim Amtsantritt des Abtes Othmar I. befand; wollen sodann in dieser Scenerie die erhabene Gestalt des ersten Abtes von St. Gallen im Habit des heiligen Benedict auftreten sehen und schließlich unsere besondere Aufmerksamkeit dem bereits zur Kirche herangewachsenen „Kapellchen" der einstigen Wildniß, oder dem Gotteshause von St. Gallen in seiner zweiten Erscheinungsform widmen.

Wie wir bereits gesehen, zog erst nach des heiligen Gallus Tode seine von ihm selbst errichtete Kapelle eine Menge von Pilgern an sein Grab. Die fortwährend zur Ehre und Verherrlichung seiner irdischen Ruhestätte sich mehrenden Vergabungen und Stiftungen begannen aber sehr bald auch schon die Habsucht irdisch und böswillig gesinnter Bewohner und Großen der Umgebung zu reizen. Die Worte des heiligen Notker, mit denen wir das erste Capitel geschlossen, wo er von der „Habsucht der Menschen" redet, waren eben schon in seinen Tagen in der Vergangenheit seines Klosters nur zu begründet. In der Vorsteherwürde war nämlich dem heiligen Gallus zuerst einer seiner Jünger, Magnus,[1] gefolgt, der aber bald weiter nach Alemannien vordrang und, wie wir bereits gesehen, in Füssen, seiner neugegründeten Niederlassung,

---

[1] Der heilige Magnus fand im Kloster St. Gallen eine ununterbrochene Verehrung. Abtbischof Salomon erbaute ihm zu Ehren die St. Magnuskirche und ließ dahin feierlich einige Reliquien des Heiligen übertragen. So berichtet Ekkehard in „Casibus": „Salomon incipit ecclesiam in honorem et modum s. crucis aedificare, in quam ad unguem perductam, sancti Magni brachium Adalberone episcopo dante et prosequente .... magnis huic inde triumphi tripudiis indulit." In der heutigen Kathedralkirche ist es der Altar des heiligen Johannes Evangelist, welcher zugleich dem Andenken des heiligen Magnus geweiht ist und worin sich noch eine größere Reliquie dieses Heiligen (de cranio S. Magni) befindet.

starb (666). Ihm folgten noch zuerst der Diakon Stephanus und im Jahre 708 der Priester Mangulfus. Zwar mehrten sich auch unter diesen Vorstehern noch die frommen Stiftungen, aber es mehrten sich mit ihnen auch die Gefahren, welche nicht blos der irdischen Zugabe dieser himmlischen Stiftung, sondern auch deren Hauptcapital, dem „heiligen Leibe des heiligen Gallus" selbst drohten.[1]

Elf Jahre schon ruhte der heilige Gallus im Grabe, als der fränkische Heerführer Otwin einen Theil des Thurgau, Konstanz und Arbon mit Feuer und Schwert verheerte. Viele Bewohner flüchteten sich in die Wildniß und kamen bis zur St. Galluszelle; der Feind verfolgte sie auf ihren Spuren, durch den Landgrafen Erchanald angeleitet, dem von der nächsten Nachbarschaft aus die Gegend wohl bekannt war. Er drang mit seinen Kriegern in das Oratorium ein, fragte nach den Priestergewändern und nach dem Silber und Gold und wußte durch Versprechungen einen Diener zu gewinnen, der sie zu einer unterirdischen Höhlung hinführte, wo sie Geldstücke verschiedener Sorte fanden und unter sich vertheilten. Allein damit nicht zufrieden, wuchs ihre Begierde nur noch mehr; sie zogen durch die Wälder, Wiesen und Aecker, um die verborgenen Schätze zu suchen. Dann kehrte Erchanald mit sieben jungen Leuten zum Oratorium zurück, wo sie die Thüre schlossen und auf den Boden stampften, um die Schätze ausfindig zu machen. Als nun einer gerade über dem Grabe des Heiligen mit den Füßen aufschlug und durch den Tritt der Sarg einen hohlen Schall wiedergab, rief er aus: „Hier ist, was wir suchen." Sie gruben nach und kamen zum Sarge des heiligen Gallus; diesen erhoben sie unter den höhnenden Worten: „Diese Römer sind so schlau, daß sie ihre Schätze in einen Sarg verbergen." Sie öffneten nun den Sarg, wurden jedoch über den Anblick des Todten so entsetzt, daß sie aus dem Oratorium hinausstürzten. Erchanald stieß den Kopf an der obern Thürschwelle so heftig an,

---

[1] Siehe Greith, „Altir. K." S. 395.

daß er nach Hause getragen werden mußte und noch im gleichen Jahre eine schwere Krankheit zu bestehen hatte, die ihm das Haar, die Haut und die Nägel gänzlich schälte, wodurch er für sein ganzes Leben mißstaltet wurde.

Als nun Bojo, (642—676) Bischof von Konstanz, erfuhr, daß das Grab des heiligen Mannes erbrochen und verwüstet sei und außer Maginald und Theodor niemand mehr in der Zelle zurückgeblieben sei, die wegen ihrer geringen Anzahl den heiligen Leib nicht allein bestatten wollten, kam er mit Priestern und Klerikern von Konstanz herauf, um dem Heiligen diesen Dienst zu leisten. Er fand das Grab erbrochen und den Altar entblößt, tröstete die jammernden Brüder und schloß die heiligen Ueberreste in einen würdigen Sarkophag ein. Er ließ ihn zwischen dem Altare und der Wand einsenken und über dem Grabe ein „Denkmal" errichten, d. h. nach damaliger und späterer Sitte einen steinernen Sarkophag mit Teppichen belegt, den man lectum, das Ruhebett, nannte. So war der heilige Gallus wieder in seine „ewige Ruhe" gebettet. Die „Habsucht der Menschen" hatte sich schon erkühnt, den heiligen Ort zu schänden. Sie versuchte es im Jahre 709 bei einem erneuten Ueberfall der Franken wieder, ohne aber ihr Ziel vollends zu erreichen.

Hatte sich die kleine Kapelle erstlich nach Gallus Tod mächtig gehoben, so schien sie jetzt unter den Folgen solch kriegerischer Plünderung wieder zu fallen, ja es war hohe Zeit, der gänzlichen Auflösung der St. Gallischen Stiftung zu wehren. Doch auch hier in den Tagen größter Noth erwahrte es sich neuerdings, daß Gott durch St. Gallus diese Stätte sich erwählt hatte. Der heilige Gallus, auf den man bezüglich seines Verhältnisses zu seiner Stiftung gewiß das Schriftwort[1]) anwenden kann: „Das ist der Freund der Brüder, des Volkes (Israel), der ist es, welcher so viel betet für das Volk und die ganze heilige Stadt, Gallus (Jeremias) der Patriarch" (Prophet), — erinnerte sich seines prophetischen Wortes: „Das ist meine Ruhestätte für ewig." Jetzt in diesem

---

[1]) II. Mach. 15, 14.

kritischen Momente griff die Vorsehung wieder ein und es erscheint, in Mitte der Scenerie, die uns das verwahrloste Galluskirchlein in dem verwüsteten Territorium an der Steinach zeigt, eine Gestalt, die das Heiligthum zu neuem Ansehen bringt, die Brüderzahl, in neuen Satzungen regelt, vervielfacht, sodann für einen Augenblick als Opfer der höchsten Ungerechtigkeit hinter den Coulissen verschwindet, um bald darauf zwar als Leiche, aber als „heiliger Leichnam" wieder zu erscheinen und mit den Ueberresten des heiligen Gallus das Hauptcapital der Kirche zu bilden, während der Ruhm seines glorreichen Bekenntnisses wie ein bengalisches Rothlicht die Kirche des heiligen Gallus neu verklärt.

Der thurgauische Landgraf Waltram,[1]) dessen Besitzungen an die Einöde und Zelle des heiligen Gallus grenzten, beredete nämlich, um dem verwaisten Orte wieder aufzuhelfen, mit Hilfe Victor's, des Grafen von Rhätien, den Priester Audemar oder Othmar, dem letzterer die Kirche des heiligen Florian zu Ramünsch in Bündten zur Verwaltung übertragen hatte, daß er sich zur Annahme der Vorsteherschaft der St. Gallischen Stiftung verstand. Im Jahre 720 ernannte dann auch der fränkische Majordomus Carlomann diesen ausgezeichneten Priester zum Abte von St. Gallen. Von Bündten her somit, von wo St. Gallen später auch seinen ersten Bischof von Chur-St. Gallen, Karl Rudolf[2]) und auch seinen eigenen ersten Bischof Johannes Petrus[3]) empfing, erhielt die Zelle des heiligen Gallus, die jetzt erst als „Kloster" auftritt, ihren ersten Abt. Die Vorsehung wollte das Gotteshaus, das ein Apostel, fern vom grünen Erin, welcher die Heimat und die Seinigen verlassen, gegründet hatte, durch einen mehr einheimischen Mann neubegründen und sich entwickeln lassen. Sofort mit dem Amtsantritt Othmar's, dem der Ruf eines heiligen Lebens schon vorausgegangen war, beginnt es auch in der durch die letzten

---

[1]) Waltramus Tribunus. Cod. Trad. p. 48.
[2]) Graf von Buol Schauenstein.
[3]) Mirer, erster apostolischer Vicar und Bischof von St. Gallen.

Stürme verwüsteten Einöde des heiligen Gallus wieder zu leben, zu treiben und zu blühen, wie auf einer Wiese, auf welcher nach langer Dürre und sengender Hitze wieder von erquickendem Regen hervorgerufen das saftige, smaragdene Grün sich zeigt.

Das erste, was Abt Othmar anstrebte, war die geistige Erneuerung des klösterlichen Lebens und dessen erste Grundbedingung, die Vermehrung der Brüderzahl. Die magnetische Kraft, welche der Heiligkeit innewohnt, erreichte sehr bald ihr Ziel, so daß er selbst an Erweiterung der Klostergebäude denken mußte. Das zweite, was Abt Othmar nun durchführte, war die Einführung der im Abendlande so hochberühmten Benedictinerregel, welche, — wir dürfen es an Hand der Geschichte wohl sagen, — auch nach dem Namen ihres Gesetzgebers die „benedictio", den Segen des Himmels, in allen Beziehungen auf die neugegründete Stiftung herabzog. Die Regel des heiligen Benedict paßte jedenfalls für eine Mönchsniederlassung in Alemannien besser, als die mehr den irischen Sitten und Gebräuchen entsprechende Regel des heiligen Columban, wie sie auch das Stift mit den bald in Deutschland neuerstehenden Stiftungen derselben Regel in engere Verwandtschaft brachte. Die St. Galler Stiftsbibliothek besitzt eine dem 9. Jahrhundert angehörige Uebersetzung der Benedictinerregel aus dem Lateinischen in's Deutsche, von welcher die jedoch von der Kritik bereits gerichtete Tradition sagte, ein Mönch von St. Gallen, Namens Kero,[1] hätte sie unter des heiligen Othmar Regierung geschrieben. Jedenfalls fand unter Othmar I. diese Regel Eingang, nahmen die Jünger der St. Galluszelle das schwarze Ge-

---

[1] Siehe „Handschriften-Katalog der Stiftsbibliothek St. Gallen" cod. No. 916. (Pg. 8. maj. s. IX. 1728.) „Regula S. Benedicti". Die eingehende Erörterung daselbst, welche nachweist, daß ein Mönch, Namens Kero, zu Lebzeiten Othmar's nicht wohl vorkommen kann, gibt uns Kunde, daß zu Othmar's Zeiten, den Heiligen eingerechnet, 54 Mönche die Galluszelle bewohnten. — Im gleichen Codex findet sich auch Seite 166—169 eine Anleitung zur Ehrenbeicht, welche Ildephons von Arx (I. 29) dem heiligen Othmar als Verfasser zuschreibt.

wand¹) des heiligen Benedict, ward die Kirche des heiligen Gallus
einerseits **Filiale** jenes weltberühmten Ordens, anderseits wieder
später **Centralsitz** und Mittelpunkt der „**helvetischen Benedictiner-Congregation**.²) Der heilige Gallus mag in des Himmels
Herrlichkeit frohlockt haben, als er die neugesammelte, neugeeinte
und neugeregelte Brüderschaar sein Grab umstehen sah. Jetzt erst,
nachdem Abt Othmar mit Empfehlungsschreiben Carlomann's, welcher
auf einer Durchreise nach Monte Cassino **im Jahre 747** St. Gallen
besucht hatte, beim fränkischen König **Pipin** erschienen war und von
ihm das Zugeständniß der freien Abtswahl erwirkte, konnte die
neue Congregation der Brüder nach dem ihr eigenen, innern Ent-
wicklungsgesetz sich entfalten, vergrößern und consolidiren. Was
wir aber schon im ersten Capitel bewahrheitet gefunden, daß nämlich
dieses ernste Bestreben nach Vermehrung des Reiches und der Glorie
Gottes, meist auch die Zunahme irdischen Segens und materiellen
Gewinnes im Gefolge hat, das bewahrheitete sich auch jetzt wieder.

Sowohl der königliche Hof, als Edle und Freie in den ent-
ferntesten Gauen beeilten sich, durch fromme Vergabungen die
Theilnahme an den Gebeten und guten Werken der Söhne des
heiligen Gallus und zumal ihres heiligen Abtes sich zu sichern.
Das nunmehrige Kloster St. Gallen besaß unter Abt Othmar Güter
im **Breisgau**, zu Warmbach, Herten, Werkhof, Wieselen, Wiler,
im **Elsaß**, zu Habsen, Kembs, Randolsweiler, in **Schwaben**, im

---

¹) Die irischen Mönche trugen einen Habit von mehr weißlich grauer Farbe.
Die zwei schönen, in München verfertigten Statuen von St. Columban und Gallus,
welche den Hochaltar der Pfarrkirche zu **Rorschach** zieren, sind nach dieser irischen
Mönchskleidung gefaßt.

²) Die „schweizerische Benedictiner-Congregation" ward im Jahre
1601 unter der Regierung des Fürstabtes **Bernhard II.** von St. Gallen gegründet. Diese Vereinigung, deren Vorstand bis zur Aufhebung des Klosters der
jeweilige Abt von St. Gallen war, umfaßte die Stifte **Einsiedeln, Fischingen,
Muri, Pfäffers, Rheinau, Engelberg, Maria-Stein, Disentis.**
Nach dem Sturze des Klosters St. Gallen kam die Vorsteherschaft an das Stift
Einsiedeln, dessen jeweiliger Abt noch heute diese Würde bekleidet.

Thurgau und Zürichgau, im Gaster- und Utznachergebiet.[1]) Der heilige Abt verwendete aber, während er sich selbst in seiner Liebe zu den Armen oft bis auf sein Untergewand entblößte, alle diese irdischen Segensquellen wieder zum Wohle der Armen und der ihm anvertrauten Heerde. Er erweiterte die Klostergebäude, baute für die Kranken[2]) ein eigenes Spital (hospitiolum) und regelte die seelsorgliche Verwaltung der Umgegend zum eigentlichen Pfarrsprengel.[3]) Es konnte daher nicht anders sein, als daß ein so glühender Verehrer seines geistigen Vaters, des heiligen Gallus, ein für die Zierde des Gottesdienstes so sehr eifernder Vorsteher, ein Mann von so providentieller Mission eine ganz besondere Sorgfalt jenem Heiligthume des heiligen Gallus im engsten Sinne des Wortes, nämlich der Kirche des heiligen Gallus widmete, welche als Ruhestätte des heiligen Leibes gleichsam den Tabernakel des gesammten Gotteshauses im weitern Sinne, d. h. der klösterlichen Stiftung, bildete.

Wir haben somit nach einem Blicke auf die Lage, in der sich die Zelle des heiligen Gallus beim Amtsantritte des Abtes Othmar befand, und nach einem Ueberblick über sein äbtliches Wirken noch unsern Hauptzweck zu verfolgen und die eigentliche Kirche in ihrem Zustande unter Abt Othmar dem Heiligen, sowie in ihrem durch die Beisetzung der Leiche auch dieses glorreichen Bekenners neugewonnenen Glanze zu betrachten. Ferdinand Keller[4]) sagt in seinem „Bauriß des Klosters St. Gallen", man müsse nach einigen unbestimmten Bemerkungen über Einrichtung und Bauart der Kirche des Klosters St. Gallen, welche dem heiligen Apostel

---

[1]) Ueber diese vielen Vermächtnisse und Besitzungen des Klosters St. Gallen zur Zeit Abt Othmar's siehe Jld. von Arx I. S. 26—28.

[2]) An diese Sorgfalt Othmar's in Ausübung der Krankenpflege erinnert der heute noch im gleichen Sinne wirkende St. Othmar's Krankenverein.

[3]) St. Othmar gilt deshalb als specieller Patron der Pfarrei St. Gallen.

[4]) Siehe „Bauriß des Klosters St. Gallen vom Jahre 820, im Facsimile herausgegeben und erläutert von Ferd. Keller. Zürich. 1844.

Paulus geweiht war, annehmen, daß zu Othmar's Zeiten das erste unter des heiligen Gallus Leitung errichtete Oratorium nicht mehr existirt habe. Geschieht auch keines eigentlichen Neubaues unter Abt Othmar Erwähnung, so schreibt man doch die bedeutende Vergrößerung der Kirche dem heiligen Othmar zu. „In der Kirche war eine Krypta vorhanden, in welcher, wie auch über ihr im Chore, ein Altar stand, und Tag und Nacht ein Licht in einem aus Glas verfertigten Leuchter brannte. Im Boden des Chores befand sich eine Oeffnung (fenestra), durch welche die Lampe des obern Altares auf den untern ihre Strahlen warf. Der Eingang in die Krypta war der gewöhnlichen Bauart gemäß an den Stufen des Presbyteriums angebracht. Das flach eingedeckte Mittelschiff war über 40' hoch, folglich betrug die Länge der Kirche, wenn wir die Verhältnisse mehrerer alten Kirchen berücksichtigen, wenigstens 100', ihre Breite 60'. Sie war durchgehends mit Fenstern versehen und mit Glaslampen und Kronleuchtern (coronis) geschmückt. Der steinerne Sarg des heiligen Gallus befand sich zwischen dem Hauptaltare und der Mauer der Apsis im Chore. Die vier Seitenwände waren aus kleinen Steinen und Cement erbaut, die obere Seite bestand aus kleinen, kreuzweis gelegten Steintafeln, die mit Cement bedeckt waren. Die Kirche war dauerhaft aus Stein ausgeführt, wie sich aus der Angabe entnehmen läßt, daß beim Niederreißen der alten Kirche im Jahre 820 die Wände mit vieler Mühe vermittelst Mauerbrecher eingestoßen werden mußten. Im Innern des Klosters stand auch eine, dem Apostel Petrus geweihte Kapelle, die, wie es das Capitulare Mon. 789, 7. und Capit. Frankof. 794, 15. allen mit heiligen Leibern versehenen Klöstern vorschreiben, zum ausschließlichen Gebrauche der Mönche diente, und worin beständig Gottesdienst gehalten werden mußte." [1]) Zur Seite der Kirche stand ein Holzthurm und schon bei seinem Besuche bei König Pipin war Othmar mit einer verzierten Glocke beschenkt worden.

---

[1]) Siehe Bauriß rc. Seite 9.

So etwa sah die Kirche des heiligen Gallus um diese Zeit aus. Neuer Ruhm und ein „ewig leuchtendes Licht"¹) sollte aber dieser Kirche wieder werden, als auch der zweite Gründer von St. Gallen in die Ruhe der Heiligen eingegangen war und seine irdische Hülle, mit den Gebeinen des heiligen Gallus vereint, für immer in ihr rasten sollte. ²)

Der neuen über der St. Gallus-Kirche aufgehenden Strahlensonne ging aber eine finstere Nacht vorher. Bevor die Kirche über den Besitz eines neuen heiligen Leibes frohlocken sollte, mußten erst die Brüder über Raub, Entsetzung und ewige Verbannung ihres heiligen Vorstehers klagen. Die furchtbaren Drohungen,³) welche die Stifter in ihren Donationsbriefen oft gegen jene erheben, welche die Stiftung in sacrilegischem Frevel antasten und dem heiligen Gallus entziehen würden, was ihm und seiner Ruhestätte war geschenkt worden, schreckten schon damals gottlose Menschen nicht mehr vom Raube des Heiligen ab. So gut verbrieft die Rechte und Besitzungen des Klosters waren, so hielten sie den thurgauischen Gaugrafen Warin nicht ab, eine Reihe von Gewaltthätigkeiten gegen das Kloster St. Gallen auszuüben, dessen Rechte zu schmälern, dessen Besitzungen sich anzueignen. Othmar war aber nicht der Mann, der sich einschüchtern oder bezwingen ließ, wenn es hieß, jene Rechte und Besitzthümer zu schützen, über die er nur als verantwortlicher Hüter war gesetzt worden, und so sehr er bereit war, zu geben, wo ihm Armuth und Noth auf seinen Pfaden begegneten, so sehr war er entschlossen, nichts zu vergeben, wo es sich um Heilighaltung und Vertheidigung der ihm anvertrauten Güter handelte. Durch den

¹) „Cumque tantæ claritas lucernæ in domo Domini luceret, longe lateque innotuit". (*Propr. Sang. ad* 16. *Nov.*)

²) „Gallo patri sanctissimo
Othmarus Abbas jungitur,
Istum locum qui jugiter
Tuentur, et nos supplices." (*Propr. Sang. in Mat.* 16. *Nov.*)

³) Siehe hierüber Greith, „Altir. K." Seite 372.

Widerstand,¹) welchen Othmar ihm entgegensetzte, noch mehr ergrimmt, hob Warin den heiligen Abt auf der Reise, die er, um Klage zu erheben, an das Hoflager des Königs unternommen hatte, auf, warf ihn in's Gefängniß und ließ im Einverständniß mit Sidonius, Bischof von Konstanz, ein Gericht versammeln, um Othmar seines Amtes zu entsetzen und zu lebenslänglichem Gefängniß zu verurtheilen.²) Von einem ungerathenen Mönche fälschlich des Ehebruchs angeklagt, sprach endlich der Heilige, welcher bisanhin vor dem Gerichte das Schweigen Jesu Christi nachgeahmt hatte: „Wohl bekenne ich, daß ich in vielem schwer gesündigt habe; über dieses Verbrechen jedoch rufe ich feierlich Gott, den Kenner meines Innersten, zum Zeugen meiner Unschuld auf." Gleichwohl verurtheilt, ward nun der Heilige seiner ihm so liebgewordenen St. Galluszelle gewaltsam entrissen, zuerst nach dem Schlosse Bodmann³) am Bodensee und nachher nach der Rheininsel bei Stein am Rheine⁴) abgeführt und in's Gefängniß geworfen. Daselbst von einem treuen Mönche heimlich mit der nöthigsten Nahrung versehen, heiligte er noch seine Lebenstage durch freiwilliges Wachen, Beten und Fasten, und starb im Gefängniß nach einem halben Jahre, am 16. November 759, nach-

¹) „Tuendo jus ecclesiæ
Raptatus es ad carceres,
Famem sitimque passus es,
Exul fuisti mortuus." *Propr. Sang. in Laud.*

²) Siehe hierüber: *Walafried Strabo* in vita S. Othm. — *Iso de mirac. S. Othmari — Ratpert* in cas. und zumal die mit Commentaren versehenen neuen Ausgaben dieser St. Gallischen Geschichtsquellen in den schon genannten „Vaterländischen Mittheilungen des hist. Vereins St. Gallen."

³) Potamo war sonst ein Palast, in dem die Könige sich oft aufhielten. Von ihm erhielt der See den Namen Bodensee. S. Jld. v. Arx I. 29 u. a.

⁴) Sie wird auch Werd genannt, welches Wort in der altdeutschen Sprache eine Insel bedeutet. (Siehe ebendaselbst S. 29.) Das Gefängniß auf der Insel ward in eine Kapelle verwandelt. Jacob de voragine in vit. S. Othm.

dem er 68 Jahre gelebt und 40 Jahre ruhmvoll dem Kloster vorgestanden hatte.

Die Ruhestätte des heiligen Gallus war von einem ungerathenen Sohne und einem verbrecherischen kirchlichen Würdenträger geschändet. Die Vorsehung schien dem Frevel und Uebermuthe freies und schrankenloses Spiel zu lassen, denn kaum war der Heilige, ohne mit irdischen Augen den Triumph der Gerechtigkeit geschaut zu haben, im Gefängnisse entschlummert und in der Eigenschaft als Uebelthäter auch im Kerker bestattet worden, so theilten sich die Verbrecher in die Beute.¹) „Das Begehren der Sünder aber vergeht;"²) ihr Triumph über den gerechten Othmar schien gerade vollendet, als Gottes eingreifende Richterhand ihn zum furchtbaren Gerichte an den Freylern, aber zum um so herrlicheren und strahlenderen Triumphe des heiligen Abtes und der Ruhestätte des heiligen Gallus verwandelte.

Am Grabe des heiligen Gallus, dessen ruhmvolle Stiftung er geschändet, ward Bischof Sidonius³) von tödtlicher Krankheit ergriffen. Der verläumderische Mönch Lambert erlahmte derart an seinen Gliedern, daß er nach Art jener Bestien, die gleich ihm früher die Ruhestätte des Heiligen Gallus verwüstet hatten, auf dem Boden kriechen mußte und die Unschuld des Heiligen öffentlich bekannte.⁴) Zu den Augen der Welt als ehrlos dem Erbe des heiligen Gallus entzogen, sollte nun Othmar auch in den Augen der Welt gerechtfertigt und verklärt nach St. Gallus' Ruhestätte zurückkehren. Wie St. Othmar in providentieller Weise sein Leben der Stiftung des heiligen Gallus geweiht hatte, so sollte er auch im Tode vom heiligen Gallus nicht getrennt werden.⁵) Wie

---

¹) Siehe Ild. v. Arx I. Seite 29.
²) Ps. 111, 10. „Desiderium peccatorum peribit."
³) Zu Vita S. Othm. c. 5.
⁴) „Sicque omnibus membris status sui omittentibus rectitudinem vel formam, capite ad terram more quadrupedum inclinato, non solum deformitate figurae terribilis . . ." c. 5.
⁵) Von ihrer geistigen Zusammengehörigkeit im Leben und ihrer Ver-

Translation der Leiche St. Othmar's über den Bodensee nach
St. Gallen.

(Photo-Zinko-Typie nach einem Stiche des letzten Jahrhunderts.)

Gebr. C. & N. Benziger in Einsiedeln.

St. Gallus, so sollte auch St. Othmar fern von der Stätte seiner irdischen Hauptwirksamkeit sterben und zwar wie er, an den Ufern des Bodensee's. Wie die Leiche des heiligen Gallus von wilden Rossen geführt, so sollte Othmar's Leiche von der wilden See getragen, nach der St. Gallus-Zelle ruhmvoll zurückkehren. Es ist im speciellsten Sinne des Wortes die Kirche des heiligen Gallus, welche durch diese Ueberführung der Leiche St. Othmar's und deren Beisetzung den höchsten Ruhm und neue Herrlichkeit gewann. Ebendeshalb mußten wir auch auf St. Othmar's Leben und Leiden in dieser Geschichte der Kirche des heiligen Gallus näher eingehen.

Durch Lambert's Betheuerungen über St. Othmar's schuldloses Leiden aufgefordert, vom Himmel[1]) selbst an die Zurückbringung des heiligen Leichnams gemahnt, bei Eröffnung des Grabes über die Unversehrtheit der schon zehn Jahre bestatteten Leiche mit Bewunderung erfüllt,[2]) suchten nun die Brüder den kostbaren Schatz nach der Kirche des heiligen Gallus zu übertragen. Die Legende erzählt uns,[3]) daß bei der Ueberfahrt über den Bodensee die aufgeregte Fluth fürchterlich tobte, das mit so heiliger Last befrachtete Fahrzeug aber ruhig und sicher dahin glitt. Die Kerzen, welche bei der Leiche brannten, erloschen nicht, noch brannten sie nieder. Selbst ein kleines Fäßchen mit Wein,[4]) aus

einigung im Tode, kann auch von St. Gallus und Othmar gesagt werden, was das kirchliche Officium von den Fürstaposteln hervorhebt: „Sicut in vita dilexerunt se, ita in morte non sunt separati."

[1]) *Vita S. Othm. c. 7. „Fratres per visionem a Domino commoniti sunt"* und Propr. Sang. Antiph. „Post decem vero annos *visum est discipulis suis, ut ad monasterium S. Galli eum deferre deberent."*

[2]) Ebendaselbst c. 7.

[3]) Diese Translation erzählt uns Walafried Str. in seiner Vita S. Othm. c. 8 u. 9. — Dieselbe Translation siehe in Cod. mscr. 1719 II. (*Translationes antiquiores. S. Othmari p. 15.*)

[4]) Vita S. Othm. c. 9: „Continua effusione nihil minui videretur, quoadusque bibentes poculorum copia vincerentur." Weiter oben nennt W. das Gefäß „flasco". Anspielend auf diese wunderbare Begebenheit stellt die

dem die Führenden ihre Erquickung schöpften, soll nie leer geworden sein. Die heilige Leiche ward nun in der Kirche des heiligen Gallus an der Hauptmauer beim Altare des heiligen Johannes des Täufers beigesetzt.

Schon bei Lebzeiten seiner frühern Richter verehrten ihn nun die Brüder als Bekenner und zahlreich waren die „göttlichen Zeichen", mit welchen die Vorsehung die Ehre ihres treuen Dieners mehrte.[1]) Der spätere Abtbischof Salomon I. von Konstanz, ruhmvollen Andenkens, nahm 140 Jahre nach des Heiligen Tode auf einer Synode die feierliche Heiligsprechung Othmar's vor,[2]) erhob seine heiligen Gebeine und setzte sie unter großem Gepränge erst in der Hauptkirche, nachher in der besonders erbauten St. Othmarskapelle bei. Als später die päpstliche Bestätigung dieser Heiligsprechung erfolgte und zahlreiche Gebetserhörungen das Grab St. Othmar's verherrlichten, erfüllte sich, was der St. Gallische Klerus nach dem «Proprium Sangallense» im Officium betet: „Daß weit und breit des heiligen Othmar Ruhm nun in die Welt ausstrahlte." Seine heiligen Gebeine, oft wieder erhoben und neuerdings beigesetzt, ruhen als kostbarer Schatz heute noch in der Domkirche,[3]) nachdem sie dem Vanda-

---

Kunst den heiligen Othmar stets dar, wie er ein kleines Fäßchen auf dem einen Arme trägt.

[1]) „Pretiosissimo corpore almi Patris *in ecclesia S. Galli recondito*, ejus sanctissima merita claruerunt *per multa miracula*" Propr. Sang. — *Vita S. Othm.* c. 9–17.

[2]) Iso de mirac. S. Othm. c. 20 (2) *Ratpert* in cas. c. 9. *Goldast* rer. alem. Bei dieser Gelegenheit hielt Abt *Salomon* eine Lobrede auf den Heiligen, indem er wegen heiserer Stimme dem Prediger leise sagte, was dieser laut vortragen sollte. S. Ild. v. Arx, S. 70 l. Wir kommen im nächsten Capitel auf diese Uebertragung St. Othmar's zurück.

[3]) Die Gebeine der heiligen Othmar und Notker, welche in Särgen in der Kirche ruhten, hoben die Geistlichen des Klosters in der Nacht vom 23. auf den 24. Februar aus und sandten sie nach Einsiedeln. (J. v. A. II. S. 536.) Erst am 15. November 1538 wurden St. Othmar's Gebeine mit feierlichem Gepränge nach seiner Ruhestätte zurückgeführt. Ein Granthier trug die verehrte Last, weil St. Othmar nach der Erzählung seiner Biographen auch zu Leb-

lismus, welchem die Ueberreste des heiligen Gallus ihren Haupt-
theilen nach zum Opfer fielen, durch Ueberbringung nach Einsiedeln
entgangen. Abt Hermann hatte im Jahre 1353 Kaiser Karl IV.,
welcher von den berühmtesten Heiligen sich Reliquien zu verschaffen suchte, das Haupt des heiligen Othmar übergeben,
und es wurde dem Heiligen zu Ehren in der Hauptstadt Böhmens
auch eine Kirche erbaut. Die Kirche des heiligen Gallus
aber war um ein Hauptcapital reicher geworden, und sie besaß in
den Ueberresten ihres heroischen, heiligen Abtes, welcher hier am
Grabe des heiligen Gallus seine Rechtfertigung und Verherrlichung
gefunden, das schönste Unterpfand und Memoriale der in Othmar's
Leben buchstäblich erfüllten Schriftworte:

Die Weisheit verließ nicht den verkauften Gerechten,
sondern rettete ihn vor den Sündern und stieg hinab
mit ihm in die Grube. In den Banden ließ sie nicht
von ihm, bis sie ihm zugebracht der Herrschaft Scepter
und Gewalt wider jene, so ihn bedrängten. Als Lüg-
ner stellte sie dar, die ihn verlenmdet hatten, und gab
ihm ewigen Ruhm." [1])

Wie somit des heiligen Gallus hocherhabenes Lebensbild die
schönste Illustration zu der früher schon genannten Epistel heiliger
Aebte geworden, so repräsentirt sich St. Othmar's tragisches Lebensende als Illustration der vorstehenden Schriftworte und Epistel.
Wie die zwei Heiligen in ihrem Leben St. Gallens hochberühmtes
Gründer- und Stifterpaar bildeten, so sind sie noch zur Stunde
in ihren heiligen Gebeinen in demselben Dome geeint und verehrt, der St. Galluskirche kostbarster Kirchenschatz und größte

---

zeiten sich eines Esels als Reitthier bediente. Othmar Gluß, damals Statthalter des Abtes zu Wyl, leitete das Thier am Zügel, elf Conventbrüder folgten
ihm. Etliche ritten mit in ganz stiller Andacht, alle gar traurig in Schwarz
gekleidet. („Das alte St. Gallen". Neujahrsblatt des historischen Vereins
St. Gallen 1867 I. Seite 2.)

[1]) Sap. 10. Epistol. Miss. Comm. Pontif. Mart. Aus dieser Perikope
sind auch die meisten Antiphonen ic. im Officium des hl. Othmar genommen.

Zierde, und ihre zwei Altäre stehen als Trophäen ihres vollendeten und gekrönten Lebenslaufes vor dem Angesichte ihrer spätgebornen geistigen Nachkommen. Es geziemte sich nun wohl, daß mit dem bald eintretenden Blüthezustand der St. Gallischen Stiftung sowohl in geistiger als materieller Hinsicht an die Herstellung eines großartigeren und entsprechenderen Tempels gedacht wurde. Bevor wir aber die St. Galluskirche, wie sie unter Abt Othmar bestanden, im Geiste unter den Anstrengungen der Mauerbrecher zusammenstürzen sehen, um einem imposanteren Denkmal Raum zu geben, wollen wir am Grabe des zweiten Gründers von St. Gallen in den daselbst so oft gesungenen Hymnus einstimmen. Er lautet: [1])

„Du, der Welten heil'ger Gott und Herrscher,
Du Urheber ewiger Huld und Güte,
Nimm auf unsere Lobgesänge und Opfer,
Gnädig und milde!

Laßt denn uns mit heil'gem Siegesjubel
Feiern Othmar's Namen und heyres Leben,
Deß Verdienste Schöpfer Du selbst geehret,
Hoch in dem Himmel!

Treu ist er gefolgt der Väter Wandel,
Stark stand er als Sieger im harten Kampfe,
Hat des Feindes trotzige Macht besieget,
In seinem Heiland!

Er, verwerfend gieriger Fürsten Raublust,
Trug der Räuber grimmiges Rachedürsten;
Drum schwebt er als Martyrer auf zum Himmel,
Tragend die Palme.

Seht die Wunder dort am Grab des Heiligen,
Ueberirdische Kräfte es in sich birgt,
Denn daselbst, wie immer sie leidend schmachten,
Kranke gesunden.

Seinetwillen, Herrscher des Erdkreises,
Schenk' Erbarmen unserm Sündenelend,
Daß auch wir einst wandeln mit ihm im Lichte
Ewiger Freuden!"

[1]) Propr. Sang. ad Vesp. 16 Nov.

III.

Die Basilika des heiligen Gallus

unter

Abt Gotzbert. 830.

III.

Die Basilika des heiligen Gallus unter Abt Gotzbert. 830.

Monumentale Bauten treten zu St. Gallen an Stelle der bisher noch ärmlichen und zu bescheidenen Kirche und Klostergebäude. — Abt Gotzbert mit seinen kunstsinnigen Mönchen geht an das große Werk. — Der berühmte Bauriß des Klosters St. Gallen v. Jahre 830. — Ermenrich von Reichenau über die damalige Kunstthätigkeit zu St. Gallen. — Beschreibung des Aeußern und Innern der Gotzbert'schen Basilika. — Die dogmatische Predigt dieses neuen Tempels. — Analoges Schicksal der Weltbasiliken der Fürstapostel zu Rom und der Basilika des heiligen Gallus. — Die feierliche Consecration der neuen Kirche als Vollendung und Bestätigung der von St. Gallus selbst vorgenommenen Weihe seiner Ruhestätte.

„Solch hohes Geschick in der Baukunst findet sich
kaum anderswo... Wer seinen Blick auf die Basilika und die Klostergebäude wirft, wird mein
Lob nicht übertrieben finden."
(Ermenrich in Annal. Mabill.)

atte sich auch die bescheidene Kapelle des „Apostels
von Alemannien", wie wir soeben gesehen, bereits
zur förmlichen Kirche aus Stein entwickelt, so
war das Aeußere der Kirche und des Klosters
der St. Gallusstiftung immerhin noch äußerst bescheiden, ja ärm-
lich zu nennen. Die Gebäude waren zumal unter St. Othmar's Nachfolgern so vernachläßigt, daß St. Gallen von seinen
eigenen Bewohnern als das armseligste und engste Kloster im großen
fränkischen Reiche erklärt wurde.[1] Es reflectirte sich allerdings
auf dieser Erde der Strahlenglanz einer höhern Erwählung und
es leuchteten im Doppelglanze[2] ihres Tugendlebens wie ihrer
Zeichen- und Wunderkraft von dieser Stätte aus in weite Umkreise die zwei Heiligen Gottes, deren Gebeine die St. Galluskirche umschloß, aber diese selbst, als der Tabernakel eines zu so
Großem bestimmten Stiftes und als Reliquiar so kostbarer Schätze,

---

[1] Monach. Sangall. Gesta Karoli lib. II. c. 12. bei Pertz, Mon. Scr. II. 756.

[2] Hieher passen auch Ermenrich's schöne Worte: „Wie könnten wir der Insel Irland je vergessen, von wo der Strahlenglanz eines so großen Lichtes und die Sonne des Glaubens für uns aufgegangen." Ermenrich v. Reichenau an Abt Grimoald. 860.

wie die zwei heiligen Leiber waren, stand zu ihrer innern und idealen Bedeutung noch nicht in verhältnißmäßiger Größe und Schönheit da.

Der Leser dieser Blätter wird sehr leicht wahrgenommen haben, daß die Geschichte der St. Galluskirche, sofern wir darunter den eigentlich monumentalen Tempel verstehen, bis jetzt so ziemlich in der Gründungsgeschichte von St. Gallen überhaupt, wie in den Lebensschicksalen der zwei heiligen Stifter und Patrone dieser Kirche aufgegangen ist. Mit Ausnahme einiger Notizen über die äußere Form und Gestalt des Oratoriums an der Steinach und der spätern Kirche Othmar's konnten wir auch in der That bis hieher vorherrschend nur von der Bedeutung dieser Ruhestätte des heiligen Gallus, weniger aber von ihrer monumentalen Entwicklung reden. Es trifft das übrigens immer ein, da natürlich die ideale Bedeutung einer Stätte deren monumentalem Schmucke und die geistigen Errungenschaften großer Männer und Schöpfungen den sinnlich wahrnehmbaren und materiellen Trophäen derselben vorausgehen müssen. Die providentielle Erwählung und das heroische Tugendleben der zwei Gründer St. Gallens, die Innigkeit einer noch im Blüthenzustand sich befindlichen frommen Mönchsgemeinde hatte bis jetzt die Ruhestätte des heiligen Gallus geheiligt, und es war deshalb nur mehr eine Frage der Zeit, wann die Größe der Gallusstiftung auch in entsprechend monumentalem Baue ihren Ausdruck finden sollte. Die großen Leistungen der Kunst und Wissenschaft treten ja gewöhnlich dann erst in's Dasein, wenn der bereits entwickelte und schöpferische Geist einer Zeit auch die äußeren Mittel, die Materie, gefunden, mit der er sich, aus dem Reiche der Idealität gleichsam heraustretend, zum sichtbaren Gebilde vereinigt. Zwar dauerte es nach des heiligen Othmar Beisetzung in der Kirche von St. Gallen noch längere Zeit, bis trotz einzelner Zurückerstattungen und feierlich am Grabe des heiligen Othmar geleisteter Abbitten[1])

---

[1]) Anstatt des Grafen Rudhart thaten seine spätern Abkömmlinge, König Konrad I. und Graf Rudolf, dem heiligen Othmar in St. Gallen feierlich Abbitte und leisteten reichen Schadenersatz. Ild. v. Arx I. S. 32.

die dem Stifte entzogenen Besitzungen der Hauptsache nach zurückgegeben wurden, und es waren vorzüglich die Bischöfe von Konstanz, welche durch ihre unberechtigten Eingriffe in das Wahlrecht und die Verwaltung des Stiftes dessen Emporkommen hemmten.

Erst als König Ludwig der Abtei¹) das Recht der freien Abtwahl, welches schon St. Othmar von Pipin erwirkt hatte, wieder gab, war die hemmende Schranke gefallen, welche das äußere wie innere Wachsthum des Stiftes hinderte, und sofort, gleich als wollte die Geschichte den thatsächlichen Beweis von der Bedeutung dieser freien Entwicklung liefern, sehen wir in dem neu gewählten Abte Gotzbert (gew. 816)²) einen Mann an die Spitze der St. Gallusstiftung treten, der nebst dem hohen Plane, die bedeutungsvolle Stätte des heiligen Gallus durch einen monumentalen Bau zu ehren, auch die Energie und Kenntniß besaß, solch erhabenes Project zu realisiren. Der Mann, welcher wie einst Salomon dem Herrn den Tempel zu Jerusalem, so hier dem heiligen Patriarchen Gallus seine erste förmliche Basilika erbauen sollte, war erweckt, und die materiellen Subsidien zu solchem Werke mangelten auch nicht mehr, nachdem es der Energie des Abtes gelungen, auf dem Rechtswege vor den königlichen Commissarien die meisten Besitzungen, welche einst der Edelmuth hochherziger Stifter dem heiligen Gallus geschenkt, aber sacrilegische Frevel unter Abt Othmar diesem wieder entwendet hatten, dem Stifte zurückzuerobern; selbst der biblische Hiram,³) welcher Salomon als Kunstfertiger diente, schien unter den Mönchen wieder zu erstehen, und derselbe Geist, welcher die

---

¹) Siehe Jld. v. Arx I. S. 35.
²) Abt Gotzbert stammte aus dem obern Thurgau von einem reichen Geschlechte ab und hatte im Kloster St. Gallen einen Neffen, der auch Gotzbert hieß. Von diesem letztern rührt das „Buch über die Wunder des heiligen Gallus" her. Siehe Einleitung zu den neuen Ausgaben der „Vita S. Galli und Othmari" in „Mittheilungen zur vaterländ. Geschichte" XXIII.
³) III. Reg. 7, 14. „Auch schickte Salomon hin, um Hiram von Tyrus zu holen, den Sohn einer Wittwe aus dem Stamme Nephtali, einen Kunstarbeiter in Erz, voll Einsicht und Kenntniß und Geschick u. s. w."

Idee eines großartigen Neubaues der St. Gallusstiftung in Gotzbert's Seele aufsteigen ließ, weckte zugleich in den Gemüthern seiner Mönche Sinn und Begeisterung, ihres Abtes Vorhaben mit eigener Mühe, Kunst und Hand durchführen zu helfen. Die klösterliche fromme Innung wird auf einmal zur heiligen Zunft frommer Künstler. Der religiös bereits entwickelte Geist der Gallusstiftung zeugte nun den Doppelgeist St. Gallischer Kunst und Wissenschaft, durch welchen diese Stiftung die Augen des ganzen Abendlandes auf sich zog. Vor unserm Auge steht auf derselben Stelle, deren Umfriedung einstens der heilige Gallus geweiht, Abt Gotzbert mit dem großen Bauplane auf Pergament, an seiner Seite die kunstsinnigen und kunstfertigen Conventualen Winihard, Jsenrich und Ratger als Directoren des Neubaues, ja die ganze Brüderzahl mit Instrumenten und Bauwerkzeugen versehen, um auf Gottes Geheiß zur Ehre des heiligen Gallus seinen Tempel zu erstellen.

Dieses Capitel leitet somit erst die eigentliche Geschichte der baulichen Entwicklung unserer Kirche des heiligen Gallus ein. Von nun an wird diese über die mehr geistig ideale Geschichte dieser Kirche vorherrschen, bis das letzte Capitel dem letzten Dombau von St. Gallen noch die letzte, auch letzt' mögliche, geistige Vollendung gibt. Bei der Schilderung der baulichen Unternehmungen aber, wie sie unter Abt Gotzbert um das Jahr 830 in St. Gallen stattgefunden, halten wir uns zumal an die gediegene Geschichte des St. Gallischen Geschichtschreibers P. Ildephons von Arx und die Ausführungen des rühmlichst bekannten Herrn Professors Ferdinand Keller in seiner Schrift: „Der Bauriß des Klosters St. Gallen vom Jahre 820 in Facsimile herausgegeben und erläutert."[1]

---

[1] Denselben Plan bespricht auch Herr Professor Dr. Rudolf Rahn in seinem ausgezeichneten Werke: „Geschichte der bildenden Künste in der Schweiz. Von den ältesten Zeiten bis zum Schlusse des Mittelalters." Zürich, Verlag von Hans Staub. 1876. Siehe S. 88 u. ff. In demselben Werke siehe ein Facsimile des Planes, sowie eine Zeichnung des Klosters St. Gallen nach diesem Baurisse.

Ratpert, Mönch von St. Gallen und dessen ältester Geschichtschreiber, faßt in seinen Annalen die ganze Baugeschichte in folgende Worte gedrängt zusammen: „Abt Gotzbert's Sinnen und Trachten war ganz auf die Wohlfahrt des unter seiner Leitung stehenden Klosters gerichtet. Zur Verschönerung desselben fing er an im Jahre 830, in Kaiser Ludwig's siebenzehnten Regierungsjahr, dem heiligen Gallus eine neue Kirche aufzuführen, welche noch gegenwärtig als ein schönes, ansehnliches Gebäude dasteht. Das Werk wurde im siebenten Jahre vollendet, im neunten fand die Einweihung statt, die durch Wolfleoz, Bischof von Konstanz, zu dessen Diöcese St. Gallen gehörte, in Anwesenheit Bischof Adalrich's von Basel, des Abtes Erchebald und vieler Mönche von Reichenau und einer Menge alemannischer Fürsten vorgenommen wurde."[1]) Zwischen dem von Ratpert hier genannten Vorhaben des Abtes und der Vollendung des Werkes durch die liturgische Consecration liegt nun die Geschichte des Baues, welche in dieses Capitel gehört. Ihr selbst liegt ein hochwichtiges Actenstück zu Grunde, welches als Merkwürdigkeit ersten Ranges heute noch in der Stiftsbibliothek zu St. Gallen aufbewahrt wird, nämlich der sogenannte „Bauplan von Abt Gotzbert" aus dem 9. Jahrhundert.

Da nämlich das neue Kloster allen Anforderungen der Zeit, der Bedeutung dieser Stätte, ja, wie eine Stelle in dem Epitaphium Abt Gotzbert's andeutet,[2]) selbst schon seiner durch viele fürstliche Besuche glänzenden Zukunft genügen sollte, so fand Abt Gotzbert, wie es scheint, für gut, sich in weitern Kreisen Raths zu erholen, und wir haben wohl in unserem noch vorhandenen Bauplane die schriftlich und mit Kunstkenntniß ausgearbeitete Antwort auf solche Erkundigungen vor uns. „Der Grundriß ist auf ein großes 3½' hohes und 2½' breites Pergament gezeichnet, das aus 4 Häuten zusammengenäht ist. Die Zeichnung ist in einfachen Linien mit

---

[1]) Ratperti Casus. cap. 16.
[2]) Die Worte auf dem Epitaphium des Abtes Gotzbert lauten:
„Nam fore visendam praescivi regibus aedem,
Regia debuerat regibus esse domus."

rother Tinte ausgeführt und technisch bemerkenswerth, indem abweichend von unsern modernen Planzeichnungen verschiedene emporragende Theile, wie Thürme, Fenster, Oefen, Schornsteine u. dgl. in vertikaler, statt in horizontaler Projection dargestellt sind, so daß ihr Aufriß in die umgebenden Grundrißlinien eingezeichnet ist."¹) Der Verfertiger dieses Planes ist unbekannt. Nach Mabillon wäre es Abt Eginhard, welcher die königlichen Bauten leitete und in der Architektur sehr erfahren war. Nach Ildephons von Arx²) wäre es der Hofarchitekt Gerung. Gewiß ist nur, daß der den Plan zeichnende Baumeister die für die Klöster unter Karl dem Großen aufgestellten Regeln und Vorschriften genau beobachtete, daß er aber mit den Localitäten des Klosters St. Gallen durchaus unbekannt war und überhaupt nur einen den Anforderungen der Zeit entsprechenden Musterplan für ein wohlhabendes Kloster zeichnen wollte.³) Wir haben natürlich für unsern Zweck diesen Bauriß nur insoweit zu berücksichtigen, als er das Centrum des ganzen Klosterbaues, die Kirche, betrifft.

Der Plan lag nun vor. Mittel zur Durchführung, Männer voll Sinn und Begeisterung für das zu unternehmende Werk waren bereit. Die Kirche des heiligen Gallus sollte nun als majestätisches Gebilde der Architektur damaliger Zeit den Ruhm des „Apostels von Alemannien", sowie die Verehrung seiner Söhne für seine heiligen Ueberreste weithin verkünden. St. Gallus' Kloster und Kirche wurden so im vollsten und allseitigsten Sinne des Wortes ein „Klosterbau", in dem ein Abt die Veranlassung dazu gegeben, ein Mönch die Idee und den Plan dazu entworfen, Mönche die Leiter und Ausführer des Werkes waren, und dem Andenken eines heiligen Mönches wie dem Gottesdienst einer frommen Mönchsvereinigung das ganze Werk galt. Den Anfang zum Werke bildete

---

¹) Siehe Rahn, Gesch. der bild. Künste, S. 96.
²) Ild. v. Arx I. S. 58 u. ff.
³) Weil der Verfasser den Abt Gozbert mit „dulcissime fili" anredet, so schließt man auf einen Bischof, als den muthmaßlichen Verfasser. (F. Keller S. 11.)

die um das Jahr 822 ¹) begonnene, gewaltsame Niederreißung der alten Kirche, während die übrigen Gebäude des Klosters bis zur Fertigstellung der neuen Kirche noch stehen sollten. Man konnte sich schon in dieser Anlage des Neubaues nicht genau an den Bauriß halten. Den Ort nämlich, wo der Chor der alten Kirche stand, welchen Gallus bei seinem ersten Besuche der Wildniß geweiht, wo er die erste Kapelle errichtet und wo man seinen heiligen Leichnam bestattet hatte, mußte auch die neue Kirche in sich schließen. Unmittelbar neben ihm fließt aber im tiefen Felsenbette die Steinach vorbei, so daß die nach dem Plane auf der südöstlichen Seite liegenden Gebäude nach einer andern Seite verlegt werden mußten.

Die Leitung des Baues war dem in der Architektur wohl erfahrenen St. Galler Mönche Winihard, sowie den Mönchen Ratger und Isenrich übertragen. Mönche des Klosters waren beim Baue thätig, indem sie Kalk und Sand herbeitrugen und jede Art Handarbeit verrichteten.²) Wie emsig, wie sinnig und mit welchem Erfolge damals die St. Galler Mönche an dem ersten monumentalen Baue ihres Gotteshauses arbeiteten, erzählt uns der

---

¹) In der Angabe des Jahres, in welchem der Bau begonnen und die vollendete Kirche consecrirt wurde, gehen die Berichte auseinander. Nach Prof. Keller S. 11 „gibt Ratpert das Jahr 829 für die Erbauung der Kirche an, indem er unbestimmt läßt, ob in jenem Jahre der Anfang oder die Vollendung des Werkes stattgefunden habe. Eine genaue Prüfung der Angaben zeigt indessen, daß das Werk im Jahre 822 begonnen wurde und bis zum Jahre 829 gedauert hat, worauf im Jahre 832 die Einweihung der neuen Kirche stattfand". Wieder etwas hievon abweichend sagt Nahn: „Der Bau der neuen Kirche begann 830 und dauerte bis 835."

²) Hierüber berichtet der heilige Notker in eigenen, von ihm verfaßten Versen, welche im Capitelssaale oder der sogenannten schwarzen Kapelle an die Wand geschrieben waren:

„Justitiæ Gozbertus heros fratris Winihardi
Artibus eximiis fasces portantibus omnes
Pauperibus monachis lapidum calcisque et arenæ,
Ut quondam largus foecitque Sisinius almus,
Hanc struit ecclesiam."

berühmte Zeitgenosse Ermenrich von Reichenau in seinem interessanten Berichte über die damalige Kunstthätigkeit der St. Galler Mönche. „Es würde zu weit führen," sagt er, „wenn ich die vielen Diener Gottes einzeln mit Namen anführen wollte, die ich in St. Gallen in allen Kunstfertigkeiten und Tugenden glänzen sah. Solch' hohes Geschick in der Baukunst jeder Art findet sich kaum anderswo, und man kann hier in Wahrheit aus dem Neste auf die Vögel schließen, die darin wohnen. Wer seinen Blick auf den Tempel und die Klostergebäude richtet, wird mein Lob nicht übertrieben finden. Einzelne Künstler aber darf ich doch nicht mit Stillschweigen übergehen. Ist nicht Winihard ein wahrer Dädalus?[1]) Und ist nicht Isenrich ein zweiter Beseleel? Er handhabt allezeit sein Nichtscheit, außer wenn er im heiligen Dienste des Altares steht. Von so großer Demuth sind diese Männer beseelt, daß sie sich trotz ihrer ausgezeichneten Bildung dieser harten Arbeit nicht schämen. Was soll ich sagen von Amalger, gleich ausgezeichnet durch die Gabe des Rathes und den Glanz seiner Tugend? Wie fromm er im heiligen Dienste ist, davon zeugt der goldene Altar, vor welchem er im Gebete so oft versunken ist. Ich schweige von dem bescheidenen Ratger und will nur erzählen, was einst geschehen, als die Werkleute den ganzen Tag an einer jener Säulen gemeißelt, die ringsum das Innere des Tempels zieren; als alle Uebrigen ermüdet zu arbeiten aufhörten, wollte er allein von dem begonnenen Werke nicht lassen. Umsonst mühte er sich ab, bis er endlich ermattet in den Wunsch ausbrach: „Nun, heiliger Gallus, meißle du!" Und wunderbarer Weise stand nach diesen Worten die große Säule gemeißelt da, damit offenkundig werde, was die Anrufung des heiligen Gallus vermöge. Daraus erhellt aber auch, daß dieser fromme Steinmetz eine geistige Säule des Tempels war." Von so frommen Händen gefördert stieg die Basilika des heiligen Gallus immer höher und höher. Insoweit wir nach dem berühmten Plane und spätern

---

[1]) Dädalus war ein berühmter Künstler im griechischen Alterthum und Beseleel der Erbauer der Stiftshütte und Bundeslade der Israeliten.

Schilderungen der Kirche urtheilen können, überschattete auch ein wirklich monumentales Werk nun die für ewig erwählte Ruhestätte des heiligen Gallus."[1] Wir geben die detaillirte Beschreibung des Aeußern, wie des Innern der neuerstellten Basilika des heiligen Gallus ganz nach dem genauen Berichte, welchen Ferdinand Keller[2] in seinen Erläuterungen zum Baurisse des Klosters St. Gallen niedergelegt hat.

„Die Kirche ist," so hebt er an, „in Form einer alten, mit einem etwas ausspringenden Querschiffe versehenen Basilika erbaut, in der Richtung von Ost nach West.

Die Länge der Kirche beträgt 200 Fuß. Das Querschiff ist 40' breit und 120' lang. Das Langhaus ist durch zwei Säulenreihen in das Mittelschiff und zwei Seitenschiffe abgetheilt; das erstere ist 40' breit, jedes der letztern 20'. Die Breite der ganzen Kirche beträgt also 80'. Das Dach des Hauptschiffes wird von 22 Säulen getragen, die unter der Vierung 40', im übrigen Theil der Kirche 12' von einander abstehen.

Der östliche Chor, der ursprünglich auch das Presbyterium mit dem Hauptaltare und die Ambonen in sich schließt, auf der einen Seite von der Tribune, auf der andern von dem Hauptschiffe begrenzt, ausschließlich zum Aufenthalt der Geistlichkeit bestimmt und nach allen Seiten durch Schranken abgeschlossen ist, bildet ein regelmäßiges Viereck und ist ohne Zweifel wie bei dem alten Kölner Dom, der ebenfalls im Anfange des neunten Jahrhunderts erbaut wurde, mit einer Kuppel überwölbt. Er ist, alter Sitte gemäß, sowohl vom Hauptschiff als von den Seiten-Kapellen durch Gitter oder Scheidewände, in denen Thüren angebracht sind, abgeschieden. Man bemerkt darin zwei nach dem Hauptaltar gewendete Reihen Stühle oder Pulte der Sänger. Aus dem Chor tritt man auf 7 Stufen (wovon übrigens nur 6 im Bauriß angegeben sind)

---

[1] Im Museum der Stadt St. Gallen (Abtheilung des histor. Vereins) befindet sich ein nach diesem Baurisse verfertigtes Modell von Kirche und Kloster des heiligen Gallus in dem Jahre 830.

[2] Ferd. Keller S. 15—19.

von beiden Seiten der Kirche in das Presbyterium. Zwischen beiden Treppenabtheilungen befindet sich der Zugang zur Confessio, d. i. der Ruhestätte des Bekenners (des heiligen Gallus). Ob die Confessio, die einen eigenen Zugang hat, von der Krypta getrennt ist und mit der Kirche durch eine Halle in Verbindung steht, oder ob nach der Absicht des Baumeisters der Sarkophag des heiligen Gallus in der Krypta selbst errichtet werden sollte, ist nicht angedeutet. Das Presbyterium, unter welchem sich die Crypta befindet (über der Krypta erbaut sollen erglänzen die Altäre der Heiligen), ist ein viereckiger Raum von geringerem Umfange als der Chor, in dessen Mitte der der heiligen Maria und dem heiligen Gallus geweihte Hochaltar steht. Hinter dem Hochaltar, oder wohl eher unter demselben, steht der Sarkophag des heiligen Gallus. Das Presbyterium ist rechts und links mit Sitzen für die Geistlichen versehen und auf drei Seiten mit einem gewölbten Gange umgeben, der sich an die Hauptmauer anlehnt und nach dem Schiff der Kirche offen steht, entsprechend dem halbkreisförmigen an die Apsisnische sich stützenden Bogengang, der sich bei vielen alten Kirchen findet. Der Umfang und die Form der dem heiligen Columban geweihten Krypta wird nicht genauer angegeben. Sie hat die Größe des Presbyteriums und zwei Eingänge auf beiden Seiten des Chors. An das Presbyterium schließt sich die halbkreisförmige Apsis oder Tribune an, in deren Mitte ein dem Apostel Paulus gewidmeter Altar errichtet ist. (Hier feiern wir die dem großen Paulus gebührenden Ehren.) Sie ist mit Sitzen umgeben und exedra genannt, unter welchem Ausdrucke man die Vorhalle, apsis, zu verstehen hat, in der sich die Geistlichen aufhielten, ehe sie den Altardienst begannen, und in welche sie sich, so oft es nöthig war, zurückziehen konnten.

 Hinter der Exedra befindet sich ein von einer Mauer eingeschlossener, halbkreisförmiger, unbedeckter Platz, Vorhof oder Paradies (frz. parvis. Vorhof) genannt (hier werden ohne Bedachung die Ebenen des Vorhofs angelegt), dessen Breite mit derjenigen der Kirche zusammentrifft. Die westliche Tribune oder exedra, in deren Mitte der Altar des Apostels Petrus steht (hier wird dem Hirten der Kirche, dem Petrus, Ehre erwiesen), ist, da sich keine Krypta in diesem Theile der Kirche befindet, nur ein paar Stufen (gradus) über dem Chore erhaben, ebenfalls mit Bänken versehen, aber um etwas kleiner als die östliche. An die Kirchenmauer stößt eine bedeckte, auf der innern Seite offen stehende Halle an (hier steht, auf einer Mauer und Säulen ruhend, eine bedeckte Halle offen). Die einzelnen Säulen dieser Halle stehen nach der Angabe des Baurisses 10′ von einander ab (zwischen diesen Säulen zähle je 10′). Zwischen dieser Säulenhalle, die sich in einer Entfernung von etwa 12′ concentrisch um die halbkreisförmige Tribune herumbiegt, und der Tribune selbst, bleibt ebenfalls ein freier Platz offen (hier lege ohne Bedachung den Vorhof an). Dieser Vorhof, paradisus, auch häufig Atrium genannt, entspricht dem offenen, von einer Säulenhalle umgebenen, viereckigen Vorhofe der alten Basiliken, in dessen Mitte sich der Brunnen Cantharus befand, an welchem die Gläubigen sich vor dem Eintritte in den Tempel die Hände wuschen. Das Paradies ist hier entweder symmetrisch mit der Tribune, oder weil die Errichtung von Campanilen neben dem Haupteingange es verlangte, halbkreisförmig angelegt. Der einzige Weg, auf welchem Fremdlinge in das Innere des Klosters und zur Kirche gelangen können (allem Volk steht dieser Weg zum heiligen Tempel offen, wohin es seine Gelübde bringt, und von wo es erheitert zurückkehrt), führt zwischen den Ställen durch in einen kleinen Vorhof (hier wird alles herbeikommende Volk den Zugang haben), und durch die Vorhalle in das sogenannte Paradies, aus welchem man entweder in die Kirche, oder links in das Gasthaus und rechts in die Klausur treten kann.

Die Eingänge zur Kirche selbst befinden sich rechts und links von der Tribune und führen in die Seitenschiffe. Die Form der Tribune und ihre Wichtigkeit verhinderte den Architekten einen Eingang in das Mittelschiff anzubringen. Das Hauptportal also, das gewöhnlich in seiner Einfassung, im Tympanum und in den Thürflügeln große Pracht entfaltet und mit Schnitzwerk, getriebener

Arbeit, Inschriften u. s. w. geziert ist, mangelt hier gänzlich, und der Eintritt in die Kirche findet nur durch die Seitenschiffe statt.

Im Hauptschiff der Kirche befindet sich zunächst am östlichen Chore ein durch Wände oder Gitterwerk abgeschlossener, mit drei Zugängen versehener Raum, in welchem vorgelesen und gepredigt wird (hier wird des Evangeliums Friedensbotschaft verkündet). Auf der Seite des Chors sind zwei Lesepulte, auf welchen die Evangelien (daher auch analogium evangelicum genannt) und Episteln gelesen werden, und zwar auf dem einen zu Tage und auf dem andern während der Nacht. Das Vorkommen zweier Analogien deutet auf einen sehr alten Kirchenbrauch hin, nach welchem das Verlesen des Evangeliums von dem Verlesen der Epistel und anderer Abschnitte des neuen Testamentes getrennt war. Jenes gehörte zum Amte des Diakonus, dieses zu dem des Subdiakonus. Daher auch die Ausdrücke cornu epistolæ, Epistel= seite, zur Linken des Altars, und cornu evangelii, Evangelien= seite, zur Rechten des Altars. In der Mitte dieses Verschlusses steht die runde Kanzel, von welcher aus zum Volke gesprochen wird. Ueber derselben ist ein großes Kreuz angebracht.

Im westlichen Theile des Hauptschiffes befindet sich der Ort, wo die Taufe vorgenommen wird, fons, mit der Umschrift: „Sieh, hier nimmt Christus die wiedergebornen Söhne auf." Die Zeich= nung scheint auf die Anlage eines eigentlichen Baptisteriums hinzuweisen, mit einer Einfassung, in welcher die Katechumenen vorbereitet, und einem Wasserbecken im Innern, worin dieselben untergetaucht wurden. In den ältern Basiliken bildet das Bap= tisterium meistens eine Seitenkapelle.

Zwischen dem sechsten Säulenpaar befindet sich ebenfalls eine mit einer Thüre versehene, das Hauptschiff quer durchschneidende Scheidewand. Man könnte dieselbe für die Narthex halten, welche nach alter Kirchenzucht die öffentlichen Büßer der zweiten Ord= nung, die nach Anhörung der Predigt sich entfernen mußten, audientes genannt, von den Gläubigen absonderte, während die halbkreisförmige, den Vorhof umgebende Halle und das Atrium der Ort war, wo die öffentlichen Büßer der ersten Ordnung, welche die in die Kirche Tretenden weinend um Fürbitte anflehten, flentes, sich aufhielten. Es ist aber sehr zu bezweifeln, daß im Anfange des neunten Jahrhunderts diese Gebräuche noch herrschend waren und auf die Anlage und Einrichtung der Kirche Einfluß hatten.

Der westliche Chor, chorus, ist bedeutend kleiner als der östliche und von Wänden oder Gitterwerk umzäunt, in welchen sich drei Oeffnungen befinden. Nach der Kirche hin ist ein Lesepult angebracht.

In den verschiedenen Theilen der Kirche finden sich außer den oben genannten noch mehrere mit Schranken oder Gitterwerk umgebene Altäre. In der Mitte der Kirche steht, durch ein großes Kreuz besonders ausgezeichnet, der Altar des Erlösers, mit der Bezeichnung: das heilige Kreuz, das Leben, das Heil und der sündigen Welt Erlösung. Vor dem Taufsteine steht der Altar des Täufers und des Evangelisten Johannes. Die acht Altäre in den Nebenschiffen sind dem heiligen Stephan, dem heiligen Laurentius, dem heiligen Martin, dem heiligen Mauritius, den unschuldigen Kindlein, dem heiligen Sebastian, der heiligen Cäcilia, der heil. . . . und heiligen Agnes geweiht. Auf den Stufen, die vom Chor zum Presbyterium führen, stehen die Altäre des heiligen Benedict und des heiligen Columban.

Die Flügel des Querschiffes, welche ungefähr die Größe der Vierung haben, sind zu Seitenkapellen bestimmt und durch Wände von der übrigen Kirche abgesondert. Die nördliche Kapelle, worin ein Altar des heiligen Philippus und Jacobus, steht und Stufen zum Altare, ein Betstuhl, und längs den Wänden Sitze bemerkt sind, scheint, da sie in Verbindung mit der Abtswohnung steht, zum Privatgebrauche des Abts und seines Gesindes bestimmt zu sein. Durch diese Kapelle führt der einzige Weg zum Schreibezimmer. Im südlichen Querschiff steht der Altar des heiligen Andreas, worin ebenfalls Stufen, Betstuhl und Sitze bezeichnet sind. Diese Kapelle, die sowohl mit dem Capitelhause als dem

Wohnzimmer der Mönche und der Sakristei in Verbindung steht, ist wahrscheinlich den Mönchen zur ausschließlichen Benutzung angewiesen, zu Folge der Regel des heiligen Benedict, nach welcher in jedem Kloster eine Kapelle vorhanden sein muß, in der sich die Brüder ungestört der Andacht widmen können.

Die Sakristei, welche genau die Größe eines Querschiffes hat, besteht aus einem Gebäude von zwei Stockwerken, das auf der einen Seite an das südliche Querschiff, auf der andern an das Presbyterium angebaut ist. Im untern Raum, in welchem Schränke, Kasten und Bänke angebracht sind, befindet sich ein großer Tisch zur Aufstellung der heiligen Gefäße. Hier steht ein Ofen oder Kamin, da auch im Winter der Priester beim Ankleiden längere Zeit hier zu verweilen hat. Auf dem obern Stockwerke werden die Meßgewänder aufbewahrt. Aus der Sakristei gelangt man durch einen langen Gang in ein kleines Haus, worin zum Gebrauch der Kirche das Hostienbrod gebacken und Oel zu den Kirchenlichtern bereitet wird. Man bemerkt einen Herd, Ofen, Tisch und Bänke.

Auf beiden Seiten des östlichen Vorhofes des Münsters und, wie bei den meisten alten Basiliken Italiens, in keiner Verbindung mit dem Hauptgebäude, sondern einige Schritte von diesem entfernt, stehen zwei Thürme, zu denen man nur aus dem Vorhofe auf eingezäunten Wegen gelangt. Sie sind wahrscheinlich in Stockwerke abgetheilt und, was bei Campanilen seltener vorkommt, von runder Form. Ihre Höhe ist nicht angegeben. Ob sie wirklich Glocken aufnehmen sollen, was ohne Zweifel ihre Hauptbestimmung ist, wird nicht gesagt. Einzig ist bemerkt, daß man auf ihnen die ganze Anlage übersehen könne, ferner, daß oben auf dem nördlichen in einer Kapelle ein dem Erzengel Michael geweihter Altar stehe und auf dem südlichen dem Erzengel Gabriel ein Altar errichtet sei, ferner daß man auf Wendeltreppen, wie auch die Zeichnung nachweist, zur Spitze der Thürme und zu den Kapellen hinaufsteige. Glockenthürme wurden, wie bekannt, nicht lange vor Verfertigung dieses Baurisses, vielleicht erst unter

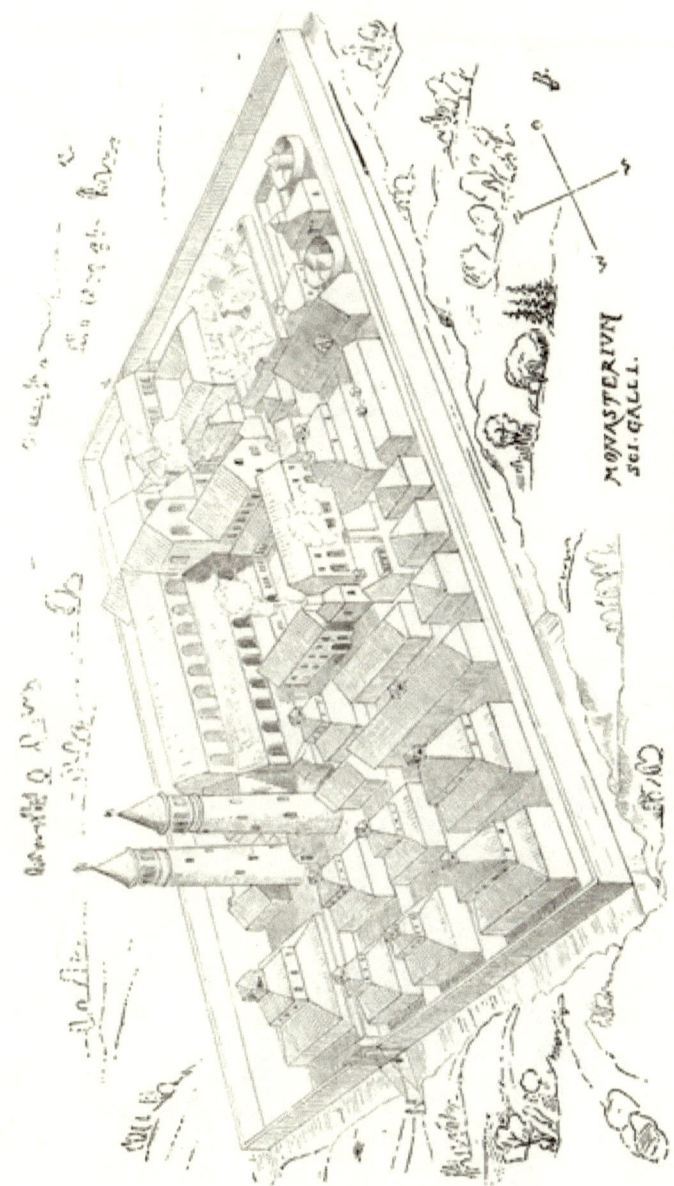

Plan der Kathedrale von St. Gallen.

der Regierung Karl's des Großen, beim Basilikenbau häufiger in Anwendung gebracht; es folgten dann die mannigfaltigen, zum Theil mißlungenen Versuche, dieselben mit dem übrigen Baue, zu dem sie ihrer Natur nach wenig passen, in harmonische Verbindung zu bringen. Die im Plane angegebene, blumenartige Verzierung, die auch oft in Manuscripten des neunten Jahrhunderts zu sehen ist, hat wohl keine bestimmte Bedeutung."

Wie das Gebäude in seinen äußern Formen, so entsprach auch der innere Schmuck und die gesammte Ornamentirung der Heiligkeit und Würde dieser Ruhestätte des „Apostels von Alemannien". Es fällt zwar die innere Ausschmückung der Gallusbasilika mehr in die Zeit der Nachfolger von Abt Gotzbert, der gleich ihm edel- und kunstsinnigen Aebte Grimoald (836—872) und Hartmut (872—883), aber sie bilden eben mit Gotzbert nur das erlauchte Kleeblatt St. Gallischer Aebte, deren Hochsinn und Unternehmungsgeist die Stiftung des heiligen Gallus diese Basilika verdankte. So erhaben aber die massiven Formen und die Gesammtanlage des äußern Kirchenbaues immer waren, so zeigte sich doch gleich nach Vollendung des Ganzen auch hier das Wort der Schrift verwirklicht: „Alle ihre Herrlichkeit ist von Innen;"[1]) ja es flimmert, glänzt und funkelt, möchte ich fast sagen, das bunte und farbige Bild St. Gallischer Tempelherrlichkeit von damals heute noch vor der betrachtenden Phantasie. Die Säulen der Kirche waren aus gewaltigen Felsblöcken gehauen; die flache Decke reich verziert, die Wände sowohl im Chore, als im Schiffe mit Bildern auf Goldgrund bemalt. Mit großem Aufwande waren die Altäre geschmückt, einige sogar mit vergoldetem Silberblech belegt. Die Durchsichtigkeit der Glasfenster, die Pracht der Kronleuchter und der Ampeln, die aus Gold, Silber und Elfenbein verfertigten und mit Schleiern von kunstreich gestickter Leinwand verhüllten Kreuze und Altäre, die bunt gewirkten Teppiche, die aus Gold und Silber getriebenen Reliefs

---

[1]) Pf. 44, 14.

an den Altären, die aus eben diesen Metallen gefertigten und mit Edelsteinen besetzten Kapseln und Reliquiarien, die herrlichen Meßgewänder, die Kelche, die aus Elfenbein geschnitzten oder mit Silber und Goldblech beschlagenen und mit Edelsteinen besetzten Deckel der Evangelienbücher; die Stuckaturarbeiten, Wachsbilder u. s. w. und der übrige Schmuck dieser mit allen Kunstwerken, welche jene Zeit hervorbringen konnte, prangenden Kirche, werden in den Jahrbüchern und andern Schriften des Klosters häufig erwähnt.

Lassen wir uns aber von all' dem Erdenflitter nicht das geistige Auge blenden, und fragen wir uns vielmehr, indem wir im Geiste in die nun vollendete Basilika eintreten, ob wir in ihr auch die eigentliche und dem Wesen nach unveränderte «Requies S. Galli» erblicken.

Auch die heidnischen Tempel strahlten in Gold und Elfenbein; auch die osmanischen Moscheen strotzen von Gold und Juwelen, wie nicht weniger in den schismatischen Kirchen Rußlands kostbare Teppiche und Behänge die steinernen Mauern und Marmorböden umkleiden und verhüllen. In katholischen Tempeln suchen wir vorerst nach jener innern und geistigen Heiligkeit, die in dem Glanze von Gold und Juwelen nur ihren symbolischen Ausdruck findet, und eben dieses Aeußere und diese irdische Pracht der Gallusbasilika soll uns jetzt deren orthodoxe Bestimmung und Weihe predigen. Allerdings stehen jetzt an der Stelle, wo früher Tannen und Fichten ihre dunkeln Schatten geworfen, die geschilderten massiven Steinsäulen, und überwölbt die gemalte und reich decorirte Decke den geweihten Boden,[1] aber es ist dieselbe Stelle, auf der einst St. Gallus mit dem Psalmisten geschworen: „Das ist meine Ruhestätte für ewig!" Das kleine Oratorium, worin Gallus für die Seelenruhe Columban's das heilige Opfer darge-

---

[1] Streng genommen soll der Tradition zufolge St. Gallus seinen Fall in die Dornen dort gethan haben, wo jetzt in der sog. „alten Pfalz" die Galluskapelle steht. Wir kommen auf diese späterhin zurück.

bracht, ist in der imposanten Basilika nun aufgegangen, aber auch hier bilden das Centrum und die hervorragendsten Stätten die in Stein gehauenen und mit Silber, Gold und Teppichen verkleideten Altäre. Mitten in der Basilika oder dem königlichen Hause des „Herrn der Heerschaaren" erhebt sich der Altar des Erlösers, gleichsam um der Welt zu verkünden, worin auch die Zeitgenossen dieses Baues allein die Quelle alles Heiles, den Mittelpunkt alles Christenthums, das Fundament ihres Glaubens erkannten. War die auserkorne Stätte, welche der heilige Gallus in jener hochfeierlichen Nacht mit Gebet dem Herrn weihte, schon von ihm nächst Jesus Christus, auch seiner göttlichen Mutter geweiht worden, so ist jetzt der Hochaltar derselben Himmelskönigin, aber nächst ihr ihrem treuen Diener und Verehrer, dem heiligen Gallus, geweiht. Die Reliquienverehrung, welche Gallus hier inaugurirte, als er seine Reliquienkapsel an das Kreuz von Haselstauden befestigte, feiert in der neuen Basilika ihre herrlichsten Triumphe, denn wir sehen sie zuerst feierlich die Gebeine des heiligen Gallus in ihre heilige Umfriedung aufnehmen, hören sie bald darauf von den Jubeltönen bei der Translation des heiligen Othmar wiederhallen, sehen sie nach und nach zum großartigen und kostbaren Reliquiar zahlloser heiligen Gebeine werden, ein «Pantheon» oder eine „Kirche aller Heiligen" im vollsten Sinne des Wortes. Als eine Filiale jener hochberühmten Mutterkirche zu Rom, in welcher als der „Mutter und dem Haupte sämmtlicher Kirchen der Stadt und des Erdkreises" durch bedeutungsvolle Fügung die heiligen Häupter der Fürstapostel Petrus und Paulus aufbewahrt werden, sehen wir die Galluskirche mit Altären geschmückt, welche, den Fürstaposteln geweiht, verkünden, daß auch Gallus seine Stiftung auf kein anderes Fundament, denn auf Petrus und somit auf einen „Felsen" gebaut habe. Sind aber katholische Glaubenstreue und nationale Begeisterung schon an und für sich in gewisser Weise verwandt und hat das jedem Volke eigene nationale Element stets seine schönste Weihe und Verklärung in dem Culte der besondern Landesheiligen gefunden, so findet eben diese Vereinigung der katholischen Universalität mit dem nationalen Culte unserer Landesväter auch in der Basilika des heiligen Gallus ihren Ausdruck. Petrus und Paulus, wie Gallus und Othmar, sie alle besitzen als Fürsten im Reiche Gottes hier ihre heiligen Monumente und Altäre. So ist es ein katholisches Gotteshaus im vollsten Sinne des Wortes, welches um das Jahr 835 vollendet dastand. So hat sich wohl das Aeußere geändert, aber Wesen, Bedeutung und Heiligkeit dieser Stätte ist sich gleich geblieben. Der in großartigstem Style erbauten Basilika geziemte nun auch eine äußerlich prunkvollere Einweihung, als sie der heilige Gallus einstens im Waldesdickicht vorgenommen.

Ratpert hat uns bereits erzählt,[1]) daß die feierliche Consecration der Gallusbasilika vom Bischof von Konstanz unter Assistenz des Bischofs von Basel, des Abtes von Reichenau und vieler alemannischer Fürsten und Großen stattgefunden habe. Es mag für Abt Gotzbert und seine kunstgesinnten Mönche ein Tag hohen Frohlockens gewesen sein, als der consecrirende Bischof im Vollschmucke seines Amtes die hochsymbolischen Ceremonien der Kirchweihe in diesem neu und kostbar erbauten Gotteshause vornahm. Noch zur Stunde erinnert sich der Klerus von St. Gallen am Tage der allgemeinen Kirchweihe dieser speciellen zweiten Consecration der gotterwählten Ruhestätte des heiligen Gallus, indem er in der zweiten Nocturn des Officiums jenes Tages betet: „Als im Laufe der Zeit im Jahre 830 Gosbert, der Abt, das früher genannte Oratorium des heiligen Gallus unter Mithilfe frommer und heiliger Männer zur herrlichen Basilika erweitert hatte, und neuer Wunderglanz diesen Tempel verherrlichte, ließ er sie endlich unter zahlreichem Concurse von Bischöfen, Aebten und Fürsten feierlich dem ewigen Gotte weihen."[2])

---

[1]) „Quam utique spatio septem annorum ad plenum aedificando perduxit, anno nono dedicationem ipsius Basilicae perpetravit convenientibus . . . . Dedicatione igitur ipsius Basilicae gloriose coepta et nonnisi signorum claritate honorifice peracta . . ." Ratpert. Cas. c. 16.

[2]) „Post multum vero temporis anno octingentesimo trigesimo

Wir haben auch hier in der Geschichte der St. Galluskirche wieder eine Analogie und Parallele zur Geschichte jener weltberühmten Tempel über den Gräbern der Fürstapostel zu Rom. Wie jene ihre Erstlingsform in der Memorie des Papstes Anaklet über St. Petri Grab und in der Kapelle über der Ruhestätte des Weltapostels gefunden, so erkennt die Basilika des heiligen Gallus ihre erste Erscheinung im Kapellchen des heiligen Gallus. Wie dann mit der Erklärung des Christenthums zur Staatsreligion und der Zunahme äußern Glanzes an Stelle der kleinen Oratorien ob den Gräbern der Fürstapostel auch ihre wahrhaft fürstlichen Basiliken sich erhoben, zu deren Consecration sich der Glanz des kaiserlichen Hofes Constantin I. mit der Entfaltung des pontificalen Cermoniels vereinigte, so vollendet jetzt hier die feierliche Dedication der St. Galluskirche die monumentale Entwicklung des irdischen Denkmals und Gotteshauses. Wir werden gegen das Ende unserer Geschichte erst erfahren, wie auch des heiligen Gallus Basilika trotz vieler Schicksalsstürmen in ihrer Herrlichkeit das Mittelalter überdauert hat¹) und erst beim Herannahen einer gewaltsamen Veränderung der St. Gallischen Stiftung einem Dome neuen Styles weichen mußte, gleichwie auch die zwei Weltkirchen der heiligen Petrus und Paulus erst in den neuern Zeiten den Platz der frühern Basiliken eingenommen haben.

Gosbertus Abbas sæpe dictum beati Galli Sacellum augustius in amplissimam Basilicam sanctorum virorum opera et sudoribus, nova insuper miraculorum gloria, erigere cum cœpisset, anno nono. Episcoporum, Abbatum, principumque frequenti concursu Basilicam Deo æterno solemniter dedicavit. (*Propr. Sangall. in dedic. eccl.*)

¹) Die Gotzbert'sche Basilika bestand im Grunde doch wenigstens theilweise fort, bis Cölestin's Neubau an ihre Stelle trat. Die verschiedenen Feuersbrünste ließen meist das Gemäuer stehen, über dem oft weiter gebaut wurde. Trotz aller Veränderungen und Ergänzungen, welche das Gotteshaus des heiligen Gallus seit den Tagen Gotzbert's erfahren, kann man es somit gewissermaßen als dem Wesen nach dasselbe auffassen, bis unter Cölestin selbst die Fundamente neuerstellt wurden.

Es muß ein Augenblick seliger Entzückung gewesen sein, als bei jener Ceremonie, in welcher der Ritus der Kirchweihe gipfelt, während das geweihte Feuer über den mit Chrisam begossenen Altarsteinen brennt, beim Aufwirbeln des Weihrauches und beim Flimmern unzähliger Ampeln der consecrirende Bischof in singender Sprachweise in die herrliche Präfation ausbrach: [1] „So bitten wir Dich, allmächtiger, ewiger Gott, Du wollest Dich würdigen, diesen Tempel, in welchem das Gedächtniß deines heiligen Gallus gefeiert wird, zu segnen und zu heiligen; durch dessen andächtige Verehrung und Verherrlichung wir diesen Altar deinem hochheiligsten Namen weihen. Durch desselben Fürsprache gerührt, wollest Du, o Herr, diesen Altar mit himmlischer Heiligung überströmen und segnen. Laß ihn von den Engeln der Klarheit umgeben und von der Bestrahlung des heiligen Geistes umschimmert werden. Sieh' auf ihn mit demselben Wohlgefallen hernieder, wie Du auf den Altar niedersahest, welchen Abraham, der Vater der Gläubigen, errichtete, als er seinen Sohn zum Vorbilde unserer Erlösung opfern wollte; welchen Isaak im Angesichte deiner Majestät erbaute; welchen Jakob an dem Orte gesetzt hat, wo er das große Gesicht der geheimnißvollen Leiter sah; auf daß Alle, welche hier anbeten, von Dir erhört werden; auf daß Du alle Dir hier dargebrachten Opfer heiligest und was hier aufgestellt wird, segnest und was gesegnet ist, von Dir ausgespendet werde. Laß Dir, o Herr, dieses dein Haus ein ewiges Denkmal deiner Ehre sein!" Das Bild des himmlischen Jerusalem, welches der Kirchenhymnus bei der Kirchweihe so schön besingt und jene geheimnißvolle Stadt der Offenbarung, der Ausbund aller Herrlichkeit, deren Schilderung in den Antiphonen des Kirchweihritus vor unser Auge tritt — sie spiegelten sich ja gleichsam wieder in dieser irdischen Pracht, und doppelt sinnvoll klang es hier durch die geweihten Räume: [2] „Das ist Jerusalem, jene große himm-

---

[1] Siehe Pontificale rom. in consecratione ecclesiæ et altaris præf. Deutsch von Marius Adam Nickel. Mainz, Kirchheim. 1857.

[2] Siehe ebendaselbst Seite 109.

lische Stadt; sie ist geschmückt als eine Braut des Lammes, weil sie eine Wohnung Gottes geworden ist. Ihre Thore werden am Tage nicht geschlossen; denn Nacht wird nicht mehr sein in ihr, weil sie eine Wohnung Gottes geworden. Deine Straßen, Jerusalem, werden mit reinem Golde belegt werden, und durch alle deine Straßen hin wird jeder jauchzen: Alleluja! In hellstrahlendem Lichte schimmerst du, und alle Enden der Erde werden dich verehren." Was waren aber alle liturgischen Weihegebete anderes als erweiterte Gebetsformeln jenes einen Consecrationsgebetes, welches Gallus in der Wildniß gesprochen? Durchtönte nicht, wie der Grundton oder die Dominante eine Melodie, so auch die Gebete, Antiphonen und Melodieen dieses feierlichen Actes, jenes erhabene Weihegebet des „Apostels von Alemannien": „Herr Jesu Christe, Schöpfer der Welt, der Du mit dem Siegeszeichen des heiligen Kreuzes der Welt zu Hilfe gekommen bist, mache zur Ehre deiner Auserwählten diesen Ort für deinen heiligen Dienst bewohnbar!"[1])

So war nun die Basilika des heiligen Gallus baulich und geistig vollendet. Das Haus Gottes war zum herrlichen Monumente seiner Heiligen geworden. Dieses irdischen und monumentalen Denkmales verschiedene Schicksale wird uns nun das folgende Capitel vorführen.

Im geistigen Anblicke der Gotzbert'schen Basilika stimmt man unwillkürlich in jenen herrlichen Hymnus des Officiums der Kirchweihe ein:

„Stadt Jerusalem! Beglückte,
Die Gesicht des Friedens heißt;
Die gebaut ist in den Himmeln
Aus lebendigem Gestein,
Und umschwebt von Engelschaaren,
Wie vom Bräutigam die Braut.

---

[1]) „Domine Jesu Christe, Creator mundi, qui crucis trophæo subvenisti generi humano, da in honore electorum tuorum locum istum ad laudem tuam habitabilem." (*Vit. S. Galli* Walafr. Str. c. 12.)

Neu herab vom Himmel steigt sie
Aus dem bräutlichen Gemach;
Auserwählte, daß vermählet
Sie dem Herrn sei immerdar!
Ihre Straßen, ihre Mauern
Aus des Goldes reinstem Strahl.

Ihrer Pforten lichte Perlen
Oeffnen stets das Heiligthum,
Und durch Tugend der Verdienste
Wird in sie hineingeführt
Jeder, der in Christi Namen
Hier bedrängt war in der Welt.

Wohl durch Qualen, durch Bedrängniß
Ist geglättet jeder Stein;
Eingepaßt an ihrer Stätte
Durch des weisen Meisters Hand
Fügen sie in ewigem Einklang
Sich zum heiligen Gebäu."

Glorie sei und Ruhm dem Vater u. s. w.

IV.

Das Monument des heiligen Gallus

in seinem

Fallen und Erstehen.

IV.

Das Monument des heiligen Gallus in seinem Fallen und Erstehen.

„Die Ruhestätte des heiligen Gallus nie ohne Rosen und stets in Dornen." — Die Grimoaldi'schen Kirchen vom heiligen Michael und Othmar vervollständigen den Bau der Galluskirche. — Verwüstungen von Seite der Hunnenschwärme. — Die St. Gallische Jungfrau-Martyrin Wyborada. — Der Brand vom Jahre 937. — Abt Immo schmückt neuerdings die von Abt Thieto neuerstellte Galluskirche. — Das St. Gallische Nationalheiligthum oder die eigentliche „Galluskapelle". — Zerfall der Stiftskirche zur Zeit des geistigen Verfalles des Stiftes und Klosters. — Die Feuersbrünste von 1314 und 1418. — Der „zweite Gründer der Galluszelle", Abt Ulrich VIII., und sein herrlicher Chorbau. — Die Verwüstung des Heiligthums am 23. Februar 1529. — Abt Diethelm Blarer von Wartensee, „der dritte Gründer von St. Gallen", rettet die Ehre des Tempels. — Verdienste der Fürstäbte der nachreformatorischen Periode um die Galluskirche. — Das Herz des ehemaligen Abtes und nachmaligen Cardinals Cölestin Sfondrati wird daselbst beigesetzt. — Die Kirche des heiligen Gallus im eigentlichen Sinne des Wortes das „Monument der Stift- St. Gallischen Geschichte".

> «Requies S. Galli semper in spinis, nunquam sine rosis.» „Die Ruhestätte des heiligen Gallus immer in Dornen, nie ohne Rosen."
> *(P. Basil. Balthasar in cod. mscrp. n. 1132.)*

lles Menschliche ist dem Wechsel und endlichen Zerfalle unterworfen, ja selbst die großartigsten Monumente und Gotteshäuser trotzen nicht immer dieser zerstörenden Gewalt der Zeit. Sie sind und bleiben, wenngleich zur Ehre des Ewigen errichtet, Gebilde sterblicher Menschen und Denkmäler von Staub, welche Kinder des Staubes errichtet. Kaum dürfte aber ein Denkmal öfterer Zeuge der Unbeständigkeit menschlichen Schicksals gewesen sein, als dasjenige, dessen Geschichte wir schreiben: das Monument des heiligen Gallus, reden ja selbst in bedeutungsvoller Weise die Anfangsworte[1]) der letzten feierlichen Urkunde, welche diesem Denkmale gilt, gleichsam nur von dem, was die Geschichte der Ruhestätte des heiligen Gallus charakterisirt, nämlich der «Instabilis rerum humanarum natura», „der Unbeständigkeit menschlicher Dinge".

Spricht P. Basilius Balthasar[2]) in seinen trefflichen, zum Motto dieses Capitels gewählten Worten: „Die Ruhestätte des

---

[1]) Die Bisthumsbulle *„Instabilis rerum humanarum natura"* vom 12. April 1847.

[2]) P. Basilius Balthasar, geb. 1709 und gest. 1776, war im Kloster nacheinander Stiftsarchivar, Präfect der Klosterschule und Subprior. Er war der fruchtbarste Schriftsteller der letzten Klosterzeit. Die Handschriftensammlung

heiligen Gallus immer in Dornen und nie ohne Rosen" in alle-
gorischer Weise nur das Resumé der ganzen Stiftsgeschichte von
St. Gallen aus, so deutet derselbe Ausspruch ebenfalls recht passend
das an, was wir von St. Gallus' Stiftung und Ruhestätte im
engsten Sinne des Wortes, d. h. der Kirche des heiligen Gallus,
nun zu erzählen haben. Die Stürme, welche im Laufe der Jahrhunderte über diese Stiftung dahingebraust, die Triumphe, welche
diese Ruhestätte geschaut, die wechselvollen Schicksale, durch welche
das Stift bis zu seiner gewaltsamen Zertrümmerung hindurch-
ging, sie alle sind nicht ohne die engste und innigste Beziehung zum
Heiligthum dieser Gesammtstiftung, der Kirche, geblieben, haben
sie doch alle vielmehr gerade dieser, als dem Denkmale vergangener
Zeiten, die Spuren dieser wechselvollen Vergangenheit aufgedrückt.
Wir haben somit in der fortlaufenden Geschichte der Kirche des
heiligen Gallus, welche wir jetzt als seines Namens Monument auffassen, das monumentale Spiegelbild der Stiftsgeschichte vor uns, und
wird uns eben dieses Capitel von jenen wechselvollen Schicksalen
erzählen, welche der Gottesbau St. Gallischen Namens von der
Vollendung der Gozbert'schen Basilika an bis zu jenem Neubau
durch Cölestin II. am Vorabende des gewaltigen Zusammensturzes
der St. Gallischen Klosterstiftung durchmachte. Ist auch die Basilika
des heiligen Gallus in dem Zeitraume der zwischen diesen zwei
Terminen liegenden Jahrhunderte wiederholt in Staub und Asche
gesunken und wiederholt als Phönix wieder erstanden, so können
wir doch füglich von einer ihrem Wesen und Hauptcharakter nach
gleichen Kirche reden bis zu dem Tage, wo Cölestin II., gleichsam
in Vorahnung ganz neuer Zeiten, auch St. Gallus' Monument
von Grund aus neu erstellte. Die Kirche oder Basilika des heiligen
Gallus ist mit der Entwicklung des St. Gallischen Stiftes stets

---

enthält nur den kleineren, ungedruckten Theil seiner Werke. Das genannte und
citirte Werk (der Handschriften No. 1430, 1431) ist ebenfalls eine Art Festschrift, welche dem Fürstabt Joseph gewidmet ist und unter genanntem Titel sich
als ein leicht entworfenes Skizzenbild der ganzen Stiftsgeschichte repräsentirt.

parallel gegangen; sie hat mit dieser zugenommen und ist mit ihr an Größe und innerem Schmucke gewachsen; sie hat mit dieser in erster Linie die Tage der Glorie getheilt und ihre herrlichsten, glanzvollsten Scenen geschaut; sie hat mit dieser oft getrauert, geweint, ja einmal ob den Freveln, die sie erfüllten, sich selbst entsetzt; sie ist die erhabenste und erste Stätte, gleichsam das Theater gewesen, auf welchem die ruhmvollsten und heiligsten Männer St. Gallens erschienen, das die Munificenz hoher Fürsten schmückte, dessen glanzvollste Vorstellungen in den Annalen fürstlicher Stifte ihres Gleichen vergeblich suchen.[1]

Wir haben bereits im letzten Capitel erwähnt, daß nächst Gotzbert noch seine zwei erlauchten Nachfolger Grimoald und Hartmut an der Vollendung der sog. Gotzbert'schen Basilika mitwirkten. Fällt nun in die Regierung des letztern mehr die innere Ausschmückung des heiligen Gebäudes, so fügte schon Abt Grimoald, gleichsam von jenem ständigen geheimen Zuge geleitet, neben St. Gallus auch St. Othmar zu ehren, der bereits erstellten und geweihten Galluskirche noch die in den Stiftsannalen oft erwähnten zwei Kirchen vom heiligen Michael und St. Othmar bei. Wir lesen nämlich in der «Vita S. Othmari» von Walafried Strabo,[2] daß wenige Jahrzehnte nach der Weihe der Gotzbert'schen Galluskirche zu derselben noch zwei weitere Heiligthümer kamen, eine Kirche des heiligen Michael und des heiligen Othmar, letztere seit 864 gebaut und mit der erstern im Jahre 867 geweiht. Ueber die Lage dieser Bauten wird von dem ältesten Berichterstatter, dem Mönche Iso, nichts gesagt, dagegen geht aus einer ausführlichen Schilderung, welche Johannes Keßler aus Anlaß des Bildersturmes von der St. Gallischen Stiftskirche machte, deutlich hervor, daß die ganze Anlage aus drei von West nach Ost der Länge nach hintereinander gebauten Kirchen bestand.[3] Die erste, im Westen

---

[1] Siehe hierüber das folgende Capitel: „Der Tempel des heiligen Gallus in den Tagen seiner Herrlichkeit."

[2] Cap. 32—35.

[3] Eine Idee davon gibt unsere dem 6. Capitel eingefügte Illustration des

gelegene, war die des heiligen Othmar, es folgte dann in einiger Entfernung die Kirche des Erzengels Michael, die sog. „Laienkilch", und von derselben blos durch einen Lettner getrennt, die eigentliche Klosterkirche. Was zunächst die neue St. Othmarskirche betrifft, so verdankte sie ihren Ursprung dem Gedanken, auch den heiligen Gebeinen St. Othmar's, welchen Bischof Salomo III., wie schon bemerkt, kanonisirt hatte, eine besondere Ruhestätte zu errichten. Der heilige Leichnam wurde, wie wir bereits gesehen, zuerst beim Altare des heiligen Johannes des Täufers[1]) in der alten Galluskirche beigesetzt, aber dann beim Neubau der Kirche in die mehr im Innern des Klosters gelegene Peterskirche[2]) übertragen, wo er bis zu seiner Erhebung und Uebertragung in die neue Galluskirche ruhen blieb. Iso erzählt uns die bei jener Translation erfolgten Wunder,[3]) des heiligen Gallus Beisetzung zur Rechten des Gallusaltares, aber auch in den Capiteln 32 und 33 die solenne Uebertragung in die neugeweihte, ihm eigens erbaute Othmarskirche.[4]) „Die St. Othmarskirche galt noch zu Vadian's Zeiten als die alte, von Abt Gozbert und seinen Mönchen

---

„Klosters St. Gallen vor dem Abbruche 1741", worauf die drei Kirchen leicht von einander zu unterscheiden sind.

[1]) Ueber dieses erste Grab des heiligen Othmar, das beim Bau der Gozbert'schen Basilika beschädigt wurde, siehe Walafr. Str. Vita S. Othmari c. 16 und die dazu gehörigen Anmerkungen von Herrn Professor Meyer von Knonau in deren neuer Ausgabe S. 111.

[2]) Diese dem heiligen Petrus geweihte Kirche, welche also 830 zur Zeit des Neubaues muß stehen geblieben sein, stand laut einer Nachricht Ekkehard's in „Cimiterio S. Galli", und zwar nach einer von Rüscheler excerpirten Urkunde von 1415 an das Kloster anstoßend innerhalb dessen Einfriedung auf dem alten Kirchhofe, der sich auf der Ostseite des Münsters bis an die Steinach ausdehnte. Ueber diese Peterskirche und ihre nähere, noch nicht ganz sicher ermittelte Bestimmung siehe l. c. die sehr interessante und ausführliche Mittheilung.

[3]) Siehe „los de miraculis S. Othmare" C. 19—21. 32.

[4]) „Das alte St. Gallen." Herausgegeben vom historischen Verein in St. Gallen. St. Gallen. Verlag von Scheitlin und Zollikofer. 1867. S. 2.

um das Jahr 830 aufgerichtete St. Galluskirche; darauf schienen die schweren, aus ganzen Steinen gehauenen Säulen zu deuten, darauf der alte Predigtstand, von uns „Kanzel" genannt, von gehauenem Steinwerk ausgeführt, darauf der Altar des heiligen Gallus, mit reinen Kupferplatten umgeben, auf denen Geschichten aus dem Leben der Heiligen sauber gestochen waren.[1]) Ueber dem Bilde des Heiligen standen die passenden Worte Petri: „Siehe, wir haben alles verlassen 2c." Was sodann die St. Michaels= kirche betrifft, so ist wohl bestimmt anzunehmen, daß sie zwischen der 835 geweihten Galluskirche und der einen Tag vor ihr ge= weihten Grimwald'schen Othmarskirche lag; ob sie aber mit diesen östlich und westlich anstoßenden Gebäulichkeiten einen Complex aus= machte, ist jedenfalls nicht sicher zu beantworten und eher zu ver= neinen.[2]) So überschattete ein dreigliedriges Gotteshaus die Ruhestätte des heiligen Gallus.

Erinnert aber diese stetige Entwicklung der Galluskirche an die „nicht fehlenden Rosen" in der St. Gallischen Stifts= geschichte, so sollten gleich wieder betrübende Ereignisse an „die immerwährenden Dornen" erinnern. Die im Anfange des 10. Jahrhunderts Alemannien verwüstenden Hunnenschwärme nahten auch St. Gallen, und wenn sie gleich nicht so viel Unheil anrich= teten, als sich von dem Einbruche dieser wilden, ungezügelten Horden befürchten ließ, so trieben sie doch auch hier ihr Unwesen derart, daß die heilige Stätte durch sie verwüstet genannt werden konnte. Ekkehard erzählt uns diese Hunneneinfälle, sowie die Ver= wüstung der St. Gallus=Stiftung in ziemlich eingehender Weise in seinem „Casus S. Galli" C. 51—54.[3]) Diese wilden, kleinen

---

[1]) Diese St. Othmarskirche muß von Anfang an westlich von der dem hl. Gallus geweihten Hauptkirche ihre Lage gehabt haben. (Keßler: „Sabbata" Ausg. der Mittheil. zur vaterl. Gesch. Bd. II, p. 203: „hinden am mons= ter gegen abend ain besunder Kirch." Ueber das Nähere siehe die Note 80 zur Vita S. Othmari, herausgegeben von M. v. K. S. 133 Anm.

[2]) S. Vita S. Othmari. Ausgabe von M. v. K. S. 137 not. 91.

[3]) Ekkehard's IV. „Casus S. Galli", nebst Proben aus den übrigen

Männer mit tiefliegenden Augen und gräßlichem Aussehen, welche man damals „Ungern" d. h. Fremde zu nennen pflegte, ließen sich nach Art der Tataren in keine Gefechte ein, sondern umschwebten auf ihren leichten Pferden die schwerbewaffneten Gegner, zertheilten sich in kleine Haufen, durchzogen mordend und plündernd ganz Teutschland — fanden aber in St. Gallen nicht, was sie suchten; die Gebeine des heiligen Gallus waren mit den kostbaren Kirchen=schätzen nach Wasserburg am Bodensee gebracht worden. Als diese Hunnen am 1. Mai 925, schon vorher durch den aufsteigenden Rauch der angezündeten Häuser angekündigt, in St. Gallen ein=trafen, versuchten zwei aus ihnen das vergoldete Gallusbild von dem Thurme herabzuholen,¹) fielen aber beim Versuche herab, blieben todt und verbrannten. Im Dornengeflechte dieser traurigen Zwischenfälle war aber doch auch wieder eine purpurglühende Rose aufgegangen. Die fromme Klausnerin Wyborada, welche nach Sitte damaliger Zeit lange als „Inclusa"²) erst bei St. Georgen und dann bei St. Magnus Gott dem Herrn diente, war in Folge göttlicher Eingebung nicht zu bewegen gewesen, vor den nahenden Horden zu weichen. Die Hunnen, welche in ihrer Zelle verborgene Schätze vermutheten, stiegen, weil sie keine Thüre fanden, durch das Dach hinein und gaben der betenden Klausnerin mit ihren Hellebarden den Todesstreich. Weil die fromme Jungfrau schon zu Lebzeiten durch den Glanz ihrer Tugenden, die Weisheit³) ihres Rathes und ihre eigentlichen prophetischen Andeutungen hervor=geleuchtet hatte und auch jetzt den Tod, dem sie durch die Flucht

lateinisch geschriebenen Abtheilungen der St. Gallischen Klosterchronik. Nach der neuen Ausgabe in den „Mittheilungen" des historischen Vereins von St. Gallen, übersetzt v. G. Meyer von Knonau. Leipzig. Verlag v. Franz Duncker. 1878.

¹) Ild. v. Arx I. 213.

²) „Wiborad inclusa est." Annales Hepid.

³) „Wyborada" bedeutet in der alt=deutschen Mundart „Weiber=rath". Die Heilige leuchtete auch gerade in der Gabe des Rathes hervor, wie aus ihren Weisungen und Rathgebungen an den einstigen Klosterschüler von St. Gallen und nachherigen Bischof von Augsburg, den hl. Ulrich, hervorgeht.

hätte entgehen können, als ein Opfer des Gelübdes ihrer Einschließung annahm, so wurde sie bald nach ihrem Tode nicht blos als „Heilige", sondern auch als „Blutzeugin"¹) verehrt.

„Ueber die heilige Wyborada," sagt Ekkehard in seinen „Casus" S. 56, „werden wir, weil ein Buch für sich selbst über sie vorliegt, weiter nicht reden, außer daß schon zweimal zu unsern Zeiten durch zwei Päpste beschlossen ist, daß sie zur Heiligen erhoben werde, und daß das endlich unter Norpert erfüllt ist." (Durch Papst Clemens II. im Januar 1047 mit Unterstützung Heinrich III. und der Kaiserin Agnes.)²) Das hier von Ekkehard berührte Buch von dem St. Galler Mönche Hartmann, auf dessen Vorlesung und Prüfung die Heiligsprechung erfolgte, gibt ein ungemein anmuthiges und liebliches Bild der heiligen, gottgeweihten Jungfrau, die mit der Lilie auch die Palme zu erreichen wußte.³) Wyborada aber, als die St. Gallische Vertreterin des „schneeweißen Chores der Jungfrauen", ist eine auch im Heiligthume des heiligen Gallus hochverehrte Patronin geworden, als welche sie auch diese detaillirte Erwähnung in unserer Geschichte des Domes von St. Gallen wohl verdiente. Ihr Fest ist auf den 11. Mai gesetzt.⁴) Die verwüstete Kirche ward sodann von Bischof Nothing von Konstanz, einem frühern Mönche der St. Gallus zelle, welcher der heiligmäßige Vorgänger und Erzieher des heiligen Conrad war, neuerdings dem heiligen Dienste geweiht.⁵) Wer hätte es aber gedacht, daß das herrliche Gebäude aus den Tagen Gotzbert's nicht länger als hundert Jahre stehen sollte! Kaum war wieder eine „Rose" verblüht, so ließen sich im Laufe der St. Gallischen Geschichte schon wieder die „Dornen" fühlen

---

¹) „Wiborad a paganis occisa est." Catal. Monach. S. Gall. „Wiborad martyrizata est." Annal. Hepid. Siehe das Weitere in Arx. I. 215.

²) Zu der schon citirten Ausgabe S. 87.

³) Siehe die citirte deutsche Ausgabe der „Casus S. Galli" im Anhange, Beilage II. S. 225: „Hartmann's Leben der Wiborada", geschrieben um das Jahr 1000.

⁴) Propr. Sangall. ad 11. Mai.

⁵) Ild. v. Arx. I 214. Unter dieser „Neuweihe" haben wir wohl die

Die wilden Hunnen hatten wenigstens der Gebäulichkeiten und der Kirche geschont, aber die Vorsehung ließ es zu, daß gar bald darauf die Kirche sammt dem Kloster ein Opfer des noch wildern Elementes, — des Feuers wurde. Gleich als hätten die aus der St. Gallischen Wildniß vertriebenen Geister sich am Monumente des heiligen Patriarchen rächen wollen, sandten sie die Lohe ihres infernalen Elementes in die erhabene Wohnung des heiligen Gallus und seiner geistigen Söhne.[1]) Am Festtage des heiligen Marcus, den 25. April 937, hatten sich nämlich einige Zöglinge der Klosterschule so übel aufgeführt, daß sie nach damaliger strenger Sitte mit Ruthen gezüchtigt werden sollten. Einer der Schuldigen wurde beauftragt, die auf dem Estrich befindlichen Ruthen zu holen. Um sich und seine Genossen von der Strafe zu befreien, ergriff er in Eile aus einem Ofen ein brennendes Scheit, eilte damit auf den Estrich, hielt es unter das trockene Dachgebälk und fing an, aus Leibeskräften das Feuer anzublasen. Als der Schulaufseher ihm zurief, warum er so lange zögere, rief er zurück, es brenne im Hause. Und wirklich hatten die dürren Schindeln Feuer gefaßt, der Nordwind strich darüber hin und bald stand alles in Flammen. Glücklicherweise griff der Brand so langsam um sich, daß sämmtliche Glocken herabgenommen, der ganze Kirchenschatz und alle Kostbarkeiten in Sicherheit gebracht werden konnten. Ekkehard meldet,[2]) daß die Mönche die zusammengebrochenen Schranken umwälzten und sie über den Altar des heiligen Gallus legten, damit nicht etwa dessen Gebeine vom Feuer vernichtet würden. Endlich trugen sie auch den Leib des heiligen Othmar hinaus. So lag die herrliche Kirche Gotzbert's in Asche, und nur die theilweise nicht zerfallenen Mauern standen als traurige Wahrzeichen des erfolgten Schicksalssturmes in Mitte der Asche und der verkohlten

„reconciliatio ecclesiae", nicht eine neue „consecratio ecclesiae" zu verstehen. (Siehe Pontif. Rom.)

[1]) Siehe Ekkehard's „Casus S. Galli". Deutsche Ausg. S. 163.
[2]) l. c. cap. 67.

Balken. Leicht begreiflich seufzte Abt Thieto und „lief", wie Ekkehard sagt, „ein angsterfüllter Zuschauer in solchem Unglück hin und her." Aber auch diese Verwüstung war keine bleibende.

Zu den Dornen ging wieder eine Rose auf, als bald nach Abt Thieto, der nur an eine nothdürftige Herstellung der St. Gallusbasilika denken konnte, schon der im Jahre 975 gewählte und für Kunst sehr eingenommene Abt Immo dem Aeußeren und Inneren der Galluskirche wieder ihren frühern Glanz und Reichthum zurückgab. Wir lesen,¹) „daß Abt Immo die goldene Tafel vor dem Altare des heiligen Gallus, die noch werthvoller ist wegen der darauf verwendeten Kunst, als wegen des Materials, angefangen und beinahe vollendet hat. Die Wände der Kirche dieser Abtei waren bemalt und mit Gold eingelegt. Der Hochaltar war vergoldet und zehn andere Altäre waren von Silber. Der Glanz, womit der Gottesdienst im Kloster gefeiert wurde, war im Einklang mit dieser Pracht. Wir lesen von demselben Abte, daß er auch Casula's machte; auf einer derselben war die Himmelfahrt des Herrn in Gold gestickt, in eine andere sind heilige Bilder eingewoben. Gleicherweise versah er die Kirche mit goldenen Stolen und Dalmatiken und mit anderm sehr künstlich gefertigten Kirchenschmuck und noch so viel Anderes that er, daß kein Fürst jetzt auf Erden lebt, der in so kurzer Zeit so viel Herrliches schaffen könnte." „Woher," fragt Burkard, „konnte er eine solche Menge Goldes, so viele Perlen, so kostbaren Purpur, so viele geschickte Arbeiter bekommen?" In welcher Form und Art die Galluskirche nach den wiederholten Feuersbrünsten, die sie theilweise zerstörten, wieder aufgebaut wurde, ist ganz genau nicht immer zu ermitteln. Im Wesentlichen blieben freilich immer die drei Kirchen des heiligen Gallus, Michael und Othmar bestehen; wurde ja doch auch zumeist auf den ausgebrannten Mauern und noch erhaltenen Fundamenten wieder neugebaut. Um die eigentliche Hauptkirche

---

¹) Siehe „die Klöster des Mittelalters". Aus dem Englischen von A. Kobler. Regensburg. Friedr. Pustet. 1867. S. 169.

des heiligen Gallus waren aber im Laufe der Zeit innerhalb des
Klosterumfanges noch zahlreiche Kapellen entstanden und diese
mehrten sich fortwährend. Es ist nicht leicht, einer jeden Standort
genau zu ermitteln. Einige wurden verlegt, andere gingen wie=
der ein. Unter den verschiedenen Kapellen, deren in den Annalen
von St. Gallen Erwähnung geschieht, und die wir hier nur nennen
wollen, nämlich der heiligen Grab=, St. Ulrichs=, St. Jo=
hannes=, St. Jakobs=, Marien=, St. Oswald= und Tho=
mas=, St. Elisabeth=, St. Tutilo= und Katharina=Ka=
pelle,¹) ragt aber eine vorzüglich hervor, die, in innigster Be=
ziehung zur Hauptkirche des heiligen Gallus stehend,
heute noch gewissermaßen als National=Heiligthum des St.
Gallischen Volkes verehrt wird, — wir meinen die eigentliche „Gal=
luskapelle", an der traditionellen Stelle erbaut, wo einst der
heilige Gallus seinen Fall in die Dornen gethan und das erste
Kreuz von Haselstauden gebildet und errichtet hatte.

Der schon in früher Jugend dem heiligen Gallus geweihte
Abt Burkard hatte nämlich das Unglück, bei einem Spazierritte
vom Pferde an einen Thürpfosten geschleudert zu werden; dadurch
wurde er genöthigt, auf Krücken zu gehen. In Folge dessen trat
er schon 971 von seinem Amte zurück, wollte aber vorher noch
an der genannten hochberühmten Stätte, die bis dahin frei im
Friedhofe des Klosters bei St. Peter lag, eine Kapelle erbauen.²)

¹) Siehe hierüber besonders Rüscheler, „Die Gotteshäuser der
Schweiz. Histor. antiquar. Forschungen." Zweites Heft. Bisthum
Konstanz. 1. Abtheil. S. 120 ff.

²) Ekkeh. Cas. S. Gall. c. 122. „Abt Purchard also ließ, als er bereits
vom Alter belastet war, jenen alten Haselbusch (corilum illam antiquam),
unter welchem einst Gallus auf den Dornsträuchern zusammen=
brechend sang: „Dieses meine Ruhestätte," nach Berathung des
Bischofs umschlagen, und nach Erbauung einer Kapelle stellte
er am Orte des Baumes den Altar auf; ..... Als die Kapelle zurecht
gemacht und zur Ehre des hl. Kreuzes, aber auch des hl. Gallus
durch unsern Chuonrad geweiht worden war . . . ."

Mit Zustimmung des heiligen Bischofs Konrad von
Konstanz führte er sein Vorhaben aus und wollte hier, wo
St. Gallus seine „ewige Ruhestätte" verkündete, selbst sich zur
ewigen Ruhe vorbereiten, indem er sich in eine neben der Kapelle
zu errichtende kleine Wohnung zurückzuziehen beabsichtigte. Der
heilige Konrad rieth ihm mit Rücksicht auf seine zarte Gesundheit
davon ab, weihte ihm aber in eigener Person die neuer=
richtete Kapelle zur Ehre des heiligen Kreuzes und des
heiligen Gallus ein; Burkard selbst aber fand sodann, als
er 975 gestorben, sein Grab am Eingang dieses von ihm erbauten
Heiligthums.[1]) So theilt dieses kleine nationale Heiligthum des
Stiftes St. Gallen mit der Gnadenkapelle zu Einsiedeln die Ehre,
von dem großen Konstanzerbischofe Konrad I. aus dem Welfen=
geschlechte consecrirt zu sein.[2]) Mit der von Burkard errichteten und
noch freistehenden Kapelle ward sodann eine eigene Pfründe ver=
bunden. Erst als Fürstabt Gallus II. später die Klostergebäulich=
keiten ausdehnen mußte und die jetzige sogenannte „alte Pfalz"
erbaute, ward diese Kapelle, auf die wir später noch einmal zurück=
kommen, in diesen neuen Klosterflügel aufgenommen.[3])

Ueber dieselbe Weihe dieser Kapelle durch den hl. Bischof Konrad berichtet auch Cod. manuscr. 1720 (Sacrarium S. Galli de ecclesiis et consecratione) „Eo tandem suasu S. Conradi episcopi Constantiensis exciso,
Burcardus primum sacellum construxit, quod idem sanctus Episcopus
a. 971 consecravit."

[1]) „Als er aber gestorben war (Abt Burchard), begrub er ihn (der Bischof),
der von den Thränen vieler, vorzüglich der Armen, gefolgt war, feierlich vor
der Thüre der Kapelle, welche jener selbst „dieses, meine Ruhe" nannte..."
Ekkeh. Cas. S. G. 122. (Deutsche Ausgabe. S. 183.)

[2]) Es war nämlich der hl. Konrad, welcher die Weihe der sog. Gnadenkapelle zu Einsiedeln vornehmen wollte, aber, als er über deren bereits vollzogene
himmlische Weihe (Engelweihe) unterrichtet wurde, von der Ceremonie abstand.

[3]) Jld. v. Arx berichtet Bd. III S. 195 not. b, gestützt auf das
Diarium Abbat. Galli, daß die St. Galluskapelle, welche vorher auf der näm-
lichen Stelle in runder Form einzeln stand, in die Pfalz gezogen wurde, die
St. Katharina= oder Tutilokapelle aber, welche dieses Gebäude ver=

Rosige Ereignisse und dornenvolle Zwischenfälle aber drängten
sich nun in rascher Aufeinanderfolge um das Monument des heiligen
Gallus. Der erbitterte, zur Schmach und zum Schaden der
Gallusstiftung so lange hinausgezogene Hausstreit zwischen den
zwei Gegenäbten Heinrich von Wartenberg und Ulrich von Güttingen
schädigte auch die Kirche des heiligen Gallus sehr. Die
silbernen, mit Gold eingelegten Tafeln, die sonst nur an den
höchsten Festtagen die Altäre zierten, und auf 200 Mark Silber
geschätzt waren, verfielen dem Schmelztiegel; vierzehn silberne
Kelche wurden verkauft; der große Kelch, 70 Mark Silber und
1 Mark Gold haltend, den Kaiser Karl der Dicke einst dem Kloster
geschenkt hatte, fiel in die Hände eines Juden. Als bald darauf
der Sakristan, Heinrich von Schneggenburg, der dem Kriege gegen
Abt Heinrich durch bereitwillige Handbietung in Verwendung
der Kirchengeräthe besondern Vorschub leistete, über ein morsches
Brett hinunterfallend, den Tod fand, wurde das als eine augenscheinliche
Strafe des Himmels für die Entwendung des Kircheneigenthums
betrachtet; jäher Schrecken überfiel die der Mette beiwohnenden
Mönche; entsetzt flohen sie in ihre Zellen. Rosiger
gestalteten sich wieder auch für den Münsterbau die Zeiten unter
Abt Ulrich VI., welchen auch die Stadtbürgerschaft kräftig unterstützte,
als er neben dem Chore des Münsters zur großen Zierde
desselben und zweckmäßigerer Anbringung des bisher in einem
niedrigen Aufbau der Kirche versorgten Geläutes, den kolossalen
Thurm aufführte,¹) zu dessen Erbauung der Abt seinen Bruder

deckt hätte, mit der Hölle und dem alten Stocke, die im Wege stunden, abgebrochen
wurde. In die Linie des Conventflügels (jetzigen Dekanatsflügels)
kam die Capitel- oder dunkle Kapelle, der alte Begräbnißplatz der Aebte.
Genau ob der neu errichteten, in die alte Pfalz aufgenommene Galluskapelle
ward ein Stock höher eine zweite Kapelle, die jetzige bischöfliche Hauskapelle
errichtet und mit der untern am 8. April 1671 consecrirt. (De eccles. et
conser. S. 3.)

¹) Für diese Theilnahme gestattete Abt Ulrich der Stadt die Wahl eines
der beiden Baumeister zur Leitung der Kirchenbauten und Verwaltung des Baufondes,
sowie das Recht der Hochwacht auf dem Münsterthurme. (S. „Chronik

Heinrich von Sax, die Stadt aber den Rathsherrn Christian
Kuchimeister wählte. Der Grundstein des Thurmes, ein gewal=
tiges Felsstück, von achtzig Ochsen und fünfhundert Mann gezogen,
wurde mit großer Feierlichkeit eingesenkt, der Bau fleißig aus be=
hauenen Quadersticken ausgeführt und mit einem kupferbeschla=
genen Ueberbau von Holz gedeckt. Als dieser Thurm im J. 1760
abgebrochen wurde, mußte er wegen seiner Festigkeit mit Pulver
gesprengt werden, den Grundstein aber hielt man für einen
Felsen.

Allein die symbolischen Dornen der Gallusgeschichte treten
schon wieder hervor und verbreiten ihr Gestrüppe auch um die
Kirche des Heiligen. Es folgen jetzt in der Geschichte der Gallus=
stiftung jene traurigen Zeitperioden, deren Referat auf Geschichts=
blätter gehört, welche Dornen und verwelkte Rosen umgeben.
Hatte bis in's 11. Jahrhundert St. Gallen einen ungetrübten
Lichtschein der Tugend und Wissenschaft ausgestrahlt, so sank es
nach Abt Ulrich II. 1076 allmählich von seiner Höhe herab, und
im 13. Jahrhundert sehen wir zeitweise arge Verweltlichung die
klösterliche Strenge ablösen. Nur zu oft glaubte der Abt mit
seinen adeligen Mönchen mit Schwert und Panzer ausziehen zu
müssen. Der kriegerische Tumult verdrängte die heilige Stille
des Klosterlebens und lockerte die klösterliche Zucht. Statt in
Siege des Geistes setzte man seinen Ruhm in Waffensiege, statt
der Feder brauchte man Schwerter und Lanzen, statt der heiligen
Gesänge erscholl in den Klostermauern der Jubel ritterlicher Ge=
lage, statt der abgetödteten armen Jünger des heiligen Gallus
schaute man oft den leichtfertigen Prunk des Hoflebens mit allen
seinen Schattenseiten. Unter Abt Rumo von Ramstein (1277)
verlotterten Kloster und Kirchengebäude; die Aebte Hermann,[1])

oder Denkwürdigkeiten der Stadt und Landschaft St. Gallen.
Von der ältesten bis auf die neuere Zeit von August Näf." St. Gallen.
Scheitlin's Sortimentshandlung. 1867.)

[1]) Zu unverantwortlicher Weise hatte Abt Hermann dem Kaiser Karl IV.,
als dieser St. Gallen besuchte, nicht blos, wie bekannt ist, das Haupt des

Freiherr von Bonstetten (gew. 1333) und später Kaspar von
Landenberg (gew. 1442) bewiesen im nachtheiligen Sinne, was
wir schon früher angedeutet haben, daß nämlich alle rühmlichen
Vorstände von St. Gallen meist auch durch Neubau oder Ver=
schönerung der Galluskirche sich ihr Denkmal gesetzt; denn diese
ließen nur zerfallen und verlottern, wie im Innern die klöster=
liche Disciplin, so im Aeußern die Gestalt und Herrlichkeit von
Kirche und Kloster. Die rasch aufeinander folgenden Feuersbrünste,
welche in den Jahren 1314 und 1418 die Stadt und das Kloster
St. Gallen heimsuchten, schadeten wohl viel, aber dem Stifte
thaten sie nicht solchen Eintrag, wie ihn die leichtsinnige Amts=
verwaltung der genannten Aebte jenem „geistigen Gebäude" ge=
than, welches einst der heilige Gallus hier grundgelegt hat. Nach
dem Brande von 1314, der die ganze Stadt sammt allen Kirchen
verzehrt hatte, so daß nur das kahle Mauerwerk[1]) übrig blieb,
wagte der Abt bei den beschränkten Mitteln nicht, eine neue Kirche
zu bauen, sondern er dachte die alten unter Abt Gotzbert aufge=
führten, nun zum zweitenmal ausgebrannten Mauern stehen und

hl. Othmar überlassen, sondern er muß ihm selbst das bis auf jene Zeit
in St. Gallen vorhandene Haupt des hl. Landesvaters Gallus über=
geben haben. Wir haben, durch eine Anmerkung in der Geschichte St. Gallens
von Jld. von Arx veranlaßt, das Reliquienverzeichniß durchgangen, worin
sämmtliche von Kaiser Karl IV. der Domkirche von Prag geschenkten Reliquien
bezeichnet werden und daselbst in der That nicht nur «caput S. Othmari Abb.»,
sondern auch «caput et brachium S. Galli Abb.» gefunden. (S. Acta Sanctor.
Bolland. Tom I in additionibus ad 11. Januar.) Umsonst waren die Be=
mühungen Fürstabt Joseph's im Jahre 1721, diese kostbaren Reliquien für
St. Gallen wiederzugewinnen. In Abt Joseph's Diarium lesen wir unterm
27. Febr. 1721 diesbezüglich, wie folgt: „Erhalte von P. Rectore dieß Col=
legÿ in Prag ein testimonium authenticum, daß unsers hl. Vaters S. Othmari
Haupt in ecclesia Metropolitana Pragae seie." Warum erhielt Abt Joseph
keine Nachricht über das einst dortselbst befindliche caput S. Galli? War es
wirklich nicht mehr dort zu jener Zeit, wie Jld. v. Arx schließt? Wir haben
uns um genauere Auskunft an das Metropolitancapitel in Prag gewendet, ohne
aber bis zur Stunde Näheres erfahren zu können. (Siehe Nachtrag.)
[1]) Jld. v. Arx, Geschichten des Cantons St. Gallen. Bd. II. S. 9.

nur wieder ein neues Dach darauf legen zu lassen. Aber kaum war dies geschehen, so stürzte ein Theil der Mauer ein, und man war gezwungen, unter das gestützte Dach neue Mauern aufzuführen. So entstand, wenn gleich einundzwanzig Jahre gebaut wurde, nur ein sehr bescheidenes Kirchengebäude. Die Feuersbrunst von 1418 hatte wieder die ganze Stadt mit Kirchen und Kapellen bis auf siebenzehn Häuser eingeäschert aber schon beim Tode des Abtes Eglolf (1442) waren die Neubauten von Kloster und Kirche wieder fertig gestellt. Es war hohe Zeit, daß nicht sowohl das materielle Stift des hl. Gallus aus der Asche, als vielmehr die geistige Stiftung wie ein Phönix sich aus dem Zerfalle erhebe.

Die Vorsehung, deren Eingreifen man seit dem providentiellen Falle des heiligen Gallus auf dieser Stätte in der Geschichte dieses Stiftes gewohnt ist, hatte bereits unter Abt Kaspar's Verwaltung den Mann großgezogen, unter dessen Regierung das Stift seine Regeneration feiern sollte, und der erstehende Phönix machte sich bereits bemerkbar, bis er am Tage der Resignation des Abtes Kaspar glorreich und wieder rosige Zeiten verkündend aus der Asche stieg. Ulrich VIII. (Rösch) ist der große Abt, der weithin [1]) geachtet und berühmt, auch die ihm anvertraute Stiftung wiederum zu Ansehen brachte. Noch vor dem Hereindämmern der auch für das Stift so verhängnißvollen und für die Kirche des heiligen Gallus so schreckenvollen Tage der Glaubensspaltung steht die Gestalt dieses Abtes, in dem man in der That ebensowohl den »Monarcha«, als den »Monachus« [2]) erkennen könnte, vor uns wie die personificirte Repristination vergangener herrlicher Zeiten.

[1]) Siehe Jd. v. Arx. Bd. II (1463—1491). S. 432. Im Jahre 1477 beehrte selbst Papst Sixtus IV., der wiederholt Gelegenheit gefunden, Ulrich's Geistesgaben und Amtsverwaltung zu schätzen, den Abt mit dem Anerbieten der Cardinalswürde, welche hohe Bevorzugung jedoch Abt Ulrich ablehnen zu sollen glaubte.

[2]) Man setzte ihm nach Jd. v. Arx. Bd. II. S. 432 folgende Grabschrift:
„Ulricum hunc dubito *Monachum* dicam an *Monarcham*,
Veste fuit *Monachus*, corde *Monarcha* fuit."

Abt Ulrich, gar oft als zweiter Stifter von St. Gallen
gerühmt, hat auch durch Hebung, Erneuerung und Ausschmückung
der St. Galluskirche sich verewigt und so neuerdings bewiesen,
wie eben diese Kirche stets Denkmal und Zeuge der größten Regenten
der St. Galluszelle geworden. Er gewann längst entrissene Besitzungen und Rechte durch seine Geschäftsgewandtheit, Ausdauer
und Festigkeit wieder an das Kloster zurück, brachte die Zahl der
Stiftsherren auf zwanzig, während sie in den frühern traurigen
Tagen mitunter bis auf 1—2 herabgesunken waren, sorgte für
Ausschmückung der vernachläßigten Münsterkirche und für Hebung
des Gottesdienstes. War schon auf Abt Eglolf's Veranstaltung im
Jahre 1436 der baufällige Chor des Münsters abgebrochen worden,
und der Bau eines neuen aus großen Quadern mit äußern Strebe-
pfeilern, statt im frühern byzantinischen, nun im gothischen Baustyle begonnen worden, welche Bauten aber wegen zerrütteter
Finanzen wieder unterbrochen wurden, so übernahm Ulrich VIII.
die Fortsetzung und vollendete das Werk 1479 in grandioser Weise.
Er ließ auch die Kirche im Innern mit großen Kosten herrlich
ausstatten, mit einer Orgel und neuen 1476 von Hans Vonwyler
in St. Gallen sehr künstlich geschnitzten Chorstühlen versehen und
veranlaßte überdies durch seinen Einfluß zahlreiche Vergabungen
zu Gunsten der Münsterkirche. Den irdischen Ueberresten des
heiligen Gallus ließ Ulrich im Chore eine neue Gruft bereiten
und dieselben 1486 feierlich dahin übertragen.[1]) Die ihm folgenden
Aebte Gotthard und Franz folgten ihm in Vollendung des
Kirchenschmuckes, wie dem Abte Gotzbert Grimoald und Hartmut
folgten, und den Fürstabt Cölestin II., wie wir noch sehen werden, in
glorreicher Weise Fürstabt Beda ablöste. Der erstere der genannten
zwei unmittelbaren Nachfolger Ulrich's VIII. ließ für die Gebeine des

---

[1]) Ueber die verschiedenen Erhebungen und Translationen der
Ueberreste unserer hl. Landespatrone siehe cod. mans-r. 1719. (Sacrarii S. Galli:
translat. antiquior.) und zwar über St. Gallus S. 1—20; über St. Othmar
S. 25—99; über St. Notker S. 105—163. Dieser schön geschriebene Folioband ist mit ebenso schönen Handzeichnungen und Malereien geschmückt.

heiligen Gallus einen silbernen Sarg im Werthe von 2800 fl. anfertigen, und der letztere ließ die Gebeine selbst noch besonders in Silber fassen, den Hochaltar aber mit einem Aufwande von 3000 fl. reich verzieren.

Wie zur Zeit Ulrich's VIII. das Schiff (Michaelskirche) und der neuerstellte Chor ungefähr ausgesehen haben, davon gibt uns Dr. Wartmann in seinem schönen „Neujahrsblatt des historischen Vereins"[1]) für das Jahr 1867" ein anschauliches Bild, wenn er, namentlich gestützt auf die Berichte Keßler's und Vadian's, erzählt: „Im Innern des Mittelbaues von St. Gallen-Münster oder der St. Michaelskirche hatte Abt Ulrich Rösch unter den Fenstern die Geschichten der Klosterheiligen Gall und Othmar malen lassen, dazwischen an kleinern Wandflächen mannigfaltige Wappen von Päpsten, Fürsten, Edelleuten und auch einigen Bürgergeschlechtern. Mitten in der Kirche stand ein hölzerner Gall, „ein gar uralt Bildniß", und wenige Schritte davon entfernt, auf einer runden Säule erhöht, ein Doppelbild der Heiligen, Gall und Othmar, eine Stiftung der bürgerlichen Familie Oppenzhofer. Eine ganze Menge anderer Heiligenbilder der verschiedensten Bedeutung und Größe, aus Stein, Metall und Holz überdeckten die Pfeiler und Säulen. Ein 30 Fuß hoher gewölbter Bau mit mehreren Nischen, der „Schnecken" genannt, trennte die St. Michaelskirche von dem Chore, und in jeder Nische des Schneckens erhob sich ein Altar, einem oder zwei besondern Heiligen geweiht; über dem Schnecken hing ein 18 Fuß langes Crucifix. Die wichtigsten der verschiedenen Altäre des Schneckens waren der St. Michaels und St. Anton Altar und unser Frauen Altar, auf dem ein wunderthätiges Marienbild von Gyps Schaaren von Gläubigen an sich zog. Die Conventherren führten bei diesem Bilde ein eigenes Buch, in

---

[1]) „Das alte St. Gallen." Herausgegeben vom histor. Verein des St. St. Gallen 1867. — Die Herausgabe dieser „Neujahrsblätter" war in der That ein sehr schönes und sinniges Unternehmen. Die einzelnen bis jetzt erschienenen „Neujahrsblätter" bieten meist sehr gelungene und gewählte Monographieen aus der Geschichte des engern Vaterlandes.

welchem sie die von ihm bewirkten Wunder verzeichneten zur Erbauung derer, die bei ihm Trost suchten. Es versteht sich, daß alle diese Altäre mit kostbaren Altardecken und Leuchtern, mit reichgefaßten Altartafeln und den gemalten, geschnitzten, gegossenen, getriebenen oder ausgehauenen Bildern ihrer Heiligen versehen waren. Auf dem St. Martinsaltar erschien der heilige Martin sogar auf seinem Rosse. Von den Gemälden wird besonders der heilige Sebastian gerühmt, der durch Pfeilschüsse zu Tode gemarterte Patron der Schützen.

Nachdem der Chor außen so stattlich hergestellt worden, daß er allgemein als der schönste Theil des Münsters galt, mußte auch dessen innere Ausstattung entsprechend verschönert werden. Der Fron- oder Hochaltar, der wichtigste aller 33 Altäre des Münsters, erhielt eine Altartafel, deren Malerei allein 1500 fl., deren fast bis zur Decke des hohen Gewölbes reichendes Schnitzwerk noch mehr als diese Summe kostete. Der Meßstuhl des Abtes, das sog. Presbyterium, auf das künstlichste von Holz geschnitzt, kam auf mehr als 1300 fl. zu stehen. Die ebenfalls mit Schnitzereien verzierten Chorstühle wurden um 700 fl. dem Tischmacher, Meister Hans Owyler, verdingt, wobei das Kloster dem Meister überdies das erforderliche Eichenholz lieferte. Auch die Orgel wurde verbessert. — Neben dem Chor erhob sich der beiläufig schon erwähnte neuere Glockenthurm, welcher unaufhörlichen Stoff zu Streit darbot, seit die Stadt in Folge der schlimmen Feuersbrünste eine nächtliche Feuerwache auf dem Thurme eingerichtet hatte. Da nämlich der Thurm nur von der Kirche aus zugänglich war und die Kirche wieder mit den Klosterräumen in Verbindung stand, konnten Kirche und Kloster nicht einmal des Nachts gänzlich gegen außen abgeschlossen werden, indem die Stadtwache jederzeit ungehinderten Zugang zu Kirche und Thurm und den Schlüssel zu beiden beanspruchte, überdies durch Schließung ihrer Locale oben auf dem Thurme dafür sorgte, daß der Abt in seinem eigenen Münsterthurme nur bis zu den Glocken aufsteigen konnte. Zuletzt pflanzte die Stadt in ihrer Thurmwächterstube noch ein Geschütz mit Munition auf. Es ist begreiflich, daß der Abt seit Erbauung des St. Laurenz= thurmes alle diese städtischen Sicherheitsanstalten dorthin verweisen wollte. Doch gelang es ihm erst bei dem großen Abkurungsver= trage von 1566, durch welchen Kloster= und Stadtgebiet überhaupt zum ersten Male gründlich und so von einander geschieden wurde, wie es in gewissem Sinne bis heute Bestand hat. Im wohl verschlossenen, untern Gewölbe des Glockenthurms lag der Kirchen= schatz. Dort waren die reichen Meßgewänder aufgehoben, darunter dasjenige des Abts Franz Gaisberg, von Gold auf blauem Grunde, hinten und vorn am Saume mit so schweren, geschlagenen und gegossenen Zierraten von Silber besetzt, daß die Diener es oben am Halse halten mußten, wenn der Abt die Messe darin feiern wollte. Dort fanden sich die silbernen und vergoldeten Monstranzen, dort die zahlreichen silbernen Kelche, die kostbaren Särge, in welchen die Leichname der Heiligen Gallus, Constantius und Remaclus verschlossen waren. In jenem Gewölbe lagen noch eine große Zahl kleinerer Reliquien in künstlichen Einfassungen von Elfenbein und edlem Metall und als besondere Seltenheit zwei reich vergoldete Straußeneier, die ebenfalls als Reliquien= kapseln dienten."

Doch das glänzende Bild so großer Herrlichkeit verdunkelt sich sofort, wenn wir uns vergegenwärtigen, welches Schicksal dieser Schätze und Kostbarkeiten wartete. Die purpurstrahlenden Rosen glorreicher Tage verblühten wieder nur allzu schnell, und die dornenvollen Ereignisse der nächsten Zukunft warfen ihre dunkeln Vorschatten auch auf die Münsterkirche des heiligen Gallus. Es nahten die Tage, wo an der heiligen Stätte die «statuta desolatio» die „herrschende Verwüstung" um sich griff und spätgeborne Söhne des heiligen Patriarchen sich selbst an jenen Ueberresten des Heiligen versündigen sollten, welche bisher noch allen räuberischen Einfällen, den Hunnen, ja selbst dem zügellosen Elemente des Feuers unver= sehrt entgangen waren. Die Glaubensspaltung hatte eben mittler= weile in der Stadt St. Gallen um sich gegriffen, so daß jetzt zeitweilig Stadt und Stift, die Mutter und die Tochter, sich feind=

lich gegenüber standen. Wir sind weit entfernt, die vandalischen Scenen, welche die von so vielen Jahrhunderten hochverehrte Ruhestätte des heiligen Gallus schändeten, den im Glauben von uns getrennten Brüdern des Landes als solchen zuzuschreiben, denn wir wissen, zu welchen Auftritten sich oft schon hüben und drüben aufgeregte Gemüther hinreißen ließen, ja wir sind überzeugt, daß zumal die Schreckensscenen vom 23. Februar 1529 von jedem redlich denkenden St. Galler verurtheilt werden.[1]

Abt Franz hatte sich, ohnedies schon todkrank, bei den zunehmenden Unruhen, welche die Glaubensneuerung hervorrief, in das Schloß Rorschach zurückgezogen, und daselbst schwuren, obschon auch hier unsicher, die elf anwesenden Capitularen mit dem Abte auf das Evangeliumbuch, beim Glauben der Väter zu verharren. In der Stadt St. Gallen und Umgebung aber trugen die zündenden Reden Zwingli's und Calvin's gegen Bilder- und Reliquienverehrung bereits ihre Früchte, und es durchtobte nun der Alles vernichtende Bildersturm vom Jahre 1526 bis 1529 die Stadt, bis er endlich in den Gräueln des 23. Febr. 1529 im Münster zu St. Gallen anstobte und endete. Waren zuerst aus der St. Laurenzenkirche alle Bilder und Gemälde entfernt worden, so erlaubte der Magistrat am 28. Febr. 1528 den Pfarrgenossen von St. Mang, aus dieser Kirche, die dem Kloster gehörte, alles das, was mit ihrem Glauben sich nicht vertrüge, wegzunehmen, worauf diese die Altäre niederrissen, die Gräber der heiligen Wyborada und Rachild öffneten, ihre Gebeine und den Arm des heiligen Mang heimlich in die Erde vergruben und die silbernen Bilder

---

[1] Siehe über diese Schreckenstage im Kloster und Münster von St. Gallen Jb. v. Arx, Bd. II, S. 472 ff.

Ueber die gleiche Profanation und Ausraubung der Kirche berichtet uns des Ausführlicheren der cod. mnscr. 1721 „Hierogazophylacium" Sacrar. S. Galli Tom. I. S. 37 unter der Aufschrift: „*Diarium impietatis in divos divorumque exuvias sacras*, . . . tum in monasterio, civitate et territorio S. Galli exercitae, collectum ex ipsorum Iconoclastorum relictis scriptis, nim. Vadiano, Murero, Kesslero etc."

und Gefäße einschmolzen. Endlich am 23. Febr. 1529, dem für die Kirche des heiligen Gallus eigentlichen «dies nefastus», erreichte die Verwüstung die Centralstätte des St. Gallischen Heiligthums — das Münster.

Als die St. Gallischen Stiftsherren dem Ansinnen der Stadthäupter, die Wegnahme der Bilder x. widerstandslos geschehen zu lassen, nicht beistimmen konnten, brauste endlich in Vergessenheit jener Beschwörungsworte des heiligen Notker: doch das Bundeszelt des heiligen Gallus zu ehren und ihn in seiner Ruhe nicht zu stören, — der sich vor der Kirche sammelnde Bürgerhaufen in die Kirche, warf die Bilder um, stürzte sie hinunter, zerschlug und zersägte sie in Stücke, so daß nach 3½ Stunden keines mehr aufrecht stand. Am andern Tage nahm dieselbe aufgeregte Volksmasse dasselbe mit den Altären, mit dem Chor, den Beichtstühlen und dem köstlichen Abtstuhle vor, lud die hölzernen Trümmer der Bilder auf 46 Wagen und verbrannte[1]) dieselben auf dem Brühl, die steinernen aber führte sie zum Vermauern fort. Hierauf übertünchte man die Gemälde an den Wänden der Kirche mit Kalk, brach die Mauern, welche den Chor von der Kirche sonderten, ab und führte mit diesen und den Steinen der niedergerissenen Altäre der Kirche des heiligen Gallus und der des heiligen Othmar eine andere Kirche auf; dann ging man an die Kapellen und verwandelte die des heiligen Johannes in eine Werkstätte, die des heiligen Jacobus in einen Kalkofen, schickte die Glocken nach Lindau zum Umgießen und ging erst fort, nachdem man auch die Thüren und Fenster zum Kirchenschatze vermauert hatte. Manches vortreffliche Gemälde auf den Altartafeln, viele alte Denkmäler, Inschriften und Kunstsachen, die Wappen des St. Gallischen Adels, das wunderthätige Marienbild, all' das wurde da vernichtet.[2]) So zerschlug

---

[1]) Siehe Ild. v. Arx, Bd. II, S. 535 ff. Keßler maß den Durchschnitt der Flamme; derselbe war 43' breit.

[2]) Sämmtliche Gegenstände von edlerem Metall hatte die Obrigkeit zu Handen genommen und einschmelzen lassen. Der Ertrag war 24 Mark, 10

eine aufgeregte Volksmasse im Heiligthum die Werke der Kunst, aber sie schlug damit zugleich der Geschichte, der Pietät, dem Kunstsinn, allem Menschlichkeitsgefühl in's Angesicht. Wir haben schon betont, daß wir diesen Vandalismus nicht den Protestanten als solchen, sondern dem damals aufgeregten Fanatismus zuschreiben. Der Gräuel an heiliger Stätte endete aber erst mit der sacrilegischen Frevelthat an den Ueberresten des heiligen Patriarchen Gallus. Wir haben gesehen, wie diese im Laufe der Jahrhunderte stets in St. Gallen ruhten, oft und feierlich übertragen und neu gefaßt, von Großen der Erde und nachherigen Heiligen des Himmels in der Kirche des heiligen Gallus verehrt wurden. Die Gebeine der heiligen Othmar und Notker, welche in Särgen in der Kirche begraben lagen und so leichter weggeschafft werden konnten, hoben die Klostergeistlichen in der Nacht vom 23..24. Februar heraus und sandten sie nach Einsiedeln. St. Galli Gebeine aber konnten leider nicht gerettet werden und gingen — wir erröthen bei diesem Gedanken — in demselben Feuer auf dem Brühl unter, das mit den Gebilden der Kunst auch das „heiligste Kleinod" der Galluskirche so vernichtete. Wie jedoch aus einem Briefe an Abt Kilian vom 24. December 1529 hervorgeht, wurden dennoch einzelne Gebeine des heiligen Gallus gerettet.[1]) Die Stiftskirche ist noch heute im Besitze derselben, da diese bald nach diesen Stürmen von Abt Leodegar neu gefaßt und beim letzten Sturme, der über St. Gallen hereinbrach, im Jahre 1799 nach dem Kloster Weißenau bei Weingarten geflüchtet, jetzt theils im Altare des heiligen Gallus, theils im Altare der sog. Galluskapelle ruhen und der Verehrung ausgesetzt sind.

Die Verehrung, welche wir noch heute diesen heiligen Ueberresten zollen, ist in der That eine nothwendige Sühne für jene

roth Gold, 288 Mark Silber und 80 Pfund Kupfer, zusammen im Werthe von 1245 fl. 5 Batzen. („Das alte St. Gallen" S. 4.)

[1]) Dieser Brief ist copirt in dem Berichte „Diarium impietatis etc.", den wir eben citirten. S. 70.

Schreckenstage, in welchen sich das Schriftwort erfüllte: „Die Söhne meiner Mutter stritten wider mich." ¹) Das Monument des heiligen Gallus und seine majestätischen Wölbungen mögen bei dieser ihrer Entkleidung jedes innern Schmuckes mit dem Psalmisten geseufzt haben: „Ich sah, o Herr, die Schänder deines Gesetzes, und ich entsetzte mich." ²) „Der Gräuel der Verwüstung" stand an heiliger Stätte, aber die wechselvollen Schicksale des St. Gallischen Domes ließen auch diesem — Gott sei Dank! — kein Bestehen, und rosigere Zeiten brachen wieder auf diese dornenvollen Ereignisse herein.

Es ging auch für die Galluskirche das Morgenroth besserer Tage auf, als am 30. Februar 1532 Abt Diethelm Blarer von Wartensee, welcher nach Abt Kilian's Ableben in der Mehrerau ³) bei Bregenz gewählt worden war, in St. Gallen einzog und als Befreier dieses Tempels die Ehre des Hauses Gottes und des heiligen Gallus wiederherstellte. Wir übergehen hier die zwischen Abt Diethelm ⁴) und der Stadt gemachten Vereinbarungen bezüglich Schadenersatz und die bestimmten Ausscheidungen gegenseitigen Eigenthums und Rechtes. Von nun an war es wieder die Hauptsorge eines jeden Abtes der nachreformatorischen

---

¹) Cant. 1, 5. „Filii matris meæ pugnaverunt contra me."
²) Ps. 118, 158. „Vidi prævaricantes legem tuam et tabescebam."
³) Ueber die verschiedenen Beziehungen dieses Stiftes zu St. Gallen siehe unseres Hochwst. Jubilars Predigt: „Die Klöster Mehrerau und Wettingen nach ihrer Vergangenheit und Zukunft." Rede, gehalten 18. Oct. 1854.

Auch um die jetzige Niederlassung des Hochwst. Abtes und Conventes von Wettingen in diesem Kloster hat der Hochw. Bischof sich i. Z. ganz besondere Verdienste erworben.

⁴) Siehe Ild. v. Arx, III. 22 ff. „Diethelm war nicht nur ein ungemein schöner, großer und leutseliger Edelmann; ihm verdanken das Stift, die Wissenschaften, die gesetzliche Ordnung auch ihre Wiederherstellung, und man nannte ihn billig auf dem ihm gesetzten Denkmale (nach dem hl. Gallus und Ulrich VIII.) den dritten Stifter des Klosters." Ebendaselbst S. 111.

Periode, das Münster des heiligen Gallus zu heben, zu verschönern und zum Denkmal seiner fürstlichen Munificenz zu machen.

Abt Othmar II. (1564-1577) empfing 1570 in der Galluskirche feierlich den Cardinal-Erzbischof von Mailand, den heiligen Karl Borromäus, an dessen Besuch noch heute das unter Othmar II. erstellte und nach dem Cardinal benannte sog. **Karlsthor** erinnert. Der jugendliche Abt Joachim (1577—1594) schloß als ein Heros der Nächstenliebe zur Zeit der Pest, welche ihn selbst mitten in den Werken der Barmherzigkeit dahinraffte, sein ideales und heiligmäßiges Leben,[1]) predigend auf der **Münsterkanzel**. Er hatte in den Tagen seiner Regierung den großen Thurm, welchen am 17. Juli 1588 ein Blitzstrahl stark beschädigt hatte, ausgebessert und erhob nach seinem Tode die Stiftskirche auch zum gefeierten Mansoleum der St. Gallischen Fürsten. Joachim war nämlich der erste Abt, den die Abtei in der **Stiftskirche** beisetzte, da die frühern Aebte in der sog. Capitelskapelle bestattet wurden. Abt **Bernhard II.** (1594—1630) feierte 1601 in dieser hochberühmten Stiftskirche des Benedictinerordens die Erhebung der St. Gallischen **Aebte zur Würde des Vorstandes der schweizerischen Benedictiner-Congregation**[2]) und brachte so neuen Glanz über die Basilika der heiligen Gallus und Othmar. Abt Pius I.

---

[1]) Abt Joachim's Lebensbild ist wohl eines der anmuthigsten jener Porträts, welche die Stiftsgeschichte illustriren. Er hatte in Paris unter dem berühmten Exegeten Maldonat studirt, wurde mit 28 Jahren schon zur äbtlichen Würde erhoben und im Jahre 1578 zum Coadjutorbischof von Chur gewählt, welche Wahl er aber ablehnen konnte. Nach der „Chronik v. A. Näf" S. 241 „ehrte selbst die Stadt die Verdienste Abt Joachim's mit dem feierlichen Ausspruche: „Daß dem Hingeschiedenen der Ruhm des Friedfertigsten der Aebte St. Gallens gebühre, der, was seit Abt Hildepolt's Zeiten nicht erhört worden, alle Anstände mit ihr stets ohne Streit, noch Zuthun Anderer, von sich aus beseitigt habe."

[2]) Bei Anlaß des feierlichen 1400-jährigen Jubiläums des Benedictinerordens entwarf unser Hochwst. Jubilar eine schöne Schilderung von den Verdiensten dieses Ordens in der Broschüre: „Der Benedictinerorden und das Kloster St. Gallen". St. Gallen. Meosberger 1880.

CARDINAL SFONDRATI

WEILAND FÜRSTABT VON ST GALLEN.

(1630—1654), den ein Epitaph nicht anders als mit den Worten: „Pius vere pius" schildert, veranstaltete die Errichtung eines neuen kostbar verzierten Choraltares, welchem 1646 das durch Vermittlung des Cardinals Barberini in Rom gefertigte schöne Altargemälde, die Aufnahme Mariens in den Himmel darstellend, einverleibt wurde.[1]) Hierauf folgte 1650 die Anschaffung von 2 großen Glocken zur Verstärkung des schwach gehaltenen Kirchengeläutes, die eine aus dem Kloster St. Johann im Thurthal, 115 Zentner schwer, und die größte, 130 Zentner im Gewicht, in Lindau gegossen. 1654 ließ er Frescomalereien in der Kirche und an den Wänden des Kreuzganges anbringen, wohin sämmtliche geistliche und weltliche Beamten des Stiftes, jeder ein Gemälde, von dem würzburgischen Hofmaler Eberhard gefertigt, vergabten. Abt Gallus II. (1654—1687), genannt der „Ruhmvolle", welcher im April 1686 ebenfalls am Altare des heiligen Gallus sein fünfzigjähriges Priesterjubiläum feierte,[2]) wie der hohenpriesterliche Jubilar, welcher zur Stunde die ruhmvolle Reihe der Kirchenfürsten des Gotteshauses St. Gallen fortsetzt, bereicherte namentlich das an heiligen Gebeinen schon so reiche Münster mit neuen von Rom ihm aus den Katakomben zugestellten heiligen Reliquien der Martyrer[3]) Bachius, Honoratus, Pankratius, Sergius und Luzina, welche er feierlich unter großem Gepränge in die Galluskirche übertragen ließ. Abt Cölestin I., Graf Sfondrati von Mailand (1687—1696), später Cardinalpriester der heiligen römischen Kirche, schmückte noch bei Lebzeiten die Stiftskirche nicht blos mit jenem anmuthigen

---

[1]) Das Gemälde ziert noch jetzt den Hochaltar der Kathedrale. Die Composition ist, wie uns noch letztes Jahr Kunstmaler Benz in München versicherte, sehr lebensvoll und originell.

[2]) Als Erinnerung an jenen Festanlaß bewahrt man in der Domsakristei noch einen Ornat (Mitra, Casula, Barett, Stab) von Pergament auf, den ein Klosterbruder verfertigt und mit Inschriften und symbolischen Zeichnungen geschmückt hatte.

[3]) Siehe hierüber Sacrar. S. Galli, Tom. IV. „Translationes recentiores."

Gemälde von der „unbefleckten Empfängniß Mariä",¹) das er in
Mailand für 193 fl. hatte malen lassen, und welches heute noch,
wenn auch sein Colorit etwas abgestanden ist, eine Zierde des
Marienaltares unserer Kathedrale²) bildet, sondern er schenkte dem
Heiligthum des heiligen Gallus sterbend noch das, was demselben, als
er noch am Leben war, stets ungetheilt zugehört hatte, sein —
Herz.³) Als nämlich der durch Gelehrsamkeit, Heiligkeit des
Lebens und Adel der Geburt gleich ausgezeichnete Kirchenfürst nach
höchst segensreicher Verwaltung der Abtei von Papst Innozenz XII.
1695 zum Cardinalpriester der heiligen römischen Kirche ernannt
wurde und sodann in Rom seinen ständigen Aufenthalt nahm, vermachte er dem Stifte St. Gallen, nach welchem er sich in Mitte des
römischen Hoflebens stets zurückgesehnt hatte,⁴) sein Herz und seine
Schriften. Er starb zu Rom⁵) den 4. September 1696, erst 52
Jahre alt, und nahm mit sich in's Grab jenes schöne Lob, welches
ihm Herr August Näf in seinen „Denkwürdigkeiten"⁶) ausstellt.

¹) Sfondrati war ein ganz besonderer Verehrer der seligsten Jungfrau,
zumal in diesem Geheimnisse. Zur Vertheidigung dieses Mysteriums der
„Immaculata conceptio" schrieb er sein schönes illustrirtes Werk: „Innocentia vindicata".

²) Eine Copie dieses überaus anmuthigen Bildes ziert den Hochaltar der
Klosterkirche Notkersegg bei St. Gallen.

³) Dieses wurde nach Cölestin's I. Tode von P. Hermann Schenk zugleich
mit seinem literarischen Nachlasse nach St. Gallen gebracht.

⁴) Cardinal Sfondrati fühlte in Rom arges Heimweh nach dem Kloster
St. Gallen. So berichtet P. Schenk in seinem Itinerarium Card. Sfondrati:
„Hunc modum vivendi novum sibi summe peregrinum videri .. ad quae
verba oculos lugubris humor suffudit."

⁵) Der Verfasser hat während seines Aufenthaltes zur Zeit des vatic.
Concils 1869—70 in Rom das Grab des Cardinals Sfondrati im sotteraneo
der Kirche der heiligen Cäcilia in Transtevere aufgefunden. Noch ein
ehemaliger Abt von St. Gallen liegt zu Rom im Lateran begraben, Abt-
bischof Rudolf († 18. Sept. 1226).

⁶) Dieses verdienstvolle Werk des Herrn Aug. Näf, Mitgliedes der
schweiz. geschichtsforschenden Gesellschaft ꝛc., zeichnet sich überhaupt durch edle

„Cölestin's I. Amtsführung," sagt er, „hatte bewiesen, daß ein Fürstabt von St. Gallen bei vollständiger Ausübung der landes= herrlichen Gewalt dennoch ein milder und gefeierter Landesvater, bei genauer Handhabung der klösterlichen Ordnung ein geliebter Vorstand der Conventualen, bei sorgfältiger Förderung der bil= denden Künste und Wissenschaften ein frommer Ordensgeistlicher, sowie bei beharrlicher Verfechtung der kirchlichen Rechte [1]) ein ver= träglicher Nachbar von Andersdenkenden sein könne; denn es leiteten seine Handlungen vortreffliche persönliche Eigenschaften, hohe Bil= dung, Klugheit und humaner Sinn, gepaart mit einer Charakter= festigkeit, über welche sogar Fidel von Thurns staatsmännische Gewandtheit und Hofkünste die unter Abt Cölestin's I. Vorgänger unumschränkt bekleidete Meisterschaft in Landesangelegenheiten behaupten zu können, verzichten mußten." Wir schuldeten hier Cardinal Cölestin Sfondrati dieses ausdrückliche Lob um so mehr, als sein in der Stiftskirche heute noch aufbewahrtes Herz [2]) einen Hauptschatz dieses fürstlichen Mausoleums bildet. Noch heute erkennt das katholische Volk sofort sein Bildniß, wenn es an der sog. großen oder Aller=Aebte=Jahrzeit unter den Porträts der

Auffassung, ruhige Beurtheilung und unparteiische Würdigung geschichtlicher Ereignisse und Persönlichkeiten aus.

[1]) Cölestin Sfondrati, geboren den 10. Jan. 1644 zu Mailand, erzogen in der Klosterschule zu Mariaberg in Rorschach, Priester seit 26. Mai 1660, war schon 1666 ob seiner seltenen Talente Theologie=Professor in Kempten und 1679 Professor des kanonischen Rechtes zu Salzburg. Als solcher schrieb er jene zwei berühmten Werke gegen den Gallicanismus: «Sacerdotium regale» und «Gallia vindicata», welche ihm europäischen Ruf erwarben und die Auf= merksamkeit der römischen Curie auf ihn lenkten. Seine Vorlesungen über das kanonische Recht, von ihm eigenhändig geschrieben, sind in den handschrift= lichen Codices No. 735 und 736 der Stiftsbibliothek noch vorhanden.

[2]) Im Jahre 1717 während des Toggenburger Krieges wurde das Monu= ment des Cardinals Sfondrati in der Stiftskirche erbrochen und das in einer silbernen Kapsel befindliche Herz entwendet, „was große Aufregung in der Stadt verursachte". Den Bemühungen der Polizei gelang es sodann, das Entwendete wieder zu erlangen.

Fürstäbte am Chorgitter jenen erlauchten Fürsten erblickt, den das rothe Cardinalsbarret schmückt. Auch seine Regierungszeit war in der That eine Blüthezeit purpurner Rosen für Stift und Kirche.

Cölestin's I. Nachfolger, Abt Leodegar, ließ 1699 ein massives silbernes Brustbild des heiligen Gallus, 800 Loth schwer, verfertigen, um die Reliquien des heiligen Gallus darin aufzubewahren, und ebenso verwendete der folgende Fürstabt Joseph hohe Summen zur Restauration des in den Toggenburger Wirren vernachlässigten Kircheninnern und schmückte 1729 die Altäre mit kostbaren massiven silbernen Crucifixen und Leuchtern. Kurz — die Regierungszeit sämmtlicher nachreformatorischen Fürstäbte zierte, dürfen wir sagen, auch die Stiftskirche mit den Rosen, welche diese lange Zeit hindurch um den ehrwürdigen Stamm des St. Gallischen Stiftes wuchsen. Das „Monument des heiligen Gallus", dessen „Fallen und Erstehen" dieses Capitel uns vor die Seele führte, hat in der That stets an allen dornigen Ereignissen, wie rosigen Zeiterscheinungen, welche um diese Ruhestätte des heiligen Gallus in buntem Wechsel kreisten, Antheil genommen, und es haben sich auch die Spuren und Erinnerungen dieser verschiedensten Wechselfälle diesem Monumente gleichsam aufgedrückt und eingeprägt. Eine neue Zeitenwende für die St. Gallische Stiftung nahte heran, und als ob einer der letzten und größten Fürsten in Vorahnung des gewaltsamen Falles dieses mehr als tausendjährigen Stiftes dem heiligen Gallus auf seiner Ruhestätte noch hätte ein würdiges Denkmal setzen wollen, — so werden wir sehen, wie die alte Basilika des heiligen Gallus bis auf ihre Fundamente von Cölestin II. niedergerissen wird und einem neuen, majestätischen Prachtbaue Platz macht. Bevor wir aber die ehrwürdigen Mauern fallen und neue sich aufthürmen sehen, wollen wir das alte Gemäuer noch um Nachricht aus der Vergangenheit bitten und um Schilderung jener „Tage der Herrlichkeit", die es geschaut.

V.

Der Tempel des heiligen Gallus

in den

Tagen seiner Herrlichkeit.

V.

Der Tempel des heiligen Gallus in den Tagen seiner Herrlichkeit.

Die Predigt der Vergangenheit in den altehrwürdigen Domen und Klosterkirchen. — Im Tempel des heiligen Gallus reflectirten alle glanzvollen Ereignisse der Stifts- St. Gallischen Geschichte. — Vision der erhabenen Gestalten St. Gallischer Mönche aus der Ruhmeszeit St. Gallens. — St. Notker's Gestirn überstrahlt alle andern Sterne. — Die Musterleistungen St. Gallischer Schreibekunst und Malerei gelten dem Tempel des heiligen Gallus. — Das Psalmenbuch Folkart's. — Das „goldene Psalmenbuch". — Das „Diptychon Tutilo's und ›Evangelium longum‹ Sintram's. — St. Gallens berühmte Sängerschule verherrlicht den Cultus im Tempel des heiligen Gallus. — Die Besuche hoher Persönlichkeiten im Stifte gelten in erster Linie dem Tempel des heiligen Gallus. — Bischof Adalbero von Augsburg, St. Ulrich von Augsburg, St. Konrad von Konstanz im Tempel des heiligen Gallus. — Die eigentlichen „Tage der Herrlichkeit", wenn fürstliche Hoheiten und königliche Majestäten den Tempel des heiligen Gallus betraten. — Besuche Kaiser Karl's des Dicken, Konrad's I., Otto's I., Friedrich's III. im Tempel des heiligen Gallus. — Die feierlichen Uebertragungen heiliger Leiber. — Tage der Herrlichkeit waren alle daselbst mit Entfaltung eines glanzvollen Cultus begangenen Festtage. — Auch die „Tage der Herrlichkeit" hienieden haben ihren Abend.

„Roma’, benedeiter Monarch, zur Zelle des heiligen Gallus,
„Die unter Othmar’s Schutz Dir zum Empfange bereit.
„Sieh’, dieser Tempel umschließt der heiligen Leiber so viele,
„Ziehst du in’s heilige Haus, wirst ihre Menge du sehn.”
Dekan Waldramm's Lied zum Empfange Kaiser Konrad's I., a. 912.

irgends läßt sich besser über die Vergangenheit und ihre großartigsten Scenen nachdenken und träumen, als in der heiligen Umfriedung eines altehrwürdigen Gotteshauses. Die riesigen Pilaster einer Petrus= kirche zu Rom scheinen dem Besucher jenes Weltdomes unwill= kürlich von der Geschichte des Papstthums zu erzählen; die archi= tektonische Herrlichkeit im Innern der Westminster=Abtei zu London kommt dem nachdenkenden Besucher wie eine vielgestaltige und formenreiche Krystallisation der altenglischen Mönchsgeschichte vor; kurz, — es gibt unter allen Gebilden, welche menschliche Hände schufen, keine, die so sehr als die versteinerte Geschichte und kry= stallisirte Vergangenheit von Jahrhunderten aufgefaßt werden können, wie eben die alten Dome und Kathedralen.

Auch das Monument des heiligen Gallus ist das eigentliche Denkmal der Stiftung dieses Glaubensboten geworden, aber es will uns ungenügend erscheinen, nur von jenen Ereignissen ge= redet zu haben, welche eine Veränderung dieses materiellen Baues mit sich brachten; wir glauben, zu einer „Beleuchtung dieses Monumentes im Lichte seiner eigenen Vergangenheit” gehöre auch die Belebung dieser altehrwürdigen Mauern durch die Schilderung dessen, was sie geschaut, und von was sie stumme Zeugen gewesen. „Vor dem betrachtenden Auge, das die festgekitteten und hochgethürmten Mauern wieder auflöst und im Geiste von neuem baut, vor dem Auge, das all' die großen Scenen der Vergangenheit, welche sich in solchen Räumen abgespielt, wieder anleben und die Gestalten wieder erscheinen läßt, deren Andenken und Namen an diese Steinkolosse gebunden ist, vor dem betrachtenden Auge erst, das diese vom Geiste bewältigte Masse von Stein und Stoff noch einmal bewältigt d. h. in ein Geistesbild auflöst, — da erst gewinnt ein Denkmal dieser Art seine volle Bedeutung, dann erst beginnt seine historische Bedeutung mit der künstlerischen zu wetteifern." So schrieben wir vor einigen Jahren in der Einleitung einer Betrachtung über die zwei englischen Kathedralen von Winchester und Salisbury.[1]) Wir möchten vom Tempel des heiligen Gallus heute dasselbe behaupten, denn auch die Herrlichkeit, Heiligkeit und Bedeutung dieser Ruhestätte des heiligen Gallus tritt uns dann erst lebendig vor die Seele, wenn uns die Phantasie in die Zeiten der Glorie des St. Gallischen Stiftes zurückträgt und in die Mitte dieses Tempels stellt, in welchem sich so manche glanzvolle Scene und Feierlichkeit abspielte. Es darf nur ein flüchtiger Traum sein, dem wir uns noch überlassen können, denn bereits haben wir am Schlusse des letzten Capitels vernommen, daß das alte Gemäuer, an welches sich unsere Erinnerungen und Phantasieen noch knüpfen werden, zum Sturze und zur Zertrümmerung verurtheilt sei. Das Ruhmesleuchten der Blütheperiode St. Gallens im 9., 10. und 11. Jahrhundert reflectirte stets am glänzendsten im Tempel der Gallusstiftung selbst. Was immer St. Gallen im ganzen Abendlande berühmt gemacht hat, steht auch in der innigsten und nächsten Beziehung zur Kirche des heiligen Gallus. Der Tempel war es, worin die großen, heiligen und erlauchten Söhne des Stiftes sich um das Grab ihres

---

[1]) Siehe meine „Zehn Bilder aus Süd-England oder Wanderungen und Betrachtungen eines Katholiken bei einem Besuche in England." Einsiedeln. Gebr. Karl u. Nikolaus Benziger. 1877. Capitel 7.

Patriarchen schaarten oder um den reich vergoldeten Hochaltar versammelt, den heiligen Ceremonien und Funktionen oblagen; dem Tempel galten stets in erster Linie die Musterleistungen St. Gallischer Schnitz- und Schreibekunst; im Tempel erschollen jene Psalmodien, denen ganz Deutschland lange Zeit zu lauschen pflegte; im Tempel empfingen der Abt und Convent von St. Gallen stets zuerst jene gekrönten Häupter, deren zahlreiche und wiederholte Besuche für St. Gallen so manche „Tage der Glorie" aufleuchten ließen.

Entschlummern wir einmal im Geiste für einige Augenblicke an dieser heiligen Stätte. Sehen wir auch nicht, wie Jakob in geheimnißvollem Schlummer jene Himmelsleiter, auf welcher die Engel des Herrn auf- und niederstiegen, so strahlt vor unserer Phantasie doch auch eine Vision empor, und es ist, als würde es in der heiligen Umfriedung lebendig, und als versammelten sich in verklärtem Chordienst alle die längst entschlafenen Brüder St. Gallens. Die Vision wird vor unserm Auge immer glänzender. St. Gallens schönste Ruhmeszeiten leuchten in ihren erhabenen Vertretern vor uns wieder auf, und das Leuchten der verklärten Gestalten, welche für einen Augenblick ihre Ruhestätten verlassen, reflectirt in dem feurigen Schimmer jener schweren, vergoldeten Silberplatten, mit welchen des heiligen Gallus Altar geziert ist. Plötzlich aber, gleich dem Monde, der die kleinen Feuer am Aether auslöscht, glänzt St. Notker's Gestirn und erscheint der **dritte Patron des Gallustempels**, alle andern Sterne und Gestalten verdunkelnd.

Wie sich in der That die Gründung der Galluskirche an den Einzug des heiligen Gallus in diese Wildniß knüpft und St. Gallens erste Wiederherstellung oder zweite Gründung in unzertrennlicher Verbindung mit der Persönlichkeit des heiligen Othmar steht, so knüpft sich St. Gallens Blüthezeit und Ruhmesleuchten an die lichte Erscheinung des heiligen Notker. Die großen Männer und erlauchten Gestalten aus den Tagen der Herrlichkeit St. Gallens verneigen sich gleichsam vor Notker, wie vor der

Garbe des ägyptischen Joseph seiner Brüder Garben sich verneigten. Der Mann, den selbst seine Grabschrift im Tempel zu St. Gallen rühmt als: „Die Zierde der deutschen Gelehrten und der Ruhm des Landes", ist gleichsam der größte Stern, um den sich alle andern Sterne des St. Gallischen Ruhmeshimmels gruppiren.

Fürstlichem Stamme entsprossen;[1]) in früher Jugend dem heiligen Gallus geweiht; „ein Gefäß des heiligen Geistes, wie kein gleiches zu seiner Zeit zu finden war" nach Ekkehard's IV. eigenem Zeugniß;[2]) gleichsam die durch heiliges

---

[1]) Ueber die Personalien des hl. Notker Balbulus siehe die „Casus Ekkehard's"; Jrd. v. Arx, Bd. I. S. 91. Eine anmuthige Lebensskizze des hl. Notker findet sich auch in der anziehend geschriebenen Schrift des Herrn Fr. X. Weyel: „Die Kunst und Wissenschaft im Kloster St. Gallen im IX. und X. Jahrhundert. Ein Culturbild in vier Vorträgen." Lindau. Thomas Stettner. 1877. Ebenso in P. Anselm Schubiger's „Sängerschule von St. Gallen". (Einsiedeln. Gebrüder Karl und Nikolaus Benziger. 1858.) S. 39 ff.

[2]) „Et ut omnis sanctitatis ejus in brevi complectar dotes, s. spiritus erat vasculum, quo suo tempore abundantius nullum" Ekkeh. IV. Cas. S. Gall. apud Pertz Mon. Germ. II. pag. 94. Im Lobe St. Notker's, wie es von den Lippen der höchsten Auctorität auf Erden strömte, wird ebenfalls auf die besondere Beziehung dieses Heiligen zur Quelle aller Heiligkeit, „Gott dem heiligen Geiste", hingewiesen. Als nämlich Abt Ulrich V. im Gefolge Friedrich's II. nach Rom kam und daselbst in Gegenwart Papst Innocenz' III. bei der Messe de spiritu s. Notker's Sequenz „Spiritus s. adsit nobis gratia" gesungen wurde, befragte nachher der Papst den Abt nach Herkunft, Leben und Gedächtniß des hl. Notker im Kloster St. Gallen. Auf die Bemerkung des Abtes, man begehe sein Gedächtniß, wie das der übrigen Verstorbenen, entgegnete Innocenz III.: „O nequissimi, malo vestro tanti viri, qui erat plenissimus spiritu sancto, quod ejus festivitatem non celebratis, infelices eritis." (Ekkeh. V. in vita b. Notkeri.) Derselbe Ekkehard V. bemerkt anderswo: „Venerandus apostolicae sedis Pontifex (Nicolaus) ea quae vir sanctus, Spiritu sancto annuente, dictaverat, sanciit atque s. ecclesiae Christi per mundi clymata in laudem dei colenda instituit." Notker's berühmtestes Lied nächst dem „Media in vita" ist eben

8   NOTKERVS.

Leben wohlgestimmte Sängerharfe des heiligen Geistes, deren Me=
lodieen ganze Jahrhunderte nachgesungen haben; das verkörperte
Ideal einer durch den Glanz ungetrübten Tugendlebens wie den
Ruf hoher Wissenschaft ausgezeichneten Mönchserscheinung; im
Aufdämmern der Ruhmeszeit St. Gallens daselbst leuchtend und
Licht verbreitend; im St. Gallischen Tempel als der eigentliche
Nationalheilige des Stiftes den Schlaf des Gerechten schlum=
mernd; hierselbst in Liedern und Gesängen verehrt, wie er einst
selbst in seinen Hymnen das Lob der heiligen Gallus und Othmar
gesungen — ist Notker so recht eigentlich die lichteste, glänzendste,
den Tempel des heiligen Gallus mit dem eigenen Lichte verklä=
rende Gestalt aus den „Tagen der Herrlichkeit".[1]) Ganze
Tage soll Notker in der Münsterkirche zugebracht haben. Hier
war es, wo er in Gebet und Betrachtung vertieft, gleichsam den
überirdischen Melodieen lauschte, um sie hernach, soweit es mensch=
licher Stimme möglich ist, in seinen Gesangweisen wiederzugeben.
Hier ward der heilige Sänger, nachdem er am 8. April 912
sanft entschlafen war, beigesetzt. Hier verkündete seine schöne
Grabschrift jedem Besucher seinen Ruhm mit den Worten:

„Siehe Notker ruht hier,
Die Zierde des Landes, der Ruhm der deutschen Gelehrten,
Wie jeden Sterblichen sonst, deckt ihn dies düstere Grab.
Am 8. April,
Als Kaiser Konrad regiert, ward er von der Erde genommen
Und fuhr zum Himmel hinan, unter dem Engelgesang."

diese Pfingstsequenz „Spiritus s. adsit nobis gratia", deren Anfangsworte in
Goldschrift noch heute vom St. Notkersaltare herunterstrahlen.

[1]) Das hier gebotene Bild St. Notker's ist eine lithographische Ab=
nahme eines Originalbildes, wie es wohl von einem St. Galler Mönche vielleicht
noch im 10. Jahrhundert entworfen wurde. Der heilige Sänger St. Gallens
sitzt in tief nachdenkender Stellung da, das sinnend ernste Haupt auf die linke
Hand gestützt, die Rechte auf einem in den Schooß gestellten Buche, in der
klösterlichen Schreibstube. Ohne jegliches Verhältniß zu dieser Figur ist aber
die als Einrahmung dienende willkürliche Architektur von phantastischen Thürmen,
Terrassen 2c. Notker trägt das Benedictinergewand und das Haupt mit der

Hier ward später, nachdem schon Papst Innocenz III. die Kanonisation Notker's sehnlichst verlangte,¹) nach seiner Heiligsprechung seine Leiche dem Grabe enthoben und zu wiederholten Malen feierlich übertragen. Hier ruht St. Notker noch zur Stunde in seinen heiligen Ueberresten, und sieht man noch jährlich am 8. April das ehrwürdige Haupt dieses wahren „Gottesmannes" auf seinem Altare den Gläubigen zur Verehrung ausgesetzt. ²) Hier im Tempel des heiligen Gallus leuchteten noch so viele andere Gestalten, aus deren Lichtfülle sich St. Gallens Ruhmesglanz gebildet. Nat=

übergezogenen Kapuze (cucullus) bedeckt. Allem Anscheine nach ist das Bild von einem Mönche, der St. Notker noch gekannt hat und von ihm ein eigentliches Porträt geben wollte. Das Original in Farben ist jetzt im Besitz der antiquarischen Gesellschaft in Zürich. Eine farbige Copie davon sah ich in Oxford bei Professor Westwood. Dieses Facsimile entwarf die lithographische Anstalt Tribelhorn in St. Gallen.

¹) Von Julius II. ward dann Bischof Hugo von Konstanz mit der genauen Untersuchung der Acten zur Lebensgeschichte des Notker Balbulus beauftragt. Nach allseitiger Prüfung nahm dann auch derselbe Bischof in apostolischem Auftrage die Heiligsprechung durch öffentliches Decret vom 4. October 1513 vor. Das den Konstanzer Bischof hiezu bevollmächtigende päpstliche Schreiben ist datirt vom 20. December 1512. Dieses, die Processacten, das Decret der Kanonisation, sowie ein späterer Erlaß der S. Congregatio Rituum, durch welchen Näheres über den Cultus und das Officium S. Notkeri bestimmt wird (vom 16. März 1624), finden sich sämmtlich in schöner Copie in cod. manser. 1719, Sacrar. S. Galli tom. II. *«Translationes antiquiores»* S. 106—149. Aus dem letztgenannten Decrete geht zugleich hervor, daß es namentlich der berühmte Cardinal Robert Bellarmin war, der sich um diese Förderung der Ehre St. Notker's verdient gemacht hat.

²) Unter den vier Hauptpatronen der Galluskirche, nämlich: St. Gallus, Othmar, Notker und Eusebius, ist es nur St. Notker, dessen Haupt und heiligen Leib die Kathedrale noch vollständig besitzt. Eine andere interessante Erinnerung an diese „Zierde des Landes" ist in cod. manuscr. n. 14. der Stiftsbibliothek vorhanden. Auf S. 331 daselbst folgen nämlich 11 Zeilen, welche mit „*Ego Notkerus indignus*" anfangen und mit großer Wahrscheinlichkeit für die eigenhändigen Schriftzüge St. Notker's gehalten werden. Siehe Catalog d. Handschr. S. 5. Dieselben Zeilen siehe abgedruckt in „Zürich. Antiqu. Mittheil." XII. n. 225.

vert, dem auf dem Sterbebette noch vierzig Geistliche, die einst seine Schüler waren, die Hand küßten, hatte mit St. Notker, dem er innig befreundet gewesen, den heiligen Gallus und seinen Tempel durch Gesangweisen verherrlicht.

„Jetzt will ich beginnen — ein Lied in frohem Jubelschall,
„Frömmer lebte keiner — als einst der heilige Gall.[1])
„Irland hat den Sohn gesandt, — Schwaben Vater ihn genannt."

So sang Ratpert, aber die dem heiligen Gallus geweihte Melodie spricht als reines Echo für die Harmonieen seiner eigenen schönen Seele. Hier sang und meißelte, ein gleicher Meister in beiden Künsten, der dritte in diesem merkwürdigen Bruderbunde,[2]) Tutilo, von dem manche glaubten, Maria selbst habe ihm bei seiner Arbeit den Meißel geführt. Er wird in Urkunden des 11. und 12. Jahrhunderts ebenfalls als ein „Heiliger" gefeiert und ward auch in der Katharinakapelle, nach ihm dann „St. Tutilokapelle", beigesetzt.[3]) Hier verewigte sich St. Gallens unsterblicher Gelehrte Ekkehard I., als er von Papst Johann XII. mit Reliquien des heiligen Johannes Baptista beschenkt, diesen zu Ehren auf dem Klosterkirchhof eine eigene Kapelle bauen ließ. Hier zeigte sich am Altare im priesterlichen Ornate die ganze schöne Gestalt Ekkehard's II., von dem Kaiser Otto bekannte „keinem hätte das Kleid des heiligen Benedict besser gestanden", denn er war ein schöner, stattlicher Mönch; von seinem Antlitz leuchtete

---

[1]) „Sanctiorem nullum, quam sanctum unquam Gallum." Diese Worte bilden eine Inschrift in der Ornamentation der jetzigen bischöflichen Hauskapelle.

[2]) Von dieser innigen Freundschaft zwischen Notker, Ratpert und Tutilo sagt Ekkehard in seinen „Casus": „Cor et anima una erant, mixtum qualia tres unus fecerint." (Apud Pertz. Mon. II. p. 94.)

[3]) Das St. Gallische Todtenbuch gibt seinen Todestag mit folgenden Worten an: „5. Kal. Maji obitus Tutilonis mon. atque presbyteri; doctor iste insignis coelatorque fuit." Rahn nennt Tutilo in seinem trefflichen Werke „Geschichte der bildenden Künste in der Schweiz" S. 111: „Das Ideal eines Künstlermönches".

eine Anmuth, die aller Augen fesselte;¹) seiner Seele Schönheit aber verdunkelte auch diesen körperlichen Ausdruck derselben. Hier betete und sang jener andere große Notker, den das Nekrologium St. Gallens als den „gelehrtesten und liebevollsten Menschen"²) rühmt. Hier, im Tempel Gottes, schöpften noch ein Notker der Arzt, ein Burkard III., ein Ekkehard IV., von denen jeder, wie Ekkehard V. sagt, ein „Spiegel der Kirche" genannt werden darf, das Oel zur Nahrung jener heiligen Flamme ihres gottgeweihten und ruhmerfüllten Lebens.

Wer aber kennt und zählt die Hunderte von frommen Mönchen, welche hier gleichsam als ein unsterbliches Geschlecht das Lob ihres Patriarchen sangen! Wie gerne möchten wir noch einmal jenen vollen Tönen lauschen, die am St. Gallustag in diesen ehrwürdigen Mauern wiederhallten! Jetzt, da die „Mönche von St. Gallen" gewesen, durchzieht etwas wie von Wehmuth den sonst so herrlichen Jubelhymnus auf den heiligen Gallus, erinnert ja gleich sein erster Vers an die „treue Schaar der Brüder",³) welche einst die Chorstühle des St. Gallus=Tempels füllte. Wir fügen hier dem Bilde aus den „Tagen der Herrlichkeit" den so viel gesungenen Hymnus bei. Man hört in seinen Melodieen wie von ferne die Nachklänge großer Zeiten. Heute noch singt ihn der Klerus am St. Gallustage, wie folgt:

>„Sieh', die treue Schaar der Brüder
>Einet sich in frohen Chor,
>Läßt erklingen Lobeslieder
>Aus der freud'gen Brust empor;
>Ihm, dem hl. Vater Gall,
>Tönt des Festes Jubelschall.

¹) „Erat hic facie adeo decorus, ut inspicientes, sicut Josephus de Moyse scribit, gratia sui detineret. Sapientia et eloquentia, maxime autem consiliis nemini id temporis postponendus." Ekkeh. c. 122.

²) „Notker (Labeo) nostrae memoriae hominum doctissimus et benignissimus obiit a. 1022."

³) Gleich die Anfangsworte rufen die Erinnerung an das Kloster St. Gallen wach, wenn sie lauten: „Jam fidelis turba fratrum."

Himmel ja und Erd' und Meere
Stimmen in das Loblied ein,
Das der gläub'gen Völker Heere
Unserm Vater Gallus weih'n,
Ihm, der Christi Licht gebracht
In des Heidenthumes Nacht.

Und des Firmamentes Sterne
Feiern in erhab'ner Weis',
Und der Himmelsstraße Ferne
Und des Zwölfgestirnes Kreis,
Ja! der ganzen Schöpfung All
Preiset unsern Vater Gall.

Und er ging in hohen Werken
Hehrer Tugend stets voran;
D'rum in Tugend uns zu stärken,
Singen wir dem Gottesmann:
Ehre, Lob und Dankbarkeit
Bleibe ihm in Ewigkeit!

Nun wir steh'n bei Gottes Sohne,
Der nur wahre Freuden gibt,
Bei Ihm, der auf Gottes Throne
Seine Menschheit ewig liebt:
O, gib einst des Lebens Lohn
Uns durch Gall vor deinem Thron." [1]

Wie gesagt, die „fidelis turba fratrum" hat ausgesungen. „Das goldene Zeitalter" St. Gallens ist ebenfalls vorüber. Die „goldene Zeit" hat sich aber gewissermaßen in goldenen Reliquien verewigt, und es ist, als ob in den noch so lebendig gebliebenen Farben und Goldschriften der St. Gallischen Manuscripte und Kirchenbücher sich etwas von dem Glanze jener „Tage der Herrlichkeit" habe fixiren wollen. Bekanntlich zeichnete sich das Stift St. Gallen durch seine Meister in der Schreibekunst und Malerei aus.[2] Die Musterleistungen und herrlichsten Schöpfungen dieser Kunst galten aber stets dem Gottesdienste und der Kirche.

---

[1] Siehe „Centurium S. Galli" mit seinen meisterhaften deutschen Uebersetzungen der Psalmen und Hymnen.

[2] Siehe „Geschichten des Ct. St. Gallen" von Ild. v. Arx. I. S. 187.

In Anfertigung solcher Bücher, welche zum festlichen Gebrauch beim Gottesdienste bestimmt waren, übertrafen sich nicht selten die Künstler selbst, verschwendeten sie Gold und Farben in reichster Fülle, wendeten sie alles an, um auch in dieser Kunst jenem Grundsatze des heiligen Thomas von Aquin zu huldigen, dem er in seinem eucharistischen Hymnus: „Lauda, Sion, Salvatorem"[1] mit den Worten Ausdruck gibt: „Quantum potes, tantum aude, quia major omni laude, nec laudare sufficit." In solchen Fällen bedienten sich die Schreiber einer silbernen und goldenen Tinte, färbten das Pergament mit Purpurfarbe und zierten die Anfangsbuchstaben reich mit Gold und verschiedenen in prächtigen Farben gemalten Zeichnungen aus. Dies geschah mit so viel Kunst, daß sich der Glanz des Goldes, Silbers, der Tinte und der Farben bis jetzt so schön und lebendig erhalten hat, daß man glauben sollte, die Bücher wären erst vor einigen Tagen geschrieben worden, und die größten Kenner des Alterthums, wie Mabillon, Baluze, Calmet und Gerbert u. s. w. betheuerten, anderswo selten so schöne Erzeugnisse dieser Miniaturmalerei angetroffen zu haben. „Die ganze Welt diesseits der Alpen," sagt Ekkehard, „bewundert die Hand unseres Sintram, der das Evangelium schrieb, das wir besitzen."[2] Wohlan, so dürfen wir deshalb auf die Geschichte unseres Tempels reflectirend, sagen: Dann besitzt eben dieser Tempel aus den „Tagen der Herrlichkeit" noch so manche kostbare Reliquie, werth der Bewunderung der ganzen Welt.

Die Perlen und Hauptkleinodien unserer Stiftsbibliothek sind noch heute nichts anderes als Reliquien, welche eigentlich dem

---

[1] „Deinem Heiland, deinem Lehrer....
  Preis' nach Kräften seine Würde,
  Da kein Lobspruch, keine Zierde
  Seiner Größe gleichen kann."
Diesem, einem lebendigen Glauben entnommenen Grundsatze folgend, haben alle die großen Künstler in der Architektur, Malerei, Tonkunst ꝛc. in ihren Prachtwerken zur Ehre Gottes sich selbst übertroffen.

[2] „Totus orbis cisalpinus Sintrami digitos miratur." Ekkeh. Cas. apud Goldast Rer. Alem. I.

Tempel des heiligen Gallus gehören und an die „Tage seiner Herrlichkeit" erinnern. Zu diesem Tempel ward jenes herrliche große Psalterium, genannt „Folkart's goldenes Psalmenbuch", verwendet. Noch heute entzücken seine goldenen Initialen auf dunkelm Purpurgrund jedes Kenners Auge.¹) Zu diesem Tempel lag das noch viel kostbarere „Psalterium aureum",²) ganz und gar mit Goldtinte geschrieben und mit den sinnreichsten Malereien verziert. Dieses Tempels Kleinod war endlich ein Kunstwerk, das in den verschiedensten Beziehungen als die bedeutungsvollste Reliquie aus den Zeiten der Glorie dieses Tempels betrachtet werden muß. Wir meinen das schon genannte, hochberühmte, noch vollständig erhaltene „Evangelium longum".

Alles daran — Schreiber, Zeichner, Verfertiger der elfenbeinernen Einbanddecken, Stoff derselben, Gegenstand ihrer Sculpturen — kurz, alles ist von Bedeutung und ruft uns die Ruhmeszeiten St. Gallens und insbesondere seines Tempels in Erinnerung. Diese im ältesten Stiftskatalog nicht erwähnte Prachthandschrift des sog. „Evangelium longum" ist nach Ekkehard (cod. 615 p. 88) von dem ersten aller St. Gallischen Schönschreiber und Schriftkünstler Sintram geschrieben, „dessen Schrift, wie ich glaube, keine andere gleichkommt" (Scriptura, cui nulla, ut opinamur, par

---

¹) Siehe n. 23 Katalog d. Handschr. von St. Gallen. Dasselbe Prachtwerk bespricht Prof. Rahn in seinem genannten Werke S. 132—133 und gibt darin mehrere Facsimiles von seinen Federzeichnungen und Malereien.

²) „Das goldene Psalterium" ist ganz mit Goldtinte geschrieben. Siehe n. 22. Katalog der Stiftsbibliothek. Es enthält dieses Psalterium zudem 17 Gemälde in halber und ganzer Blattgröße zur Geschichte David's. Jeder Psalmenvers beginnt mit einem Anfangsbuchstaben in Gold auf grünem oder Purpurgrund. Die Handschrift gehört in die Zeit der Aebte Grimoald und Hartmut, von dem es heißt: „Er ließ Bücher mit Gold, Silber und Edelsteinen geschmückt, schreiben." Ueber den Kunstwerth siehe das genannte Werk von Rahn, S. 133—138. Eine Nachbildung sämmtlicher Gemälde der Handschrift in Farbendruck hat auf Veranstaltung des histor. Vereins von St. Gallen die rühmlichst bekannte lithogr. Anstalt Tribelhorn in St. Gallen (Hr. Ch. Bischof) ungefähr vor Jahresfrist geliefert, und Prof. Rahn hat den Text dazu verfaßt.

erst ultra). Die zwei herrlichen auf weißes Pergament aufgetragenen Initialen L und C jedoch rühren der Sage nach, wie Ekkehard meldet, von Bischof Salomo († 920) her, welcher im hohen Greisenalter noch seine frühere Schreibkunst hier versuchen wollte. Es hätte sich somit gerade in diesem Prachtstück¹) des ehemaligen Kirchenschatzes von St. Gallen jener Abt-Bischof Salomo III. noch verewigt, der im Verlaufe der Ruhmesperiode St. Gallens eine hervorragende Stelle einnimmt. Die Handschrift oder das Buch ist übrigens für den Einband,²) statt umgekehrt,

¹) Siehe Katalog d. Handschr. n. 53.
²) Dieser Prachtband ist auch unter dem Namen „Diptychon des Tutilo" bekannt. „Die vordere Tafel enthält zwischen prächtigen Ornamentstreifen eine figurenreiche Glorie des Heilandes. Christus ist nach altchristlicher Auffassung als ein bartloser Jüngling, thronend, die Rechte zum Segen erhoben, in einer ovalen Glorie, einer sog. Mandorla dargestellt. Um ihn herum in den Ecken sitzen, von ihren Emblemen begleitet, die vier Evangelisten. Dazwischen zur Seite stehen anbetend zwei Cherubim, sowie die Personificationen von Sonne und Mond, Meer und Erde, die in antiker Weise als menschliche Gestalten dargestellt sind: Sonne und Mond als Mann und Frau mit Fackeln in den Händen und die Zeichen ihrer Gestirne über dem Haupte; Oceanus als ein Greis mit der Wasserurne, die Linke auf den Kopf eines Meerungeheuers haltend; die Erde (Tellus) ein Weib, gleichfalls ruhend, mit einem Kinde an der Brust. Die zweite Tafel enthält außer einem prächtigen Thierkampfe, von schwungvollem Blattwerke umgeben, zwei Darstellungen, oben die Himmelfahrt Mariä zwischen anmuthigen, dienenden Engeln, und darunter zwei Scenen aus dem Leben des hl. Gallus. Die erstere Darstellung ist unstreitig die beste. (Ascensio s. Mariæ.) Die schüchterne Demuth, mit der die Engel der Gottesmutter nahen, ist in Haltung und Geberde prächtig ausgedrückt. Die Madonna dagegen zeigt die ganze Befangenheit des damaligen Styles. Sie ist in strenger Vorderansicht dargestellt. Ein steifer Mantel hängt knapp vom Halse herunter, er ist in unzählige Fältchen aufgelöst, die sich concentrisch um den Rumpf und die Gliedmaßen modelliren." Siehe Rahn, Gesch. S. 113—115. Die Darstellung aus dem Leben hl. Gallus ist überschrieben: „S. Gallus panem porrigit urso". „St. Gallus reicht dem Bären das Brod", und zeigt folgende Begebenheiten: Als Gallus und Hiltibod sich zur Ruhe begeben hatten und der Mann Gottes sich vor dem errichteten Kreuze wieder zum Gebete erhoben, bemerkte sein Begleiter, daß Gallus einem heraufkommenden Bären

Facsimile der elfenbeinernen Einbanddecke des sog.
„Evangelium longum" in St. Gallen.

hergestellt worden und war nur bestimmt, Erzbischof Hatto's von
Mainz Elfenbeintafeln, Juwelen und Gold zu verwenden. Diese
zwei Elfenbeintafeln des Deckels von 32 Centm. Höhe und 15 Centm.
Breite mit zierlichen Akanthus= und andern Ornamenten und leben=
digen, ausdrucksvollen Figuren, die nur in der Gewandung und
anderm Nebenwerk noch etwas unfrei modellirt sind, liegen in
4 Centm. breiten Rahmen von vergoldetem Silberblech, mit ge=
triebenem Blattwerk und Juwelenschmuck. Sie sollen nach Ekkehard
(Cod. 615 p. 75—86) die nämlichen Tafeln sein, deren sich laut
Einhart's Zeugniß Karl der Große als Schreibtafeln bediente, und
die aus dem Schatze von Erzbischof Hatto von Mainz († 913) an
Abt Salomo III. gelangt wären. Die hintere der beiden Tafeln,
deren Facsimile unsere Illustration darbietet, hat für uns insofern
noch höheres Interesse als die vordere, weil sie einmal des specifisch
St. Gallischen Gedankens wegen, der in der Elfenbeinschnitzerei
durchgeführt ist, ganz bestimmt ein Werk des unvergleichlichen
Künstlers Tutilo von St. Gallen ist, und dann auch, weil schon
die zwei Sculpturen, **Mariä Himmelfahrt und der heilige
Gallus mit dem Bären**[1]) hier für uns besonders bemerkens=
werth erscheinen. Möglich übrigens, daß auch die vordere herrliche
Sculptur, die in Rahn's Kunstgeschichte ebenfalls im Facsimile
wiedergegeben ist und die „Glorie Christi" vorstellt, von Tutilo,
dem Urheber der erstern, herrührt, obschon sie nach Ekkehard als

im Namen Jesu Christi befahl, Holz herbeizutragen. Der Bär brachte dann
einen gewaltigen Holzblock und legte ihn in das Feuer. Der Mann Gottes
gab ihm zum Lohne dafür Brod. Sehr passend ist das Kreuz, an welches Gallus
seine Reliquientasche hing, benutzt worden, um den ganzen Raum für die zwei
Momente der Handlung in zwei gleiche Theile zu schneiden. **Diese Tafel
mit dem sie umfassenden, getriebenen, silbernen und vergoldeten Blattwerk
zeigt unsere Illustration.**
 1) Ueber die Geschichte **St. Gallus'** mit dem Bären siehe „Vita
S. Galli von Walafr. Strabo" c. 13, sowie die herrliche Apologie dieser Legende
in den zwei Schriften unseres Hochw. Jubilars: „**Geschichte der altir.
Kirche**", S. 350 und „**Der heilige Gallus der Apostel Aleman=
niens**", S. 17—20.

byzantinische oder frühitalienische Arbeit schon fertig gestellt im Besitze Hatto's gewesen wäre und nachher Tutilo als Münster gedient hätte.¹) So ruft uns dieses eine Prachtwerk zugleich die Ruhmeszeit St. Gallens, in der es erstellt worden, die großen Zierden der Gallusstiftung, den Abtbischof Salomo III., das Ideal eines Künstlermönches Tutilo, und Sintram, den Meister in der Schreibekunst in's Gedächtniß zurück.

Doch wir dürfen uns von diesen kostbaren Reliquien aus „den Tagen der Herrlichkeit" des St. Gallus-Tempels nicht zu lange fesseln lassen. Aus diesen und noch mehreren ähnlichen Ueberresten des Kirchenreichthums dieses Tempels können wir auf die Pracht seiner Ausstattung in jenen glorreichen Zeiten schließen. Aber während wir so im Geiste, von einem Benedictinerbruder geleitet, die Sakristei der alten Münsterkirche durchwandern und die Kleinodien derselben betrachten, haben sich draußen im Chore die ehrwürdigen Mönche St. Gallens schon versammelt, und eben ertönt mit bezaubernder Gewalt der weltberühmte Choralgesang des Stiftes. Die Psalmen, die wir soeben in Gold und Silber geschrieben bewundert haben, sind auf einmal Ton und Leben geworden. Die unwiderstehliche Gewalt, mit welcher jetzt St. Gallens Meisterschaft im Choralgesange das Ohr bezaubert, nimmt selbst der Goldschrift des „Psalterium aureum" ihr Interesse, und wir eilen, jenen Melodieen zu lauschen, in welchen St. Gallen von keinem Stifte übertroffen worden ist.

---

¹) Von diesem „Diptychon Tutilo's" wurden schon die verschiedensten Abbildungen erstellt. So enthält das Neujahrsblatt vom Jahre 1863 „das Kloster St. Gallen" beide Tafeln lithographirt in Originalgröße. Rahn gibt l. c. eine Abbildung der „Glorie Christi". Ein Gypsabdruck davon befindet sich ebenfalls im South-Kensington Museum zu London, wie die neueste Ausgabe „A descriptive catalogue of the Fictile Ivories in the South Kensington Museum by J. O. Westwood, London 1876" beweist. Zu diesem mit den gelungensten Photographieen geschmückten Werke, welches der Verfasser desselben auch der Stiftsbibliothek geschenkt, findet sich die zweite Tafel ebenfalls photographirt und beschrieben S. 120.

Wenn das Kloster St. Gallen den Ruhm in der Schreibekunst und Wissenschaft mit andern berühmten Stiften theilt, so steht es, was seine Leistungen im Kirchen- und Choralgesang betrifft, unerreicht, einzig, tonangebend für ganz Deutschland da. Dürften wir, vom „Tempel des heiligen Gallus in den Tagen seiner Herrlichkeit" redend, jenes größten Ruhmes der „St. Galler Sängerschule"[1] vergessen, zumal ja auch diese Kunstleistungen in erster Linie, ja beinahe ausschließlich die Bestimmung hatten, den Gottesdienst zu heben und die Glorie des Hauses Gottes zu mehren? War immerhin schon früher im Kloster St. Gallen der heilige Gesang als Hauptbestandtheil des Gottesdienstes gepflegt worden,[2] so begann doch der europäische Ruf der St. Galler Sängerschule erst mit der Ankunft jenes römischen Sängers Romanus, welcher sammt seinem Genossen Petrus von Papst Hadrian I. an Kaiser Karl den Großen zur Verbesserung des Kirchengesanges in Deutschland entsendet worden, aber auf dem Wege durch ein heftiges Fieber in St. Gallen aufgehalten wurde und nachher auf ausdrücklichen Befehl des Kaisers im Kloster blieb und die Mönche in den Tonweisen dieses römischen Chorales unterrichtete.[3] Roman's eigener Unterricht, der bleibende Besitz des authentischen Antiphonars, einer Copie des Antiphonars des

---

[1] Siehe hierüber das schöne Werk: „Die Sängerschule St. Gallens vom 8. bis 12. Jahrhundert. Ein Beitrag zur Gesanggeschichte des Mittelalters von P. Anselm Schubiger." Einsiedeln. Benziger 1858.

[2] Ueber die Pflege des Gesanges im Kloster St. Gallen von dessen Uranfängen bis auf unsere Zeit siehe die herrliche Vorrede und Einleitung unseres Hochwst. Jubilars Dr. Karl Johann Greith zum "Cantarium S. Galli. Römischer Choralgesang der St. Gallischen Stiftskirche. Aus ältern handschriftlichen und gedruckten Werken... geordnet von einem Geistlichen der Diöcese St. Gallen. Mit einer geschichtlichen Einleitung über den Choralgesang in St. Gallen von K. Greith, Dekan und Pfarr-Rector der Stiftskirche." St. Gallen 1845. Verlag von Scheitlin und Zollikofer. S. I.—XII.

[3] „Romanus febre correptus vix ad nos usque venire potuit; antiphonarium vero suum, Petro renitente vellet nollet, cum duos haberet, unum S. Gallo attulit." (*Ekkehardus* Cas. S. Galli.)

heiligen Gregor zu Rom, der nun anhebende Wettstreit der zwei Stifte St. Gallen und Metz in der heiligen Kunst des Gesanges, — alles das bewirkte, daß, um mit Ekkehard IV. zu reden,[1] „beinahe ganz Europa, insbesondere aber Germanien oder Deutschland von nun an den Kirchengesang in der Weise einzurichten begann, wie ihn im Kloster St. Gallen nach dem authentischen Antiphonar Gregor's Roman und später der heilige Notker und andere Mönche lehrten." Die von Roman so gegründete Anstalt brachte in kurzer Zeit Männer hervor, deren Ruhm in der Kunst der Töne weithin leuchtete und welche, wie Ekkehard V. in seiner Präfation zum Leben des heiligen Notker schreibt,[2] „durch Hymnen und Sequenzen, Tropen und Litaneien, durch ihre Gesänge und Melodieen, wie auch durch ihre kirchlichen Doctrinen die Kirche Gottes nicht blos in Alemannien, sondern in allen Gegenden von einem Meere zum andern mit Glanz und Freude erfüllten." Roman starb in St. Gallen und ward daselbst bestattet, aber nach Jahrhunderten noch priesen ihn die Nachfolger seiner Schüler als das Werkzeug, durch welches der Glanz und Ruhm des römischen Stuhles in der Tonkunst nach dem Kloster St. Gallen verpflanzt wurde.[3] Während sein Leib längst im Grabe ruhte, ward seine authentische Abschrift des römischen Antiphonars noch lange und zwar mindestens bis in's 11. Jahrhundert hinein als kostbares Kleinod neben dem Altare der heiligen Apostel[4] aufbewahrt, wo es nicht blos für das Kloster

---

[1] „Abinde sumpsit exordium tota fere Europa et maxime Germania seu Teutonia etc." (*Ratpert.* in cas. mon. S. G. *Ekkeh.* V. in vita b. Notk.)

[2] „Quorum doctrina fulget et laetatur ecclesia Dei non solum per Alemanniam, verum etiam a mari usque ad mare et universo mundo usque ad terminos orbis." (*Ekkehardus V.* in vita b. Notkeri.)

[3] „Romanus romanae sedis honorem S. Galli coenobio inferre curavit." (*Ekkehardus* in cas. S. Galli.)

[4] „Romanum nos Sanctigallenses retinuimus . . . . et Antiphonario

St. Gallen, sondern auch für die weiteste Umgebung als Norm und Richtschnur im Kirchengesange diente. Dieses Antiphonar[1]) ist in der Stiftsbibliothek gleichsam wiederum als kostbare Reliquie aus diesen „Zeiten der Herrlichkeit" noch vorhanden und ward von den größten Kennern der ältern Kirchenmusik bis auf unsere Tage schon gar oft in genaue Berathung genommen.

Beinahe alle großen Mönche dieser Ruhmesperiode St. Gallens waren auch große Meister im Gesange, wie **Notker der Heilige, Ratpert, Tutilo, Hartman, Waltramm und Salomo**, und es ergreift uns bei dieser Rückerinnerung nur das eine mächtige Sehnen, nämlich mit eigenen Ohren gehört zu haben, was von den zaubervollen Wirkungen des Chorals Ekkehard V.[2]) schreibt: „Gott verlieh dem heiligen Notker die Gabe der göttlichen Lobgesänge zur Erbauung der Gläubigen. Und fürwahr, beim Anhören dieser himmlischen Kunst wird das Gemüth der Menschen zur Andacht geweckt, ihr Herz erweitert, die Seele über sich selbst erhoben und geistig verklärt. Als Elisäus fühlte, daß ihm der Geist der Weissagung noch mangle, ließ er einen Sänger rufen, und unter dem Gesange empfing er den Sehergeist. Die

---

suo, exemplatum, in cantario, sicut *Romae* est, *juxta apostolorum aram locavit.* (Anonym. sæc. IX. Nota in marg. J. P. Joann. Diac. Cod. S. G. n. 578).

[1]) Wenigstens dem allgemeinen Rufe nach, obwohl die Authenticität der unter n. 359 der St. Gallischen Stiftsbibliothek vorhandenen Handschrift als die des wirklichen Antiphonars des Sängers Romanus bereits von der Kritik verworfen wird. Siehe Katalog der Handschr. n. 359 S. 124. — Schubiger l. c. S. 78. not. 6. Das noch vorhandene sog. Antiphonar ist ein Pergamentband in schmal Folio in einem Holzkästchen mit geschnitzter Platte von Elfenbein eingekleidet. Facsimile davon gibt P. *Lambillotte*, S. J. in seinem „Antiphonaire de S. Grégoire" und Schubiger l. c. Noch in jüngster Zeit hat der in England hochangesehene Musiker Rev. *Thomas Helmore* M. A. von der königlichen Jameskapelle in London diese Handschrift zum Gegenstande seiner Studien gemacht. Ueber die Elfenbeinarbeit der Platte, die in klassischer Formvollendung ausgeführt ist, siehe Rahn, Gesch. 110–111.

[2]) *Ekkehardus V.* in vita b. Notkeri. c. XVII.

süße Harmonie pflegt das Herz zu erheitern und bringt die verborgenen Freuden des Gemüthes zur Erinnerung. Je inniger nämlich die Liebe eine Seele ergreift, um so tiefer berührt die vernommene Harmonie durch den äußern Sinn das Gemüth und ruft die innere geistige Harmonie hervor, welche die Seele des Zuhörers zur reinsten Freude umstimmt und hebt. Im Psalmengesange und in den Lobliedern bereiten wir gewissermaßen dem Herrn den Weg, auf dem er in wunderbarer Offenbarung seiner Geheimnisse zu uns herniedersteigt, wenn wir aus tiefem Herzensgrunde uns in das Lob Gottes ergießen und unsere vollen Stimmen in seinen Lobgesängen wiederhallen. Durch den Psalmengesang und die geistige Harmonie wird die betrachtende Seele in den höhern Kunstgesetzen geübt und in völliger Entäußerung ihrer selbst von der Erde hinweg zu Beschauung göttlicher Dinge emporgehoben. Der Psalmengesang tröstet trauernde Gemüther, gewährt Freude und Erhebung den Herzen, führt die Sünder zur Reue, reiniget die Seele und macht sie zu Werken der Gottseligkeit bereit. Von der Süßigkeit des Gesanges ergriffen, beweinen viele ihre Sünden, ihre Thränen fließen, und sie werden vom Geiste der Buße erfüllt. Das alles bewirkt nicht die Macht der Worte, sondern die heilige Macht des Gesanges." Hier im Tempel zu St. Gallen ertönten somit diese heiligen und „gewaltigen" Melodieen, standen doch im Chore dreizehn Singpulte, auf denen ebenso viele kostbar verzierte und mit Goldlettern beschriebene Psalterien aufgeschlagen lagen. Da wiederhallten in den Räumen des Tempels an Sonn- und Festtagen als Schluß des nächtlichen Gottesdienstes die erhebenden Klänge des ambrosianischen Lobgesanges; da begannen mit der aufsteigenden Morgenröthe die Gesänge des Morgenlobes, aus Psalmen und Antiphonen, Hymnen und Gebeten bestehend; da ward das Volk täglich durch den Introitusgesang zur Theilnahme an den heiligen Mysterien eingeladen; da hörte es in lautloser Stille die um Erbarmung rufenden Töne des Kyrie, erfreute sich an Festtagen an jenem Gesange, der einst von den Engeln angestimmt worden; da vernahm es beim Graduale die Melodieen der Sequenzen, die in jubelnden Wechselchören die Festtage verherrlichten und darauf die einfacheren mehr recitativen Klänge des Symbolums; da fühlte es sich beim „Sanctus" hingerissen, in das Lob des Dreimalheiligen einzustimmen und die Erbarmung jenes göttlichen Lammes anzuflehen, das die Sünden der Welt hinwegnimmt. Es waren in der That „Tage der Herrlichkeit" des Tempels von St. Gallen, als diese Tonkünstler im Mönchsgewande noch seine Chorstühle füllten, und die geschilderten, hochfeierlichen und erhabenen Melodieen des Erzvaters Gallus Grab umtönten, wie Ratpert singt:

„Hier, wo die Geister der Nacht zum Schrecken der Menschen einst hausten,
Schallt nun der Brüder Gesang, dankend in fröhlichem Chor.
Wo das wilde Gethier im Dickicht des Waldes einst hauste,
Wohnen die Gläubigen nun, fröhlich besingend dein Lob.
Vater, Du kamest hieher und brachtest die Schätze des Friedens,
Was uns einst Schaden gethan, alles das hast Du verscheucht."

Darf es uns deshalb wundern, wenn vom Rufe der Heiligkeit dieser Mönche, der Pracht ihrer Kirche und ihres Gottesdienstes und der bezaubernden Gewalt und Anziehungskraft ihrer Gesänge gelockt, gar oft die Großen und Fürsten dieser Erde nach St. Gallen kamen, um hier in klösterlicher Stille geistige Erquickung und Hebung des Gemüthes zu suchen![1] Abt Gotzbert hatte gleichsam in prophetischem Blicke die große Zukunft St. Gallens geschaut, als er, wie seine Grabschrift andeutet „ein königliches Haus erstellen wollte, weil Könige seine Besucher sein würden."[2]

---

[1] Siehe hierüber das sehr interessante Werk: Studien über die Klöster des Mittelalters (Bruchstücke der Mores catholici or Ages of faith by Henry Digby). Aus dem Englischen von A. Kobler, S. 318. Cap. 12 „Die Besuche in den Abteien. — Welch' großartige Scenen die Klöster schauten. — Verschiedene Klassen von Besuchern."

[2] Grabschrift des Abtes Gotzbert:
„Nam fore visendam praescivi regibus aedem,
Regia debuerat regibus esse domus."

„Tage der Herrlichkeit dieses Tempels" waren es vor allem, wenn die in den Annalen des Stiftes so oft erwähnten Besuche heiliger Bischöfe, erlauchter Fürsten, ja selbst königlicher und kaiserlicher Majestäten allen Glanz des irdischen Prunkes und höfischen Pompes in die Basilika des heiligen Gallus einziehen ließen. Die schon genannten und oft wiederholten Besuche fürstlicher Persönlichkeiten, welche im Laufe der Zeit dem Stifte St. Gallen geworden, galten immer in erster Linie dem Tempel des heiligen Gallus, woselbst auch die kaiserliche Majestät vor den Gebeinen des irischen Glaubensboten sich verneigte und dem „Apostel Alemanniens" huldigte. Die Traumgebilde vergangener Herrlichkeit werden am lebendigsten und ihre Farben am glühendsten, wenn die Phantasie noch ausmalt, was etwa der Chronist und Annalenschreiber in seinem kurzen und trockenen Referate über solche Begebenheiten zu schildern unterlassen hat. Wo wir von „Tagen der Herrlichkeit" reden, die diesen Tempel verklärt, müssen wir gewiß wenigstens einige jener hochfeierlichen Besuche erwähnen, welche sich zu eigentlichen Tagen der Glorie im Vollsinne des Wortes gestalteten. Wir sind weit entfernt, alle diese zahlreichen und glorreichen Aufzüge hoher und höchster Persönlichkeiten in das Stift St. Gallen[1]) zu nennen, denn wir wollen ja nur flüchtigen Träumereien und Erinnerungen an die vergangene Herrlichkeit uns überlassen. Nur den einen oder andern dieser festlichen Tage machen wir hier namhaft, um der Phantasie Stoff und Farben zu bieten, diese prunkvollen Scenen und Festlichkeiten, die sich im Tempel des heiligen Gallus abspielten, sich selbst auszumalen. Kirchenfürsten, Fürsten und Könige der Erde, Himmelsfürsten, alle diese verschiedenen Hoheiten beehrten St. Galli Grab mit ihren festlichen Besuchen.

Es war solch' ein Tag der Herrlichkeit, als einst, Bischof Adalbero von Augsburg im Jahre 908 St. Gallen

---

[1]) Siehe über diese dem Stifte im Laufe der Zeit gewordenen Besuche hoher Persönlichkeiten A. Näf, „Denkwürdigkeiten" S. 36. „Besuche."

besuchte. Der Festbericht des Cod. membr. 915 der St. Galler Stiftsbibliothek lautet, wie folgt:¹) „Im Jahre des Heiles unseres Herrn Jesu Christi 908, als Hludowic, der Sohn Kaiser Arnulf's, König war, im elften Jahr der Königsherrschaft desselben, an den Iden des October, an einem Samstag, am Vorabend des heiligen Bekenners Gallus, ist Adalbero, seligen Andenkens, der sehr edle Bischof von Augsburg, indem er den mildesten Vorsteher der Kirche von Seben, Meginbert sich zugesellt hatte, in das Kloster des heiligen Gallus gekommen, mit dem Wunsche, der Festfeier desselben beizuwohnen. Und als er die Nacht der ehrwürdigen Feier selbst im Kloster verbracht hatte, schritt er früh morgens in die Kirche hinein und ging zum Grabmale des heiligen Bekenners hin. Dann, an der rechten Seite des Altares stehend, rief er die Brüder zu sich herbei, und stellte ein goldenes, mit Edelsteinen besetztes Kreuz und einen mit Gold und Edelsteinen zierlich ausgerüsteten Kelch von Onyx nebst einem ebenso mit Edelsteinen besetzten Ciborium auf den Altar, auch ein kleines Pallium und eine Casula von kostbarer Art, dazu eine Albe mit dem Cingulum, der Stole und dem Manipel, dieses alles mit Gold gearbeitet, fügte er dem Altare bei. Aber auch eine große Menge von Wachs überreichte er dem heiligen Gebäude; ebenso übergab er der Stätte eine Glocke von wunderbarer Größe und ausgezeichnetem Wohlklange. Von hier ging er zum kleinen Gotteshause des heiligen Othmar hinzu und breitete oben über dessen Altar ein recht kostbares kleines Pallium aus."

Wie Adalbero von Augsburg, so beehrten aber noch im Laufe der Zeit gar viele und erlauchte Kirchenfürsten die Kirche des hl. Gallus mit ihrem Besuche. Die beiden heiligen Bischöfe Ulrich von Augsburg und Konrad von Konstanz, die in St. Gallen ihre Erziehung und die Aufnahme in die Zahl der Verbrüderten erhalten hatten, besuchten gar oft und gerne das Heiligthum des

---

¹) Siehe Ekkehardus IV. Casus Sancti Galli. Deutsche Ausgabe. S. 222. Beilage 1.

heiligen Gallus.¹) Der erstere ward, als er 957 in der Eigenschaft als Bevollmächtigter des Kaisers nach St. Gallen kam, feierlich vom Convente empfangen und unter Absingung des Responsoriums «Deus, qui sedes» durch das Münster begleitet. Letzterer hielt im Jahre 968 am Palmsonntage das feierliche Hochamt, Procession und Predigt, und ertheilte zugleich in der Galluskirche die heilige Firmung und Priesterweihe. Viele Jahrhunderte später stand ein anderer heiliger Kirchenfürst an den Stufen des Gallusaltares und brachte, geschmückt mit dem Purpur der Cardinäle, dem heiligen Glaubensboten Gallus seine Huldigung dar. Es war der heilige Karl Borromäus, Cardinal-Erzbischof von Mailand, der im Jahre 1570 mit zahlreichem Gefolge durch das unter Abt Othmar II. neu erstellte und nachher nach diesem Kirchenfürsten benannte Karlsthor zum Münster zog.

Es waren solche Tage der Herrlichkeit vor allem, wenn irdische Hoheiten und Majestäten ihren eigenen Glanz und Hofstaat in die Stiftskirche des heiligen Gallus hineinführten. An solchen Tagen erstrahlte gar oft das Heiligthum des „Apostels von Alemannien" im Lichte jener Herrlichkeit, welches der Prophet einst dem heiligen Sion mit den Worten ankündete:²) „Mache dich auf, werde Licht! denn es kommt dein Licht, und die Herrlichkeit des Herrn geht über dir auf. Es wandeln die Völker in deinem Lichte und die Könige im Glanze, der dir aufgegangen." Es erschienen dieser Könige und Fürsten nicht wenige, denn die Klosterannalen berichten, um nur die allerhöchsten Besuche im Tempel und Kloster des heiligen Gallus zu nennen, von der Ankunft Karlomann's, des Bruders vom Majordomus Pipin im Jahre 747; sie erzählen von der Ankunft Ludwig's II., Kaiser's der Deutschen, im Jahre 841; sie melden den Einzug Karl's des Dicken im Jahre 883; sie beschreiben in ziemlich aus-

---

¹) Siehe Jb. v. Arx, Bd. I. S. 228. Wegen dieser Beziehung zu St. Gallen wird der heilige Konrad, wie wir gesehen, in den Casus S. Galli nur als „unser Chuonrad" bezeichnet.

²) Is. 60, 1—7 ex Epist. Miss. in die Epiphan. Dom.

führlicher Weise die großartigen Festlichkeiten zu Ehren der kaiserlichen Majestäten, eines **Kaisers Konrad I.**, der im J. 912, eines **Kaisers Konrad II.**, der mit seiner Gemahlin im Jahre 1027; eines **Kaisers Karl IV.** der im Jahre 1353; eines **Königs Rudolf von Habsburg**, der im Jahre 1273 Kirche und Zelle des heiligen Gallus mit seiner Gegenwart beehrte.

Der Empfang einer fürstlichen Persönlichkeit gestaltete sich jedesmal für die Kirche des heiligen Gallus zu einem eigentlichen hohen Festtage. Begrüßungslieder der kaiserlichen Majestäten wurden componirt und eingeübt. Am Tage ihrer persönlichen Gegenwart sang sodann bisweilen der Celebrant am Altare nach dem Gloria jene herrliche Litanei, die mit dem Lobspruche anhebt: „Christus lebt, Christus siegt, Christus regiert."[1]) Zum Empfange selbst versammelten sich stets die Mönche, kleideten sich je nach ihrem Range mit den kirchlichen Paramenten, und die Sakristane ordneten die Procession unter dem feierlichen Klange der Glocken. Voraus zogen zwei Kreuzträger, in ihrer Mitte derjenige, der das Weihwasser trug; ihnen folgte ein drittes Kreuz, von zwei Rauchfaßträgern begleitet; dann nach einander drei Kleriker, von denen jeder ein Evangelienbuch trug und von zwei Leuchterträgern begleitet wurde. An diese schlossen sich ferner, je zwei und zwei, die Conversbrüder an, denen die Knaben des Klosters mit ihren Lehrern folgten. Nach diesen kam der Abt, welchem sich paarweise geordnet der Chor der übrigen Mönche anschloß. Alle zogen schweigend einher, bis sie zur bestimmten Stelle kamen, wo der Fürst ihrer harrte. Hier bot ihm der Abt das Weihwasser dar; dann reichte er ihm das Evangelienbuch zum Kusse und incensirte ihn. Unter dem Geläute aller Glocken ertönte der Gesang: „Siehe, ich sende meinen Engel!" die Procession bewegte sich zur Kirche zurück und Jubellieder erschallten zum Willkomm des hohen Gastes.

---

[1]) Siehe **Schubiger**, „**Sängerschule**", worin S. 30 diese ganze, sehr feierliche Litanei zu finden ist.

So ein Tag der Herrlichkeit war es, als 883 Ludwig des Deutschen Sohn, Kaiser Karl der Dicke, den die Mönche von St. Gallen nur „ihren Karl" nannten, über die rhätischen Hochgebirge aus Italien kommend, bei den Ordensmännern von St. Gallen Einkehr nahm. Der Chor der Sänger empfing ihn mit dem in Sapphischen Strophen gedichteten Festgruß:

„Siehe das Haus, die Heimat, wo einst entsprossen
Othmar war, der milde gefeierte Vater;
Wo einst Gall, aus Schottland gewandert, all' das Unsrige geheiliget.
Der du mild regierst als ein Freund des Friedens
Und des Rechts, sei stark, lebe froh, so lange
Hier du weilst, um dann in des Himmels Wohnung dich zu begeben."

So ein Tag der Glorie war es, als im Jahre 912 Kaiser Konrad I. St. Gallen besuchte und dem feierlichen Gottesdienste beiwohnte.[1] Er hatte im selben Jahre das Weihnachtsfest beim Abtbischofe Salomo III. von Konstanz zugebracht und hörte beim Festmahle von den prachtvollen Abendprocessionen reden, die in St. Gallen alljährlich an jenen drei Tagen stattfanden. Der Kaiser äußerte den Wunsch, mit seinem Hofe dahin abzureisen; die nöthigen Schiffe wurden bereitet; schon in der Frühe des folgenden Morgens trugen sie den Kaiser, die Bischöfe seines Hofes und das übrige Gefolge auf der Fläche des Sees, und sie landeten um Mittag am St. Gallischen Ufer. Unter dem Jubel und Frohlocken des Volkes nahten sie dem Kloster, dessen Bewohner, von der Ankunft des hohen Personals schon unterrichtet, sich mit neuen Begrüßungsliedern für den Empfang bereitet hatten. Der Kaiser erschien; die Mönche zogen ihm von der Münsterkirche aus in klösterlicher Ordnung entgegen, und draußen vor dem Tempel ertönte Dekan Waldrmam's Lied zum Gruße an den hohen Regenten:

„Komm', benedeiter Monarch, zur Zelle des heiligen Gallus,
Die unter Othmar's Schutz dir zum Empfange bereit,
Sieh', dieser Tempel umschließet der seligen Leiber so viele,
Ziehst du in's heilige Haus, wirst ihre Menge du seh'n.

[1] Ganz nach Schubiger's Sängerschule S 62.

Möge denn stets die heilige Schaar dich beschützend erhalten,
  Deren Reliquien Schatz hier dieser Tempel besitzt.
Herrscher, dich sandten daher die Franken zu Schwabens Erhaltung,
  Weide die Heerde nun satt, die schon so lange verwaist.
Sich', der Bayer und Slave, der Sachse, Lenamer, Thüringer
  Bleiben mit Herz und mit Sinn stets deinem Scepter getreu.
Spanien, Gallien auch, das dreifach getheilte, im Westen,
  Neige den Nacken vor dir, schnell zu gehorchen bereit.
Auch Italiens Volk, ein Gemische verschiedenen Blutes,
  Eile in Mantel und Schmuck, um dir zu huldigen, her.
Ebro und Thermodoon, der Bosphorus, Nuchul und Ufens
  Benge gezügelt sich die leitbar zu jeglicher Stund'.
Unter der Zahl dieser Völker, Monarch, o gedenke auch unser,
  Gleichwie der Abt Salomon, treu dir ergeben, dich bat.
Sei uns gewogen sofort und umfasse mit Liebe die Deinen,
  Die in die Einsiedelei führte ein schottischer Stamm."

Kaiser Konrad weilte nun drei Tage im Kloster des heiligen Gallus; was ihn aber besonders freute, war die Procession der Klosterzöglinge am Feste der unschuldigen Kinder. Bei jenem Anlasse wollte der Kaiser die Andacht und religiöse Haltung der Schüler auf eine eigenthümliche Weise auf die Probe stellen. Er ließ nämlich an einer Stelle, wo die Procession vorbeizog, den Boden mit Aepfeln belegen. Bald nahten die Knaben unter frommen Gesängen und in wohlgeordnetem Zuge der bezeichneten Stelle, aber wie erbaute sich der Monarch bei dieser Gelegenheit an ihrer trefflichen Zucht und Ordnung, als er mit eigenen Augen sah, wie kein einziger sich im Gesange oder in seiner Haltung stören ließ, und nicht einmal die kleinsten unter ihnen sich verleiten ließen, ihre Hände nach den Aepfeln auszustrecken.

So ein Tag strahlender Herrlichkeit war es, als 972 der römische Kaiser Otto der Große das Gotteshaus von St. Gallen betrat. Schon zum voraus von seiner Ankunft unterrichtet, hatte man sich wieder mit neuen Begrüßungsliedern versehen. Ehrfurchtsvoll zog der Chor durch das Münster dem Oberhaupte des heiligen römischen Reiches deutscher Nation entgegen. Der Kaiser erschien; voll Majestät schritt er in der Mitte des Tempels einher, an der Linken vom Erzbischof von Köln geführt, mit der Rechten auf seinen Stab sich stützend. Ihm folgte die Kaiserin Adelheid, von ihrem Sohne Otto II. geführt. Unter der Begleitschaft hoher Fürsten befand sich auch Konrad, Herzog von Kärnthen. Dem Kaiser gegenüber hatte sich der Chor der Mönche in langen, geraden Reihen auf beiden Seiten des Tempels aufgestellt, dessen Räume alsobald wiederhallten vom freudigen Festgruße:[1]

    „Willkomm, du unbesiegter Held
    Vom höchsten Stamm und Rang;
    Dir eil' die ganze Geisterwelt
    Entgegen zum Empfang.

    Die Gottesmutter, rein und klar,
    Der Jungfrau'n Chor und Wehr,
    Sie schwebe sammt der reinen Schaar
    Zu deinem Gruß daher.

    Die Helden im Apostelamt,
    Der Martyrer Siegerschaar,
    Der Chor der Heil'gen insgesammt
    Bring' stetes Lob dir dar.

    So wie's der kleine Ort erlaubt,
    Wenn auch gedrückt von Noth,
    Steh'n wir des Reiches mildem Haupt
    In allem zu Gebot.

    Dir jubelt selbst die Jahreszeit
    Es grünt und blüht das Feld,
    Und zur erwünschten Ankunft freut
    Sich ringsum alle Welt."

Nachdem der Chor den Lobgesang begonnen, küßte der Erzbischof mit Ehrfurcht die Hand des Monarchen und trat dann auf die Seite, während der letztere lautlos und unbeweglich, gleich einer Statue, in Mitte des Münsters stand und die ganze Schärfe seines Blickes auf die Mönche richtete, die vor ihm sangen. Darauf ließ er absichtlich den Stab,[2] den er in der Hand führte, auf die Erde

---

[1] Schubiger, „Sängerschule" S. 76—78.
[2] Dieselbe Probe oder Prüfung der Mönche mittelst Fallenlassen eines

fallen, fortwährend sein Auge auf die Singenden gewendet. Allein diese, ohne durch das entstandene Geräusch außer Fassung zu kommen, bestanden die Prüfung. Als Herzog Konrad herbeieilte um den Stab des Kaisers aufzuheben, sprach dieser zu ihm: „Sieh', ich wollte die Disciplin dieser Mönche prüfen, doch ich bemerkte keinen einzigen unter ihnen, der seinen Blick auf das Geräusch hieher gewandt hätte."

So ein Tag der Herrlichkeit war es wiederum, als fast 500 Jahre später Kaiser Friedrich III. mit einem Gefolge von 800 Pferden, abgeholt von Abt Kaspar mit seinem Hofstaate und dem Rathe der Stadt auf dem Brühl feierlich empfangen wurde. Der Kaiser empfing die ihm dargereichten, an einem Kreuze befestigten Stadtschlüssel. Er zog hierauf durch die Reihe schön geschmückter Frauen an den ihm von der Priesterschaft in Procession entgegengetragenen Reliquiensärgen der Heiligen Nemaclus und Konstantins vorbei zur Pfalz, wo er in Gegenwart der Bischöfe von Konstanz, Augsburg, Freising und Bingen, des bischöflichen Pflegers von Chur, des Abtes Kaspar von St. Gallen u. s. w. den Huldigungseid der städtischen Bürgerschaft entgegennahm.

Solche Tage der Herrlichkeit für den Tempel des heiligen Gallus waren jedesmal in noch viel höherm Sinne jene hochfestlichen Uebertragungen heiliger Leiber, an denen St. Gallens Tempel so reich war. Schon unter Abt-Bischof Salomo III. wurden auf höchst prunkvolle Art und Weise Reliquien des heiligen Magnus, dem derselbe Abt die Magnuskirche erbaut hatte, nach St. Gallen übertragen. Ein handschriftlicher Folioband[1] der Stiftsbibliothek ist ganz mit Beschreibungen solcher Festlichkeiten angefüllt, wie sie bei Gelegenheit der ver-

Stockes pflegte auch jener Othgar, der berühmte Held und Freund Karl's des Großen, in verschiedenen Klöstern vorzunehmen, bis er auf diese Prüfung hin endlich in St. Faro, wo er den größten Ernst gefunden zu haben glaubte, den Habit nahm und daselbst starb. *Mabillon* Act. Ord. Bened. Sæc. IV. p. I.

[1] *Sacrar. S. Galli Tomi* II. und IV. „Translationes antiquiores" und Translationes recentiores.

schiedensten Translationen, Erhebungen oder Einführungen kostbarer Reliquien stattfanden. Noch unter Fürstabt Gallus II., „dem Glorreichen", fand unter solch glänzendem Gepränge und unter Assistenz verschiedener Aebte und Prälaten die Uebertragung der von Rom dem Stifte verliehenen Katakombenheiligen Sergius, Bachius, Hyacinthus und Erasmus in's Münster statt.

Es waren übrigens alle Festtage des Kirchenjahres im Tempel des heiligen Gallus wahre Tage der Herrlichkeit, an denen sich die liturgischen Ceremonien mit der Tonkunst des Gesanges vereinten, um im architektonischen Kunstwerke des Tempels die unendliche und unerschaffene Schönheit zu ehren. Wer irgendwie Sinn und Verständniß für Cultusformen und Schönheit des äußern Gottesdienstes hat oder wer einmal einer liturgischen Festfeier beigewohnt, wie sie zur Stunde noch im hochberühmten Stifte Einsiedeln zu schauen sind, der wird sich einigermaßen vorstellen können, wie St. Gallen zur Zeit seines Ruhmes und im Doppelglanze seiner Bedeutung und seines Reichthums einst die Tage des Herrn und der Heiligen Gottes gefeiert haben mag.

Doch alle irdische Herrlichkeit vergeht, und auch die Tage der Glorie haben ihren Abend. Noch waren die Abendschatten der herannahenden Nacht für das Stift St. Gallen nicht hereingebrochen, und strahlte es unter Fürstabt Cölestin's II. ruhmvoller Leitung im neugewonnenen Glanze früherer Herrlichkeit, Heiligkeit und Wissenschaft, als eben dieser Fürst St. Galli Ruhestätte mit einem total neuen und prachtvollen Gebäude zu überschatten gedachte. Cölestin II. aber erstellte mit seinem Neubau nicht blos eine neue Kirche des heiligen Gallus, sondern er baute auch, der letzte fürstliche Bauherr von St. Gallen, hiermit dem fürstlichen Stifte selbst ein würdiges Denkmal. Es ist Zeit, daß wir aus unsern Träumen über die Tage der Herrlichkeit von St. Gallen erwachen, denn bereits ertönen an dem alten Gemäuer die Hammerschläge der niederreißenden Maurer. Wir sind bei der letzten, baulichen Erscheinungsform der „Galluskirche" angekommen.

VI.

Die Stiftskirche des heiligen Gallus

unter

Fürst-Abt Cölestin II.

VI.

Die Stiftskirche des heiligen Gallus unter Fürst-Abt Cölestin II.

Die Vorsehung fügt es, daß Fürst Cölestin II. noch vor dem bevorstehenden Sturze des Stiftes dem hl. Gallus einen neuen Tempel, sich selbst ein großartiges Mausoleum, dem Stifte ein ewiges Denkmal setzt. — Cölestin's II. wahrhaft „himmlische" Erscheinung und Wirksamkeit. — Demolirung der alten Kirche und Beginn des Neubaues. — Dem Langhause folgt Abbruch und Bau des Chores und der Thurmfaçade. — Die „Ruhestätte des hl. Gallus" baulich verändert, aber im Wesen dieselbe. — Weitere Veränderungen an und in der Stiftskirche in den letzten Jahren und Zeitstürmen. — Das Aeußere und Innere der Stiftskirche. — Die Deckenmalereien des Schiffes und der Kuppel. — Die Gypsreliefs an den Pfeilern. — Die Altäre. — Gräber und Epitaphien der Fürstäbte Beda I., Cölestin I. und II. — Das Meister- und Prachtwerk der Chorstühle. — Der Hochaltar. — Die Sakristei mit den Reliquien. — Die Schaykammer mit den Kostbarkeiten und Merkwürdigkeiten. — Das restaurirte National-Heiligthum St. Gallens oder die „Gallusskapelle".

„Et cella Galli parvula
Vicino coelo jungitur."
„Und Galli Kirchlein, arm und klein,
Ragt in die Wolken schon hinein."
Hym. S. G. in Propr. Sang. ad 16. Oct.

eim Beginne dieses Capitels erwachen wir gleichsam an heiliger Stätte aus unsern Träumen über einst und ehemals. Die geschilderten Tage der Herrlichkeit sind gewesen; gleich einem farbenreichen Traumgebilde sind sie an unserer Seele vorbeigezogen; selbst das alte Gemäuer, an welches sich unsere Phantasieen knüpften, ist gestürzt, verschwunden, und über St. Gallus' auserwählter Ruhestätte wölbt sich ein neues, imposantes, himmelanstrebendes Monument — die Stiftskirche des Fürsten Cölestin II. Die Geschichte dieser letzten monumentalen Erscheinungsform der Galluskirche greift deshalb nur bis in die Mitte des letzten Jahrhunderts zurück, hat zu ihren Zeugen die riesigen Pilaster und majestätischen Wölbungen des Domes und wird sich auch vorherrschend mehr als beschreibende Schilderung des noch stehenden herrlichen Denkmals, denn als historische Darstellung seiner Entstehung und Vollendung entfalten.

Das Stift St. Gallen war auch aus dem furchtbaren Brande kirchlicher Revolution, welcher so viele Heiligthümer verheert und zerstört hatte, einem Phönix gleich verjüngt und neugestärkt hervorgegangen. Im Feuer der Prüfung und gewaltiger, seine Fundamente selbst bedrohender und erschütternder Stürme hatte es sich als jene „feste Vorburg der wahren Religion" bewährt, als welche es Papst Benedict XIV. wiederholt in seinen Breven hervorhebt.¹) Die göttliche Vorsehung fügte es nun, daß, bevor ein neuer und letzter Sturm, welcher den Stamm dieses altehrwürdigen Stiftsbaumes in der Mitte brechen und stürzen sollte, über das Stift hereinbrach, die blühenden finanziellen Verhältnisse²) unter der glorreichen Regierung des Fürstabtes Cölestin II. es diesem wahrhaft „himmlischen Fürsten" ermöglichten, einen imposanten Neubau der gesammten im Langhause bereits baufällig gewordenen Stiftskirche auszuführen. Es ist diese bis auf unsere Tage hin letzte bauliche Hauptveränderung der Galluskirche, deren Geschichte nun dieses Capitel gewidmet ist. „Galli Kirchlein arm und klein, ragt nun in die Wolken schon hinein," als jener wahrhaft himmelanstrebende Prachtbau Cölestin's, d. h. „des Himmlischen", wie wir ihn heute noch bewundern. Fürst Cölestin II. wollte des „heiligen Gallus Ruhestätte" mit einem neuen herrlichen Gebäude überwölben; er wollte das fürstliche Ansehen des berühmten Stiftes gewissermaßen seinem monumentalen Neubau der Stiftskirche aufprägen; er baute aber auch, freilich ohne es zu wollen oder zu ahnen, unter höherer Leitung nicht blos sich selbst, sondern auch seinem eigenen Stifte ein würdiges und bleibendes Mausoleum und Denkmal.³)

¹) Zu dem Breve vom Jahre 1749 wird das Stift St. Gallen «Validissimum Stabilimentum verae Religionis» genannt, und das Breve von 1755 redet von ihm als «Illustre Monasterium S. Galli, validissimum Propugnaculum verae Dei Religionis».

²) „Ohne haushälterisch zu scheinen, schlug er blos durch eine genaue Aufsicht und Vermeiden alles unnöthigen Aufwandes in jedem Jahre 34,000 fl. vor, welches ihn in Stand setzte, das Stift von den Schulden, mit welchen es seit 400 Jahren behaftet war, zu befreien ꝛc." Jld. v. Arx III. 612 ff. — Ausgabenbücher Cölestin's II. im Stiftsarchiv.

³) Zwei der Dedicationsverse, welche P. Weidmann seiner „Geschichte der Bibliothek von St. Gallen seit ihrer Gründung um das Jahr 830 bis auf 1841; auf das tausendjährige Jubiläum der Bibliothek" vorsetzt, passen mit kleiner Veränderung so schön auf Cölestin, als Erbauer dieses Tempels. Es sind die Verse:

„Cœlestesque viri, qui divis ista parastis
Atria: sint vestris debita thura rogis."

Fürstabt Cölestin II., der Gotzbert der Neuzeit, wie wir ihn nennen möchten, und der unsterbliche Ersteller unserer heutigen Stiftskirche, folgte dem ausgezeichneten Fürsten Joseph von Rudolfis († 7. März 1740) in der Stabführung des Gotteshauses von St. Gallen. Der adeligen Familie von Gugger von Staudach in Feldkirch entstammend; als Religiose von St. Gallen mit jenem bedeutungsvollen Namen „Cölestinus" geschmückt, den schon ein Fürst¹) von St. Gallen mehr noch durch die himmlische Schönheit seiner Seele, als durch den Glanz des römischen Purpurs verklärt hatte; als Stiftsbibliothekar mit der ruhmvollen Vergangenheit des Stiftes vertraut²) und von ihr zur neuen Hebung dieser großen Institution begeistert; mit natürlichem Geistesadel, über welchen noch reiches und hohes Tugendleben seine höhere Weihe ausgoß, begabt und ausgezeichnet; in unerwarteter Wahl, wie auf höhere Fügung hin dem gelehrten und vortrefflichen Officiale Bernhard Frank von Frankenberg,³) den die öffentliche Meinung als Nachfolger Abt Joseph's I. bezeichnet hatte, vorgezogen — erscheint Fürst Cölestin II. vor unsern Augen so recht als der providentielle Mann, der zur salomonischen Mission, d. h. dem Herrn und seinem Diener Gallus ein neues und würdiges Haus zu bauen, von oben berufen war.

Es ist hier nicht der Ort, in eine Schilderung der glorreichen und gesegneten Regierung dieses Stiftsoberhauptes einzutreten; es muß uns genügen, auf die monumentalen Denkmale vom irdischen Wirken dieses „Himmlischen" hinzuweisen. Er hatte, wie sein an einem Pfeiler der jetzigen Stiftskirche befestigtes Epitaph⁴) ihm nach-

¹) Cölestin I.. Cardinal Sfondrati.

²) „Mit unauslöschlichen Zügen glänzt sein Name hoch obenan in den Annalen der Bibliothek u. s. w." Weidmann l. c. S. 156 ff. Cölestin II. war juris utriusque doctor.

³) Dieser wurde später Abt von Disentis. Weidmann l. c. S. 155.

⁴) Dieses Epitaph lautet: „Cœlestino S. R. J. principi Abbati S. Galli et Joannis in valle Thuræ, Comiti Toggenburgi, Regii Ord. Annuntiat. Virg. Equiti, postquam jura monasterii simulque pacem mira prudentia

rühmt, nach Beilegung sowohl bürgerlicher als kirchlicher Differenzen des Stiftes mit seinen Unterthanen und dem Bisthum Konstanz bereits dem „öffentlichen Wohle das große Getreide= haus"¹) zu Rorschach erstellt, welches als ein wahrhaft fürstliches Haus, als ein ewiges Denkmal seines Ruhmes über die Silber= fluthen des Bodensee's hinausschaut. Er hatte nach Aufführung der Stiftskirche aus dem Vorrathe an Materialien und pecuniären Mitteln vom Kirchenbaue her den **prächtigen Musentempel**, den jetzigen, mit fürstlicher Munificenz ausgestatteten Bibliothek= saal ²) erstellt. Seines Namens ruhmreichstes Denkmal aber wird bis in die fernste Zukunft jene **Stiftskirche** bilden, als deren providentieller Erbauer Cölestin II. vor uns steht. Sein himmel= anstrebender Geist thürmte die zwei herrlichen Thürme.³) Seine von Himmelsgedanken erfüllte Seele schuf gleichsam die so leichten und harmonischen Wölbungen, deren sich der Dom rühmt. Selbst, wie ihn so schön eine Inschrift preist, „den Himmlischen nahe"

per annos XXV servasset, territorium quinque parochiis, Clerum novis beneficiis, Monasterium ædificiis auxisset, *Orbi litterato Bibliothecam, Bono Publico frumentariam domum, Superum cultui hanc Basilicam erexisset,* compositis subditorum dissidiis firmataque cum Episcopo Constantiæ pace, pacis studiis immortuo hoc Gratitudinis monumentum meritissimo mœrens successor posuit: *Patrem optimum lugete posteri!"*

¹) Er baute das Kornhaus zu Rorschach nach dem Baurisse des Italieners Bognato um 37,050 fl.

²) Den ersten eigentlichen Bibliotheksaal hatte Gotzbert erbaut. Abt Diethelm erstellte eine neue herrliche Bibliothek (Weidmann, Gesch. S. 62), und Cölestin erstellte endlich nach vollendetem Kirchenbau den gegenwärtigen, wirklich fürstlichen Musentempel nach dem Plane des Architekten der Kirche Peter Thum.

³) Diesen Gedanken drückt in herrlicher Weise ein Lobeshymnus auf den Fürsten Cölestin mit den Worten aus:

"Cœlestinus amat cœlestibus æmula tectis
Tecta et sidereo proximus esse globo.
Fabrica bina sibi, quid vult quam fama per orbem
Innumeris laudum spargit ubique tubis."

Weidmann, Gesch. S. 121, not. 326.

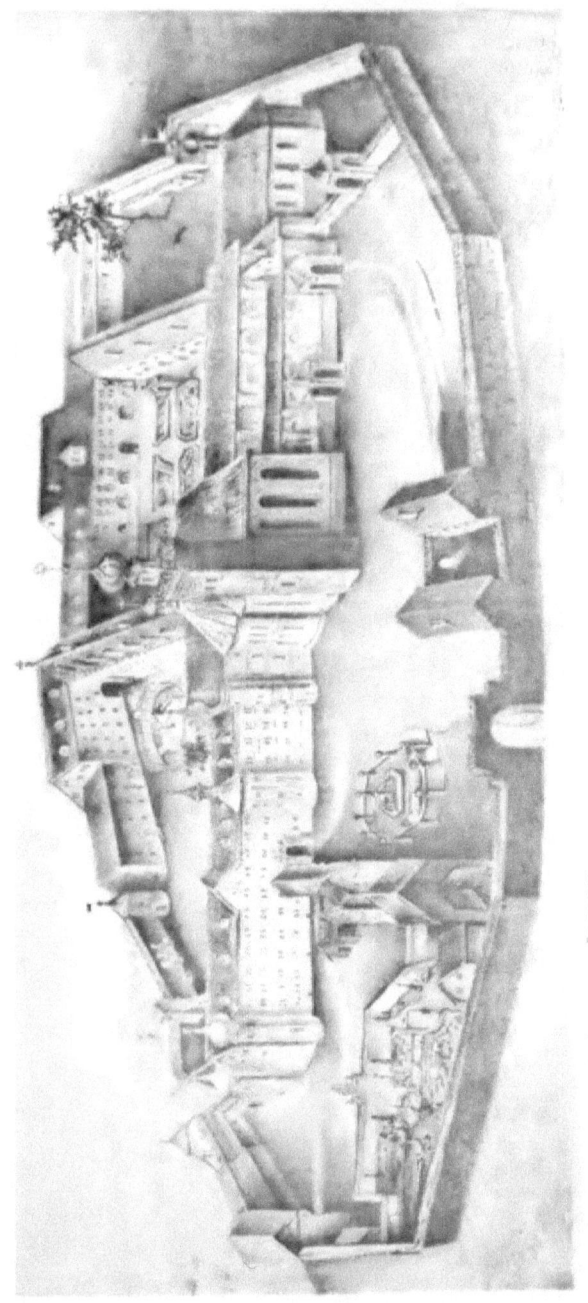

DAS KLOSTER ST. GALLEN IM JAHRE 1591

sollte er auch den Gottesbau St. Gallens dem Himmel gleichsam näher bringen, erhöhen und verherrlichen.

Vor dem nun von Cölestin II. begonnenen und vollendeten Neubau zeigte sich die Galluskirche noch in jener dreifachen Gliederung des Chores, des Langhauses oder der Michaelskirche, und der westlich angebauten Othmarskirche, gleichwie diese Theilung und Gestaltung dem Wesen nach seit den Tagen Gotzbert's und Grimoald's bestanden hatte. Unsere Illustration „die Kirche und das Kloster St. Gallen, vor dem Abbruche 1741", läßt diese Dreitheilung sehr leicht erkennen. Es bestand demnach beim Antritte der äbtlichen Regierung durch den Fürsten Cölestin II. am 23. März 1740 das Münster des heiligen Gallus aus dem großen, von Abt Ulrich VI. erbauten Thurme, dem von den Aebten Eglolf und Ulrich VIII. herstammenden, gothischen Chore, dem alten unter Heinrich II. erbauten Langhause der Kirche sammt der unter Abt Bernhard II. angebauten St. Othmarskirche. Fürst Cölestin II.[1]) trug sich am Anfang keineswegs mit dem Gedanken, einen totalen Neubau aufzuführen, sondern beabsichtigte nur, nachdem das Stiftscapitel die dringende Nothwendigkeit eines Umbaues vom sogenannten Langhause erkannt hatte, dieses durch ein solides und dem Chore mehr entsprechendes Mittelschiff zu ersetzen. Der herrliche Chor sollte belassen und die ganze Kirche mehr im gleichen Style erbaut werden. Die Baumeister Thum von Konstanz und der Italiener Bognato legten 1750 ihre Baurisse vor, worauf das Capitel dem Plane des erstern beitretend, diesem die Ausführung des Baues übergab und diesen mit der Demolirung der Othmars- und übrigen Kirche bis zum Chore einleitete. Im Jahre 1756 erfolgte am 29. August unter großer

---

[1]) Das in sieben Bänden vorhandene Diarium Cölestin's II. handelt vom Kirchenbau an folgenden Stellen, die wir an Hand der vortrefflichen vom sel. Stiftsarchivar Eugen von Gonzenbach erstellten Register durchgesehen haben. IV. 48. 49. 508. V. 20. 295. 327. 334. 364. 474. 514. 537. VI. 5. 97. 101. 311. 427. 469. VII. 18. 40. 52.

Feierlichkeit die Grundsteinlegung der neuen Kirche, sodann die Ausführung der Bauten und endlich deren Vollendung i. J. 1760. Allein das Werk höherer Fügung zur Verewigung des Stiftes und zur Verherrlichung der Ruhestätte des heiligen Gallus war noch nicht vollendet und die Pläne der Providenz, die über diesem Heiligthume waltet, gingen weiter, als die Erstlingspläne des Fürsten Cölestin.

Der neue Bau gefiel nach dem Geschmacke damaliger Zeit so wohl, daß man beschloß, auch den schönen Chor sammt dem alten Thurme abzubrechen und alles in einheitlicher Bauart auszuführen. Schon 1761 sank auch der bisherige Chor in Trümmer, ward der feste alte Thurm, der von so vielen Ereignissen Zeuge gewesen, abgetragen und selbst sein kolossaler Grundstein, welchen man des Umfanges wegen für einen Felsen gehalten, mit vieler Anstrengung enthoben und beseitigt. Bald erhob sich der neue Chor aus dem Schutte des alten. Der Baumeister Bär von Bildstein in Voralberg hatte für diesen Ostbau der Kirche, den Chor und die Thurmfaçade den Plan entworfen. Im Jahre 1764 nahm die Steinhauerarbeit für die beiden Thürme, die östliche Fronte des Domes und den Chor unter Leitung des genannten Architekten ihren Anfang, gleichzeitig die Bemalung der Deckengewölbe, und 1765 vollendete das Einsetzen des Schlußsteines am Vorabende des St. Gallusfestes die Steinhauer= und Maurerarbeit beider Thürme, auf welche noch in demselben Jahre die hohen kupfernen Helme, von Georg Himmelberger, Kupferschmied aus Tablat, gefertigt, und als Schlußpunkte der nunmehrigen Thurmhöhe von 240 französischen Fuß die großen vergoldeten Kugeln mit Kreuzen gesetzt wurden. Im nämlichen Jahre ließ Fürst Cölestin für die Thürme und die zwei Thürmchen der Kirche, mit Umguß der bisherigen Glocken, sieben neue bei J. H. Ernst in Lindau gießen. Die Baarauslagen für die Erstellung dieses herrlichen Tempels betrugen nach gleichzeitigen Rechnungsangaben nicht mehr als 457,929 Gulden. Diese verhältnißmäßig kleine Summe rührt daher, weil das Kloster seine eigenen Steinbrüche,

Sandgruben, Kaltbrennereien und Waldungen hatte, also das Baumaterial sowie auch großentheils die Herbeischaffung desselben, weil vom Kloster selbst besorgt, nicht in besondere Rechnung fallen mußte.

Am 25. Februar 1767 verkündete der geweihte Trauerchor der neuen Glocken von den erhabenen Domthürmen herab der Stadt und Landschaft St. Gallen das Lebensende des erlauchten Bauunternehmers dieses Gotteshauses. Seine irdische Hülle ward beinahe in Mitte des von ihm erstellten Tempels, gleich beim Eingange in den Chor, beigesetzt. Was aber an äußerer und innerer Vollendung des Tempels nach seinem Tode noch fehlte, führte sein Nachfolger, Fürst Beda, in gelungener Weise noch zu Ende. Er verfügte 1767 den Guß von drei größern Glocken, der am 14. August im Klosterhofe von Glockengießer P. L. Kaiser von Zug vorgenommen wurde; unter diesen drei Glocken war auch die größte oder Dreifaltigkeitsglocke, im Gewichte von 140 Centner. Am 17. Mai hielten die Bewohner der umliegenden Gemeinden die erste Kreuzprocession zum neuen Gallusmünster. Endlich schloß 1773 die feierliche Erhebung der heiligen Gebeine St. Othmar's aus ihrer bisherigen Gruft die aus Anlaß des Neubaues sich folgenden Festlichkeiten.

So stand denn nach 1200jähriger Vergangenheit auf derselben Stelle, wo einstens der heilige Patriarch Gallus sein Oratorium errichtete, der neue, wahrhaft fürstliche Bau in einer Länge von 300' mit den zwei imposanten Thürmen von je circa 250' Höhe. „St. Galli Kirchlein, einst so arm und klein," ragt nun in seiner letzten Erscheinungsform, wie wir sie in Cölestin's II. Stiftskirche besitzen, „schon in die Wolken hinein". Bei allen Veränderungen der Zeit und der geschichtlichen Verhältnisse aber ist St. Gallens Stiftskirche im Wesen dasselbe Heiligthum geblieben, dessen erste Weihe und Consecration der „Apostel Alemanniens" selbst vorgenommen hatte.

Allerdings liegen viele Jahrhunderte zwischen den zwei Terminen, wo Gallus sein erstes Bethaus und Fürstabt Cölestin II.

die Stiftskirche errichtete. Seit der Abendstunde aber, in welcher
einst St. Gallus das erste Kreuz, von Haselstauden gebildet, dieser
Erde einpflanzte, bis zur feierlichen Erhebung der vergoldeten
Kreuze auf die Kuppeln der Cölestin'schen Thürme, war vom
Kreuze auch für St. Gallisches Land und Volk „Heil, Leben und
Auferstehung" sowohl in geistiger, als materieller Hinsicht aus-
gegangen. Wie die Stimme des geweihten Erzes vor 1200
Jahren die Jünger des heiligen Gallus und die in der Wildniß
ansässigen Gläubigen zum Gebete rief, so war es dieselbe, jetzt nur
gewaltiger schallende Stimme von Erz, die beim Klange der Dreifaltigkeitsglocke St. Gallens Stift, Stadt und Umgebung die
großen Feiertage des Herrn, der seligsten Jungfrau und der
Landespatrone verkündigte; aber mit der Stimme von Erz ist
auch eine andere geweihte Stimme an dieser Stätte unverändert
dieselbe geblieben, während die Stimmen des Abfalls, des Irr-
thums und der Empörung bisweilen St. Galli Heiligthum um-
lärmten, — die Stimme des Gebetes, die Predigt katholischer
Lehre, das Wort desselben Glaubens, den einst St. Gallus hier
verkündet hat. Das hoch von den Thürmen im Sonnenglanz
erstrahlende Kreuz, in dessen Symbol einst Gallus diese Gegend
weihte, das schöne Steinrelief an der Fronte des Domes, welches
die Krönung jener Himmelskönigin versinnlicht, deren Cult seit
den Tagen des heiligen Gallus hier in steter Blüthe stand, die
großen Steinstatuen von St. Moritz und Bischof Desiderius,
welche, der erste mit der Lanze in der Hand und der zweite mit
dem Hirtenstabe in der Rechten, von der Höhe herab sich als
jene mächtigen Schutzherren des Domes präsentiren, als welche
sie schon Gallus bei seinem ersten Einzug in diese Gegend feierlich
angerufen, — alles predigt uns, daß die Ruhestätte des heiligen
Gallus wohl viele Veränderungen geschaut und erfahren hat, aber
im Grunde und im Wesen doch dieselbe geblieben ist. Freilich
brachen bald sehr traurige Ereignisse über dieses neuerstellte Monument des heiligen Gallus herein, sollte es ja in nur zu schneller
Zeit, während alle monumentalen Erinnerungen des Stiftes

St. Gallen ihrer frühern Bestimmung entfremdet wurden und die Profanation des Heiligthumes sich bis hart an seine Portale hin ausbreitete, der einzige Ort bleiben, der seiner ursprünglichen und ununterbrochenen Bestimmung erhalten blieb. Bevor wir uns deshalb die Herrlichkeit des neuen Gotteshauses, wie es zur Stunde noch vor uns steht, etwas näher beschauen, müssen wir noch kurz jener secundären Veränderungen und Restaurationen erwähnen, welche auch diese neue Stiftskirche bis auf unsere Tage hin erfahren hat. Sie war eben, wie die frühern Erscheinungsformen der Galluskirche wiederum Zeuge und Theilnehmerin aller folgenden, sowohl dornenvollen, als rosigen Zeitereignisse.

Beim Vorrücken der französischen Revolutionsarmee 1798 [1]) brachte die Abtei auch die Kostbarkeiten der Stiftskirche über den Rhein in Sicherheit. Anstatt der großen silbernen Hängelampe vor dem Hochaltare fanden die helvetischen Commissäre eine solche von Holz und statt der großen vergoldeten und mit Juwelen besetzten Monstranz,[2]) eine von Eisenblech. Nachdem die helvetische Regierung 1799 das Stift St. Gallen aufgehoben hatte und nur

---

[1]) Nach Näf, „Denkwürdigkeiten" S. 499.

[2]) Wir geben hier die wörtliche Beschreibung dieses noch erhaltenen Hauptkleinodes der Stift-St. Gallischen Schatzkammer, wie sie sich unter dem Datum des Monats Juni 1783 im Tagebuch des Fürsten Beda findet. Er schreibt: „Heut' brachte man mir die neue Monstranz, die ich für's hiesige Gotteshaus hab' machen lassen. Der Arbeiter war (?) von Augsburg, die Stein faßte und setzte ein Joachim Versinger von St. Fiden. Die Stein im Kreuz sind Amethysten. Das Lämmlein unter dem Kreuz ist pur Gold. Der Pelikan gleichfalls von Gold, mit Rubinlein. Die Stein in dem äußern Kreis sind die blauen, Saphire, die grünen, Chrysolithen, in dem innern Kreis gute Diamant, die rothen aber Hyazinthen. Die „lunula" ist ebenmäßig mit guten Diamantsteinen besetzt. Die Trauben sind gute Perlein. Der große Stein ist ein Topaz (mit der darauf eingravirten Passion), welcher allein 10,000 fl. geschätzt werden. Er ist ein uraltes Erbstuck von dem gräflichen Haus von Morenberg. Wann nun die Stein allein in einen Werth gesetzt werden, so werden sie eine Summe von 20,000 fl. ausmachen. In omnibus glorificetur Deus Eucharisticus."

wenige Capitularen zur Besorgung des Gottesdienstes bei der Stiftskirche zurückbleiben konnten, stellte zwar der Rückzug des Fürstabtes Pankratius für kurze Zeit die frühere Ordnung wieder her, aber schon im September mußte schleunige Flucht die Kirche wieder ihres Schmuckes entkleiden. Im Jahre 1800 versetzten in grellem Gegensatze mit dieser daselbst herrschenden Oede mehrere tausend Kriegsgefangene die Stiftskirche in den bedenklichen Zustand eines Lagerplatzes entfesselter Horden, Männer und Weiber, welche daselbst ohne Scheu ihr wildes Wesen trieben und durch Feuer in der Kirche, zunächst durch Entzündung einer großen Masse von aufgehäuftem Stroh, das herrliche Gebäude gefährdeten, bis es gelang, dem schnell überhand nehmenden Unwesen ein Ende zu machen. Mit dem 1803 in's Leben getretenen Canton St. Gallen und der endgiltigen Aufhebung des Stiftes, sowie bei der Trennung der sogenannten Staats- und Confessionsgüter ward sodann der bisherigen Stiftskirche durch Gesetz vom 8. Mai 1805 die Eigenschaft der katholischen Hauptkirche des Cantons ausdrücklich gewahrt [1]) und für die Unterhaltung und Fundation gehörig Sorge getroffen. Der zum Verwaltungsrathe der Stiftskirche bestellte katholische Administrationsrath des Cantons St. Gallen nahm dann auch im Laufe der folgenden Jahrzehnte manche bauliche Veränderung und Verschönerung im Innern des herrlichen Gotteshauses vor, je nachdem das Bedürfniß oder die kirchlichen Festlichkeiten und Veränderungen der folgenden Jahre dies erheischten. Im Jahre 1809 wurde die Erbauung einer neuen großen Orgel

---

[1]) Art. 3. Gesetz über Sonderung des Staatsgutes vom Vermögen des aufgehobenen Stifts St. Gallen vom 8. Mai 1805. „Die Stiftskirche bleibt die katholische Hauptkirche des Cantons; der Kirchenschatz darf ihren gottesdienstlichen Endzwecken nie entzogen werden; der Gottesdienst selbst soll in der Hauptkirche zu religiöser Verherrlichung dauerhaft und hinlänglich fundirt und mit einem Seminar oder Anstalt zu Bildung von Pfarrgeistlichen verbunden werden"...

Siehe „Sammlung der konfess. Gesetze und Verordnungen" von J. J. Zingg. 1868. S. 169.

verordnet und diese mit 60 Registern und 3476 Pfeifen vom Orgelbauer Franz Frosch von München bis 1815 erstellt und zwar um den Preis von circa 100,000 Gulden. Im Jahre 1818 folgte die Restauration der Deckenmalerei und 1821 bis 1825 die ganz neue Ausmalung der Deckengewölbe des Chores durch Oratio Muretto,[1]) mit Verwendung von 10,485 Gulden ohne Gerüstkosten. Nachdem sodann schon 1847 bei Gelegenheit der Errichtung des besondern Bisthumes St. Gallen das Aeußere der Kirche, der Thürme und der drei Seitenfaçaden restaurirt war, regte der Hochwürdigste Jubilar, dem die herrliche Basilika in diesen Tagen zujubelt,[2]) beim katholischen Administrationsrathe eine vollständige Restauration des Innern der Kirche an, und es beschloß sodann das katholische Collegium am 27. Juli 1866, auf die herannahende Säcularfeier vom Bestande dieses Prachtbaues mit einem Voranschlag von 20,000 Franken die Kirche im Innern zu restauriren.[3]) Diese Beschlüsse wurden auch sofort ausgeführt; die Gebrüder Bertele aus Vorarlberg übernahmen die Arbeiten; die Galluskirche schmückte sich mit hochzeitlichem Gewande für den Tag ihres hundertjährigen Bestehens.

So wären wir denn in unserer Geschichte des St. Gallischen Domes zwar noch nicht bei seiner geistigen Vollendung, deren Schilderung wir dem folgenden Capitel aufbewahren, aber bei seiner materiellen, sichtbaren Vollendung angekommen. Der Leser dieser Blätter wird uns der Mühe überheben, ihm eine detaillirte

[1]) Weder diese Gemälde, noch der neugebaute Hochaltar stehen mit dem übrigen Styl der Kirche in gutem Einklang.

[2]) Außer dieser vom Hochwst. Bischof Karl Johann Greith angeregten Restauration der Kathedral- und Mutterkirche dieses Landes, fanden unter seinem Episkopate und auf seine oberhirtlichen Anregungen hin im Zeitraum dieser c. 18 Jahre in der Diöcese St. Gallen 23 Neubauten an Kirchen und Kapellen, 59 Hauptrestaurationen an Pfarrkirchen und 3 solche an Filialen, und endlich die Errichtung dreier Missionsstationen statt.

[3]) Siehe Botschaft des kath. Administrationsrathes an das kath. Collegium, sowie Beschlußnahme des letztern vom 7. Juni 1866. Acten des kath. Administrationsrathes C. Coll. 1866 n. 78.

Beschreibung von dem Aeußern dieses herrlichen Baues zu bieten, denn einerseits stellt unsere Illustration die Prachtansicht der Thurmfaçade dem Leser vor Augen und anderseits ist mit Ausnahme eben dieser ganz in gehauenem Sandstein aufgeführten Fronte, das gesammte Kirchenäußere sehr einfach ausgeführt und imponirt weniger durch seine künstlerische Schönheit, als durch die Majestät seiner Größe und Ausdehnung. Im Ganzen jedoch ist der Tempel nach dem Urtheile aller Kenner als ein vollendetes Meisterwerk im Renaissancestyl zu betrachten; die Harmonie der Verhältnisse und die Einheit der architektonischen Formen, Linien, Convex- und Concavbogen, sowie die Schnitzarbeit der Chorstühle und der künstlerische Werth der Basreliefs über den Rundbogen verdienen wirklich das Lob, welches ihnen alle Sachkundigen spenden.

Treten wir einmal ein und sehen wir uns in der innern künstlerischen Glorie des heutigen Gallustempels um. Seine innere Ausstattung ruft uns beim Vergleiche mit der Bescheidenheit seiner äußern Erscheinung das Wort der Schrift in Erinnerung: „Alle ihre Herrlichkeit ist von Innen." [1]) Wir begegnen allerdings nicht mehr dem Reichthume an Gold, Silber und Juwelen, wie er zu Zeiten der Aebte Hartmut, Immo, Gotthard u. s. w. das Gallusmünster schmückte, aber noch zur Stunde ist es eine herrliche Aula der Himmlischen, die uns beim Eintritt in die heutige Stiftskirche aufnimmt.

Gleich beim Eingang durch das große Seitenthor [2]) ergreift uns hohe Bewunderung für die steinernen Wölbungen, welche uns durch ihre vollendete Harmonie überraschen. Das Auge schweift zur herrlichen Rotunda empor, wo ihm der Himmel und seine Seligen entgegenleuchten; es schaut vorwärts zum Hochaltare und rückwärts zur Orgel; überall reiht sich in vollendeter Einheit Wölbung an Wölbung; die mächtigen Pfeiler stehen wie imposante Stützen des Gottesbaues da, und doch wirken sie ungemein leicht

---

[1]) Ps. 44, 14.
[2]) Die Stiftskirche hat an der westlichen Façade keinen Eingang.

und scheinen von dem großen Gewölbe, das sie tragen, gar nicht
belastet. Die fast unförmige Länge der Kirche, wenn man sie von
außen betrachtet, ist hier ganz verschwunden; in dem hellen Lichte,
welches durch die hohen Seitenfenster in das Kircheninnere fällt,
erscheint die Uebertünchung der Wände, Pilaster und Wölbungen
in grünlich-gelb-violetten Tönen sehr freundlich; die Ornamentik
des Ganzen, die Figuren und Statuetten in Nischen, an Pilastern,
auf den Altären, die Malereien der Deckengewölbe und das Gold
der verschiedenen Chorzierraten — Alles vereinigt sich, um dem
Innern der Kirche jenen Charakter festlichen Schmuckes zu geben,
welcher diese Bauart vom Ernste der gothischen Gebilde zu unterscheiden pflegt. Wollen wir jedoch auch diesen Schmuck verstehen
und würdigen, so müssen wir uns vorerst mit jenen Gedanken
vertraut machen, deren künstlerischer Ausdruck er ist. Gehen wir,
beim genannten Seitenportale eintretend, den mittlern Kreuzgang
hinunter durch das Schiff, so gewahrt das Auge zuerst die schön
geschnitzte Kanzel an einem Seitenpfeiler. Die Figuren der 4
Evangelisten sind rings um dieselbe angebracht. Ein vergoldetes
Relief zeigt die zwei Tempelpatrone St. Gallus und St. Othmar
predigend. Ueber der Decke ist die Statue des guten Hirten. Am
Ende der Kirche, auf der Empore, über der St. Othmarsgruft,
woselbst Abt Cölestin erstlich ebenfalls eine Art Othmarskirche an-
bauen wollte, erhebt sich die große, erst in den letzten Jahren neu
restaurirte Orgel. Das Kunstwerk rühmte sich in den letzten Jahr-
zehnten auch hochangesehener Künstler, welche als Domchordirigenten
den Ruhm St. Gallens im heiligen Gesange nicht ermatten ließen.[1]
Rechts und links an den Seitenwänden des Schiffes sind der ganzen
Länge der Kirche nach bis zum Chore hin die zahlreichen, künstlich

---

[1] Wir nennen hier nur zwei weithin klingende Namen, nämlich den des
frühern Domchordirigenten Karl Greith, Neffen des Hochwürdigsten Herrn
Jubilars und derzeitigen Domcapellmeisters an der Liebfrauenkirche zu München,
sowie den gegenwärtigen Dirigenten und Componisten Eduard Stehle, Ritter
des kgl. sächs. Albrechtsordens, Mitglied der römischen Akademie, Akademie der
Künste und des amerikanischen Cäcilienvereins ꝛc.

in Hartholz geschnitzten, herrlichen Beichtstühle in's Gemäuer eingelassen. Als Schnitzwerke bilden sie mit den prachtvollen Chorstühlen das künstlerische Hauptwerk des Domes. Ueber jedem der heiligen Tribunale zeigt sich in reichem Schnitzwerk eine Büste oder eine biblische Scene in Holz geschnitzt. Der Gegenstand derselben, stets zum heiligen Bußsacramente in Beziehung stehend, ist in sehr sinniger Auffassung ausgewählt worden. So erblicken wir über den Beichtstühlen der sog. Männerseite: den heiligen Paulus, ein Ecce homo, Adam mit dem Apfel, Petrus mit dem Hahne, den guten Hirten mit dem wiedergefundenen Schafe, den verlornen Sohn, den öffentlichen Sünder, Zachäus, und über jenen der sog. Frauenseite: die seligste Jungfrau, Maria von Aegypten, Eva mit der Schlange, Maria Magdalena, das Weib, das den verlornen Groschen sucht, den barmherzigen Samaritan, Magdalena zu Jesu Füßen, das kananäische Weib.

Wollen wir aber die Sprache der Kunst im Münster zu St. Gallen verstehen und überhaupt die vielgestaltige Predigt seines Innern würdigen, so heißt es hier im vollsten Sinn des Wortes „sursum corda", aber auch aufwärts den Blick gerichtet. Nach Sitte damaliger Zeit [1]) und Art dieses Baustyles hat sich die Malerei vorzüglich an den Deckengewölben versucht. Während die Deckenmalereien im Chore viel spätern Ursprungs und eher nachtheiliger als förderlicher Wirkung für den Gesammteindruck sind, so rühren diejenigen im hintern Theile des Schiffes, wohl die besten, aus der Zeit Cölestin's her und wurden von Maler Wenzinger aus Freiburg im Breisgau hergestellt; die der großen Kuppel aber in ihrer ursprünglichen Erscheinung von Joseph Wannenmacher aus Elchingen in Württemberg. Diese letztern wurden sodann von Oratio Muretto später neu übermalt, aber leider, wenigstens theilweise, verdorben. „Sursum corda!" Von der Höhe

---

[1]) Während die Alten bei ihren Bauten mehr die Wände der Tempel mit Malereien schmückten, hat man erst später auf an und für sich unnatürliche Weise die Wände kahl und leer gelassen und dafür die Decke mit Bildern und Malereien illustrirt.

der großen Kuppel herab schaut gleichsam der „offene Himmel" mit seinen Seligen auf uns nieder. Es ist die bilderreiche Predigt und Versinnlichung der acht Seligkeiten, wie sie uns die bunte Malerei hier bietet.

Die Heiligen Gottes, auf den Wolken thronend, sind nach den acht Seligkeiten in bestimmte Gruppen geordnet. Im Mittelpunkt erscheint von Engeln getragen das Kreuz des Herrn. Engel und Heilige erfüllen die ganze Wölbung in folgenden Gestalten: „Selig sind die Armen im Geiste!" Es erscheinen der heilige Gallus, der heilige Columban, der heilige Papst Cölestin V., der heilige Bekenner Alexius, der selige Nikolaus von Flüe, der heilige Franz von Assisi und die heilige Elisabeth (bona). „Selig sind die Sanftmüthigen!" Die Gruppe wird gebildet von den Gestalten des heiligen Notker, des heiligen Franz von Sales, des Königs David, der heiligen Monika und Moses mit den Gesetzestafeln. „Selig sind die Trauernden!" Es vereinen sich hier die heilige Maria von Aegypten, der heilige Ordensstifter Bruno, Maria Magdalena, der heilige Dismas oder gute Schächer mit einem großen Kreuze. „Selig sind, die hungern und dürsten nach der Gerechtigkeit!" Eine neue ehrwürdige Gruppe, meistens heilige Ordensleute, repräsentirt diese nun im Himmelreich „Gesättigten", nämlich der heilige Benedict, Thomas von Aquin, Ignatius von Loyola, Bonaventura, Antonius der Abt. „Selig sind die Barmherzigen!" Wir erblicken die „Barmherzigkeit" personificirt in dem heiligen Abte Burkard, Karl Borromäus, dem heiligen Ludwig, Martinus und der polnischen Königin Hedwig. „Selig sind, die reinen Herzens sind!" Eine liebliche Vereinigung der reinen Gestalten eines heiligen Kaisers Heinrich II., der heiligen Kunigunde, Katharina und Scholastika schwebt hier gleichsam im reinen Aether daher. „Selig sind die Friedfertigen!" Friedlich und in heiligen Wonnen haben sich da in der Höhe der heilige Beat, der heilige Bischof Ulrich, der heilige Bernhard, der heilige Papst Leo I., die heilige Elisabeth von Portugal und Cyrill von Jerusalem zusammengesellt. „Selig sind, die Verfolgung leiden wegen der Gerechtigkeit!" Der heilige Abt Othmar im Ornate, der heilige Erzbischof Bonifacius, der St. Gallische Martyrer Eusebius, die heilige Barbara und Ida, Johannes von Nepomuk und Ignatius der Martyrer, alle scheinen sich des beseligenden Gedankens zu erfreuen, der in den Worten liegt: „Prima abierunt", „das Erste ist vorbei." [1]) In Reliefs von Gyps schmücken die Symbole der theologischen, sowie der Cardinaltugenden die Umfassung der Wölbung.

Die sich gleich an die Mittelwölbung anschließende Streifwölbung zeigt uns die **Apotheose des heiligen Gallus**. Die seligste Jungfrau mit dem Kinde blickt huldvoll auf den Plan des Gotteshauses St. Gallen, wie ihn sein Stifter, der heilige Gallus vor den Augen der Himmelskönigin entrollt. Die heiligen Patrone, welche Gallus selbst zu Schirmherren dieser Stätte erkoren, wenden ihr huldvolles Angesicht dem flehenden Patriarchen zu. Gleich in der nach hinten folgenden Wölbung erscheint die **Glorie des heiligen Othmar**. Engel tragen rings um den reich geschmückten Abt die äbtlichen Insignien, denen sein heiliges Leben und tragisches Ende gleichsam neuen Glanz verliehen. Zwischen dieser und der nun folgenden Wölbung verkündet eine auf Rothgrund sich abhebende Goldschrift, daß „**dieser Tempel der Unschuld geweiht sei der makellosen Jungfrau und dem heiligen Othmar**." [2]) Beinahe unmittelbar ob der hintern Orgeltribune erscheint nun in der hintersten Wölbung, die aber geräumiger ist, als die zwei vorangehenden, die schönste allegorische Darstellung, nämlich die «**Virgo immaculata**» in **ihrer Glorie**. Sollte das Bild der Hochentzückten zu heiligen Melodieen begeistern? Erscheint etwa die Jungfrau, deren „Geist

---

[1]) Apoc. 21, 4.
[2]) Die lateinische Inschrift lautet: „Templum innocentiæ Virgini Immaculatæ divoque Othmaro dedicatum." Wie kommt es wohl, daß der Tempel hier in besonderer Weise dem heiligen Othmar, nicht aber dem heiligen Gallus geweiht erscheint? Vielleicht nimmt diese Inschrift besondere Rücksicht auf die einst am Westende der Galluskirche stehende St. Othmarskirche.

in Gott ihrem Heilande frohlockt", eben dieses ihres Hochgesanges wegen über der Tribune der Sänger? So hat denn die Verehrung der makellosen Jungfrau, welche im Stifte St. Gallen stets blühte, hier ihre schönste Versinnlichung gefunden. Die Jungfrau der Jungfrauen erscheint in triumphirender Stellung mit der Schlange zu ihren Füßen. Ihr lobsingende und dienende Geister tragen die sinnigen Embleme ihrer ungetrübten Seelenschönheit, nämlich „den Spiegel ohne Makel", den stets blühenden Stab Aaron's, das Fell Gedeon's. Auf einem von Engeln getragenen Buche ist der Centralgedanke der allegorischen Darstellung mit jenen Worten «Innocentia vindicata» ausgedrückt, welche der große Verehrer und Vertheidiger der unbefleckten Empfängniß Mariä, Cardinal Cölestin Sfondrati, zum Titel seines bezüglichen Werkes wählte. Ein anderer Engel zeigt eine Bittschrift mit dem Titel „Zu Dir". Unten erscheint auf seidenem Polster die Fürstenkette des Ordens von der Verkündigung Mariä, mit welchem die St. Gallischen Aebte geschmückt waren, und das Wappen Cölestin's II., des Erbauers dieses Domes. Engel mit musikalischen Instrumenten, Choralisten im Benedictinerhabite, die musicirende heilige Cäcilia vollenden den jubelnden Chor der verherrlichten Jungfrau. Nicht weniger sinnreich sind die bildlichen Darstellungen in den kleinen Seitenwölbungen, welche dem Hauptschiffe parallel sich bis zum Chore fortziehen. Wir wollen deren Darstellungen nur kurz nennen. Es sind: 1. Der heilige Gallus, umgeben von den heiligen Patronen, deren heilige Leiber in der Stiftskirche ruhten. 2. Die seligste Jungfrau und in ihrer Umgebung der heilige Dominicus und Katharina von Siena mit dem Rosenkranz, sowie die heilige Theresia mit dem Scapulier. 3. Das Wappen des St. Gallischen Ruralcapitels, umgeben von den heiligen Gallus, Karl Borromäus und Benedict. 4. Plan des Gotteshauses zu Rorschach, umgeben von den heiligen Benedict, Columban und Constantius. 5. Die St. Galler Heiligen Notker, Magnus und die heilige Martyrin Fides. 6. Die heiligen Gregorius der Große mit dem «Regina coeli» auf einem Papiere und Petrus Damianus mit den

geschriebenen marianischen Antiphonen des «Regina coeli» und
«Alma redemptoris mater». 7. Die Landkarte von Toggenburg, von den heiligen Patronen Gallus und Ida umgeben. 8. Die
heiligen Gallus, Papst Agatho und der Martyrer Pankratius als
Umgebung des Capitelwappens von Wyl. 9. Der heilige Mar-
tyrbischof Valentin [1]) mit den heiligen Sergius, Sebastianus,
Erasmus, Hyacinthus als Repräsentanten des «candidus mar-
tyrum exercitus». 10. Ein Engel mit der Karte des Gotteshauses St. Johann, der heilige Martyrer Theodor und über allen
in einer Wolke das Lamm Gottes.[2]) 11. Die Blutzeugen St.
Gallens, der heilige Eusebius mit Palme und Sense und die
heilige Wyborada mit Palmzweig und Hellebarde. 12. Die großen
Verehrer Maria's aus dem Benedictinerorden, der heilige Anselm
von Canterbury, Ildephons und Beda der Ehrwürdige. In der
Mitte der Kirche, je an den verschiedenen Seiten der die Kuppel
tragenden Hauptpfeiler, seit der letzten Restauration sehr passend
in gränlich-violettem Tone gehalten, zeigen sich die künstlich und
meisterhaft ausgeführten acht Relieftableaux mit Darstellungen
aus der Lebensgeschichte des heiligen Gallus. Die acht Partieen
dieser Relief-Illustrationen sind: 1. Columban's Abschied vom heiligen Gallus. 2. Gallus zertrümmert einen Götzenaltar. 3. Gallus
befreit die Tochter des Herzogs Cunzo vom bösen Geiste. 4. Gallus
erhält von Sigisbert II. die Donationsurkunde. 5. Gallus ver-
richtet nach seiner Vision vom Tode Columban's das heilige
Opfer. 6. Gallus predigt den Heiden. 7. Gallus theilt Almosen
an die Armen aus. 8. Gallus stirbt, umgeben von seinen Freunden.

So hätten wir kurz betrachtend unsern Rundgang im Schiffe
beendigt. Die Geheimnisse Gottes, die Geschichte der Heiligen,

---

[1]) Wegen der zur Zeit des Abtes Diethelm in der Stiftskirche einge-
führten und noch bestehenden „Bruderschaft vom heiligen Bischof und
Martyrer Valentin".

[2]) Wie im fürstäbtlichen Wappen wegen Toggenburg die Dogge, so
erscheint wegen der Zugehörigkeit von St. Johann zu St. Gallen das Lamm
in demselben.

die kirchliche Landesgeschichte — all' das hat aus Sculptur und
Malerei zu uns geredet. Ueberschreiten wir nun beim Portale
des großen, Chor und Schiff trennenden Eisengitters die Schwelle
des herrlichen und geräumigen Chores. Wir können in demselben
drei Theile leicht unterscheiden. Zuerst betreten wir den Raum,
in welchem bis zum Beginne der Chorstühle sämmtliche Seitenaltäre
vertheilt sind. Daran schließt sich der Chor, welchen die eigent=
lichen Chorstühle einnehmen. Endlich bildet der dritte, für die
eigentlichen Cultusfunctionen am Hochaltare bestimmte, um einige
Fuß erhöhte Chortheil den passenden Abschluß.¹) Was zunächst
die Altäre betrifft, so sind sie, allerdings nicht gerade sehr ge=
schmackvoll, im Baustyle damaliger Zeit aus röthlichem Gyps=
und theilweise wirklichem Marmor erstellt. Der Altar des hei=
ligen Kreuzes am ersten Pfeiler der Evangelienseite trägt ein
Gemälde des Gekreuzigten und ob demselben ein kleineres des hei=
ligen Petrus. Er ist mit verschiedenen Gnadenprivilegien ge=
schmückt, der eigentliche Pfarraltar, und wird deshalb im Taber=
nakel desselben das allerheiligste Sacrament aufbewahrt. Auf
derselben Seite, etwas mehr seitwärts gekehrt, erscheint der Altar
des heiligen Othmar. Er birgt einige Gebeine des heiligen
Bekenners, trägt ein schönes Tableau mit dem Heiligen im Bene=
dictinerhabit und ob demselben wieder ein kleineres mit dem
Bildniß des heiligen Valentin. Dem heiligen Kreuzaltar
entsprechend, steht am ersten Pfeiler der Epistelseite der Altar der
„unbefleckten Empfängniß Mariä". Er trägt das schöne
und anmuthige Bild der «Immaculata»,²) welches, wie wir schon

---

¹) Unter diesem Chore befindet sich eine Krypta mit dem noch erhaltenen
Grundstock eines ehemaligen Altars.

²) Die seligste Jungfrau in edler Haltung und sehr anmuthiger Erscheinung
steht auf der Erdkugel und über der Schlange. Das Jesuskind, welches Maria
auf den Armen trägt, durchsticht mit einer Art Lanze, die oben in Kreuzesform
ausläuft, das Haupt der Schlange. Der himmlische Vater erscheint mit aus=
gebreiteten Armen ob der von Engeln umgebenen Gruppe der Gottesmutter
und des göttlichen Kindes, gleich als ziehe es ihn mächtig hin zum Sohne,

berichtet haben, ein Geschenk des Cardinals Sfondrati ist. Ob
demselben ist ein kleineres Bild des Weltapostels Paulus ange=
bracht. In gleicher Stellung zum Marienaltar wie auf der an=
dern Seite der St. Othmarsaltar zum heiligen Kreuzaltare folgt
nun der Altar des heiligen Landesvaters Gallus mit ein=
zelnen seiner heiligen Gebeine. Das Altargemälde stellt den hei=
ligen Patriarchen dar, wie er auf den Knieen liegend vor dem
eben errichteten Kreuze betet, während einige Engel in der Höhe
diesen hochfeierlichen Act gleichsam bejubeln. St. Benedict,
der Ordensstifter, erscheint als Brustbild ob diesem Gemälde.
Statuen der heiligen Bischöfe Ulrich und Konrad auf dieser
und der heiligen Martyrer Sebastianus und Mauritius auf
der andern Seite stellen gleichsam die Verbindung dieser sich
nahestehenden Altäre her.

Wir gehen in der Mitte des Chores einige Schritte weiter, bis
wir die zwei großen Pfeiler, an welche sich der heilige Kreuz= und
Marienaltar anlehnen, im Rücken haben, und da mahnt uns vor=
erst eine ganz einfache, schwarze Schrift auf zwei aneinander=
stoßenden Steinplatten, einen Augenblick stille zu stehen, bevor wir
über die Gräber zweier erlauchten Fürsten von St. Gallen hinweg=
schreiten. Hier ruhen in Mitte des Tempels unter diesen beschei=
denen Gedenktafeln Cölestin II., der Erbauer, und Beda,[1] der

---

„an dem er sein Wohlgefallen hat". Das Symbol des heiligen Geistes,
die Taube, schwebt zwischen dem ewigen Vater und der jungfräulichen Gottes=
mutter, die ja „vom heiligen Geiste" empfangen, was sie auf den Armen
trägt. So vereinigen sich in dieser bildlichen Darstellung die großen Geheim=
nisse der Trinität und Erlösung einerseits, wie anderseits das Ganze von tief
dogmatischer Auffassung der Stellung Mariens zu diesen Centralgeheimnissen
zeugt. Ungemeine Anmuth liegt im Antlitz der seligsten Jungfrau, die dem
Kinde zuschaut, wie es die Schlange vernichtet. Ebenso innig ist Angesicht und
Haltung des himmlischen Vaters. Nur die Formen und Stellungen einzelner
Engelgestalten lassen zu wünschen übrig.

[1] Die zwei einfachen Grabschriften lauten: a) Hic jacet *Caelestinus II.*,
Princeps Abbas S. Galli, † 24. Febr. 1767 und b) Hic jacet *Beda Angehrn*,
Princeps Abbas S. Galli, † 19. Maji 1796.

Vollender dieser Stiftskirche. Eine Erinnerungstafel an dem gegenüberstehenden Pfeiler ist dem Andenken Cölestin's I. geweiht. Das einbalsamirte und bis 1867 in der Schatzkammer aufbewahrte Herz dieses Cardinals ist nun, in einer Kapsel verschlossen, hinter dieser Tafel in die Mauer eingeschlossen. Die jetzige Inschrift unterscheidet sich nur ganz unwesentlich von jener, welche früher in der alten Kirche den Ort bezeichnete,[1] woselbst das Herz Sfondrati's ruhte. Diese erste Inschrift schloß mit den passenden Worten: „Ich schlafe zwar, aber mein Herz wachet für euch. Wachet!" Die diesen Pfeilern gegenüberstehenden Seitenaltäre gleich beim Beginne der Chorstühle, die am einfachsten ausgeführten, sind auf der Frauenseite der Altar des heiligen Johannes des Evangelisten und St. Magnus mit einer größern Reliquie des letztern und auf der Männerseite der Altar des heiligen Notker mit der Reliquie seines Schulterblattes. Das Gemälde zeigt den Kampf Notker's mit dem Dämon. Die Anfangsworte von St. Notker's Pfingstsequenz: «Spiritus sancti adsit nobis gratia» verkünden die Stätte, wo noch jetzt jener Heilige ruht und verehrt wird, welcher „die Zierde des Landes und der Ruhm der deutschen Gelehrten" seiner Zeit gewesen.

---

[1] Die heutige Inschrift, von den Insignien des Cardinalates umgeben, lautet: „*Hic requiescit Cor Coelestini Sfondrati*, S. R. E. Princip. Abb. S. G., S. R. E. Presbyt. Cardinalis *Tit. S. Caeciliae*, cui avorum gloria, propria virtute, libris editis Clarissimo de Deo Ecclesia Monasterio scriptis et gestis optime merito, sed praematuris fatis a. 1696 die 4. Sept. aetatis suae a. 53. expectationi Urbis et Orbis erepto hoc gratitudinis monumentum in *hoc nova Basilica* Beda princeps posuit."

Die Grabschrift auf der weißen Marmorplatte, welche im Innern der Krypta der Kirche der hl. Cäcilia zu Rom, Cölestin's I. Grab deckt, lautet: „*Coelestinus* Tit. S. Caeciliae S. R. E. Presb. *Cardinalis Sfondratus* Mediolanensis, Gregorii P. XIV. Abnepos, ex Principe Abbate Monasterii S. Galli, Ord. S. Benedicti, nullius Dioec., Provinc. Moguntin. in Helvetia, Cardinalis renuntiatus ab Innoc. XII. Pont. Max. pridie Idus Decemb. MDCXCV vixit annos LII, menses VII., dies XXV., obiit pridie Nonas Septemb. MDCXCVI."

Wir gehen durch die Schranken zwischen der ersten und der mittlern Chorabtheilung und stehen nun vor dem künstlerischen Pracht= und Meisterwerke des Münsters, den herrlichen, reich und kunstvoll in Hartholz geschnitzten, mit feinen Einlagen geschmückten, von großen Basreliefs in Holz gekrönten Chorstühlen. Die auf jeder Seite in drei aufsteigenden Sitzreihen erstellten Chorstühle imponiren schon durch den Reichthum des herrlichen, an ihnen verschwendeten Materials. Die Einlagen an den Rückenfüllungen der einzelnen Plätze, die kunstvoll ausgeführten Formen, Verschlingungen, Engelsköpfe, endlich die seit 1867 in ihrer ursprünglichen Holzfarbe wieder hergestellten Reliefs nöthigen jedem Beschauer Verwunderung ab. Wie das Leben des heiligen Gallus das Thema sämmtlicher Darstellungen der bereits geschilderten Gypsreliefs bildet, so sind es hier in den Holzreliefs wiedergegebene Lebensbilder aus der Geschichte des heiligen Ordenspatriarchen Benedict. Der heilige Ordensstifter erscheint 1. als Knabe, welcher vor einem Madonnabilde sich die Berufsgnade erfleht; 2. Benedict als Einsiedler in der Höhle des Gebirges von Subiaco von Dämonen verfolgt; 3. Benedict wird vom Teufel durch sinnliche Vorstellungen versucht und besiegt den Versucher, indem er sich in die Dornen stürzt; 4. der heilige Benedict vereitelt mittelst seines Segens über den ihm gereichten Becher das verbrecherische Unterfangen schlechter Mönche, ihn zu vergiften; 5. Benedict zerstört einen Götzentempel, gründet Gotteshäuser und vor allem das weltberühmte Benedictinerstift Monte Cassino (529); 6. Väter bringen ihre Söhne dem heiligen Benedict, daß er sie segne; 7. Maurus rettet den Placidus wunderbarer Weise aus dem Wasser, über welches er auf Geheiß St. Benedict's trockenen Fußes dahinschreitet; 8. der heilige Benedict vertreibt eine Buhlerin mit einer Ruthe; 9. St. Benedict erscheint vor dem Gothenkönig Totila, den er sofort erkennt, und verkündet ihm seinen Tod; 10. Vision des heiligen Benedict über einen Sterbenden. Endlich enthalten noch die zwei hohen Chorstuhlwände auf der erhöhten dritten Chorabtheilung, vor deren rechter sich jetzt der bischöfliche Thron und vor deren linker sich die Sitze für den Celebranten und die Leviten beim Hochamte befinden, zwei solche Reliefdarstellungen. Das Bild beim bischöflichen Stuhle stellt uns den Tod des heiligen Benedict, das auf der entgegengesetzten Seite die Sterbescene der Schwester St. Benedict's, der heiligen Scholastika, vor.

Doch wir stehen ja schon auf der Höhe der dritten für die eigentlichen Cultusfunctionen bestimmten Chorabtheilung. Leider ist der Hochaltar viel zu leer und farblos, als daß er den würdigen Mittelpunkt des Allerheiligsten bildete. Der gräuliche Marmor, welcher dazu verwendet worden, wirkt zu wenig. Die weiten, leeren Wandflächen zwischen den hohen, schwarzen, mit korinthischen Capitälern gekrönten Marmorsäulen sollten nothwendig mit Statuen ausgefüllt werden. Gleich ob der steinernen Bodenerhöhung dieser Chorabtheilung, welche ein eisernes Geländer umkränzt, hängen von der Höhe zu jeder Seite jene schweren, prunkvollen, vergoldeten Riesenlampen herunter, deren Vergoldungsrestauration allein gegen 1000 Fr. erforderte. Die nicht sehr gelungenen Deckengemälde des Chores von Oratio Muretto wollen wir unberücksichtigt lassen. Das Gemälde der **Auffahrt Mariä**[1]) ist das schon besprochene Bild, nämlich ein Geschenk des Cardinals Barberini unter Abt Pius. Bevor wir aber die heilige Umfriedung durch die Seitenthüre im vordern Chor verlassen, sehen wir uns noch in drei mit der Stiftskirche in innigster Beziehung stehenden Localitäten um, nämlich der **Schatzkammer**, der **Sakristei** mit den Reliquien und Merkwürdigkeiten und endlich der schon einmal besprochenen **Galluskapelle**.

---

[1]) Kolossale Figuren der Apostel in lebensvollen Bewegungen und Stellungen umgeben das leere Grab der Jungfrau. Diese schwebt, von Engeln getragen, die Arme in heiliger Entzückung erhoben und ausgebreitet, zu den himmlischen Höhen empor. So sind gerade die zwei Geheimnisse aus dem Leben des Heiligsten aller Geschöpfe, welche in tief dogmatischer Verwandtschaft und Verbindung zu einander stehen, aber auch den Anfangs- und Schlußact des jungfräulichen Lebens Mariä betreffen, ihre **Empfängniß** und ihre **Aufnahme** in den Himmel, in der Stiftskirche durch die Kunst hervorgehoben und verherrlicht.

Es sind nun freilich gar viele und kostbare Schätze der St. Gallischen Schatzkammer im Laufe zumal der letzten Stürme, Wirren und Ereignisse abhanden gekommen, und nur einzelne jener massiv silbernen Statuen, Statuetten und Büsten, von denen das Sacrarium S. Galli tom. V. redet, wurden in unsere Tage hinübergerettet. Was aber vor allem dem Besucher des St. Gallischen Kirchenschatzes auffallen mag, das ist der gänzliche Mangel irgendwelcher Kunstgegenstände, Kirchenornamente und Utensilien von höherm Alter. Immerhin aber bildet die Gesammtsumme von silbernen Statuetten, Leuchtern, vergoldeten Kelchen, Messkännchen, Rauchfässern, Utensilien jeder Art und Bestimmung, goldgewirkten und künstlich gestickten Paramenten [1]) noch eine würdige und thatsächliche Erinnerung an die ehemalige Herrlichkeit. Wie die Schatzkammer, so ist auch die Sakristei an kostbaren, heiligen Reliquien sehr reich. Was die letztern anbetrifft, so finden sie sich zumeist in den zahlreichen, schwarzhölzernen, mit schweren Silbergarnituren versehenen Reliquienschreinen. Der erste Band des „Sacrarium S. Galli", [2]) welcher den heiligen Reliquien und ihrer Geschichte geweiht ist, gibt uns Seite 625—690 ein alphabetisch geordnetes Register sämmtlicher einst vorhandenen heiligen Ueberreste. Die Mehrzahl derselben befindet sich heute noch daselbst, so dass immerhin Dekan Waldramm's Lobspruch vom Heiligthume des heiligen Gallus: „Istud sanctorum concludit millia templum," [3]) noch heute seine Richtigkeit und Wahrheit nicht verloren hat.

Unter den vorzüglichsten Merkwürdigkeiten der Schatzkammer, die nicht heilige Reliquien sind, machen wir nur einzelne namhaft,

---

[1]) Der unter Fürst Beda angeschaffte und noch erhaltene, prachtvolle sog. Gallus-Ornat in 4 Pluvialen, 1 Casula, 4 Dalmatiken, Velum, Stuhlüberzug etc. soll 20,000 fl. gekostet haben. Der rothe Seidenstoff ist ganz mit einem feinen Goldschleier überzogen, über welchem sodann erst die reiche Goldstickerei aufgetragen worden.

[2]) Hierogazophylacium S. 625—690.

[3]) „Tausende von Heiligen umschließt dieses Tempels Umfriedung." Dek. Waldramm's Begrüssungslied auf Kaiser Konrad I.

wie z. B. die schon besprochene Glocke des heiligen Gallus; des heiligen Gallus Eßlöffel und Platte, seit Fürstabt Gallus II. neu in Silber gefaßt;¹) ein kleines Gemälde von Raphael, auf Elfenbein gemalt, die heilige Familie darstellend; des heiligen Karl Borromäus Autograph, Zimmerleuchter und Cardinalsbarett; das Purpurbarett Cardinal Sfondrati's mit einem reich mit Rubinen, Smaragden und Emails verzierten Kelche desselben Kirchenfürsten; der Pergament-Ornat zum Priesterjubiläum des Fürsten Gallus II. ꝛc.

Beim Verlassen der Kirche durch die in den innern Klosterhof führende Seitenthüre schreiten wir über die Grabplatte des im Rufe hoher Tugend und Frömmigkeit vollendeten St. Gallischen Capitularen und Officialen Jso Walser,²) gehen an der Stelle vorbei, wo ehedem die sog. Marien- oder schwarze Kapelle gestanden und erreichen endlich die untere, der alten Pfalz und jetzigen bischöflichen Residenz einverleibte St. Galluskapelle, deren Ursprung, Veränderung und Aufnahme in diesen Bauflügel wir bereits im vierten Capitel kennen gelernt. Sie wurde im Laufe der Zeit ganz mit Holz verkleidet, und auf dem Getäfel in zahlreichen Farbenbildern die Lebensgeschichte des heiligen Gallus dargestellt. Als aber auch diese Ausschmückung mit den Jahren abgestanden war und das Nationalheiligthum des heiligen Gallus bereits den Eindruck einer öde und wüst gewordenen Stätte

¹) *Cochleare S. Galli*, alias ligueum argento jam antiquitus inclusum, quotidianis quasi miraculis ob sanatos febricitantes ex eo aquam vel benedictum vinum haurientes insigne ac nominatum, quod felicissimus S. Galli successor Gallus II. Abbas restaurari et novo superinducto argento ac gemma pretiosa exornari fecit a. D. 1662. Hierogaz. pag. 373.

²) † 1800. Sein handschriftlicher Nachlaß, meist theologisch-ascetischen Inhaltes, wird in der Stiftsbibliothek aufbewahrt und zeugt nebst den von ihm verfaßten Gebet- und Andachtsbüchern, namentlich zur Anbetung des heiligen Sacramentes, von seiner gründlichen theologischen Kenntniß und tiefen Frömmigkeit. Siehe Handschriftenkatalog n. 1105. 1544—1561. 1562-1563. 1566. 1588. 1665. 1668. 1675.

machte, faßte der gegenwärtige Hochw. Pfarr-Rector der Dompfarrei, Domcapitular Wilhelm Linden, den trefflichen Gedanken, mit freiwilligen Gaben jenes Heiligthum neu fassen und restauriren zu lassen, das jedem St. Galler ein Ort hoher Verehrung sein muß, an welches sich die Christianisirung dieser Gegend ebenso knüpft, wie der spätere Lebensweg eines jeden Menschen an sein Vaterhaus und den Ort, wo seine Wiege stand, in welchem endlich heute noch in tiefsinniger Weise durch Spendung des Sacramentes der Wiedergeburt im Wasser und im heiligen Geiste das Christenthum für diese Landschaft sich fortgebiert und verbreitet. Der ehemalige Altar mit dem schönen Oelgemälde des in die Dornen sinkenden Gallus und einer Reliquie des heiligen Landesvaters wurde belassen, aber neu gefaßt. Die gesammte Bilderverkleidung der Kapelle wurde, um derselben ihre traditionelle Physiognomie nicht zu rauben, beibehalten, aber die Ornamentik und Umrahmung der neu aufgefrischten Malereien geschmackvoll in Gold und Carmoisinroth gehalten.

Allein der Name „Stiftskirche des heiligen Gallus" klingt wohl noch in der Geschichte und in Gesetzessammlungen fort, im Munde des Volkes und in der Redensart der Gegenwart ist er bereits jener andern und noch vornehmern Titulatur „der Kathedrale des heiligen Gallus" gewichen. Es führt uns das zum letzten Capitel unserer Geschichte, welches uns, nachdem wir die sichtbar materielle Vollendung der Galluskirche bereits betrachtet, noch von der geistigen Vollendung und Erhöhung desselben Heiligthums erzählen wird. Das Sonnenlicht der geistigen Verklärung dieser Stätte erstrahlte aber erst über dem bereits in seiner Mitte gebrochenen Stamme des ehrwürdigen Stiftsbaumes, und es knüpft sich diese letzte geistige Erhöhung der Galluskirche gewissermaßen ebenso an die Persönlichkeit unseres Hochwürdigsten Jubilars, wie die Begründung dieser Kirche an den heiligen Landesvater Gallus.

VII.

Die Kathedrale des heiligen Gallus

bis zu ihrer feierlichen Consecration

durch

Bischof Karl Johann von St. Gallen.

1867.

VII.

Die Kathedrale des heiligen Gallus bis zu ihrer feierlichen Consecration durch Bischof Karl Johann. 1867.

Während die Kirche Gottes nie untergeht, gehen die im Laufe der Zeit in ihr gestifteten irdisch-materiellen Institute unter. — Sturz des Stiftes St. Gallen. — Sein unbeugsamer letzter Fürstabt Pankratius. — Thräne v. P. Ildephons auf das zertrümmerte Stift. — Das geistige Erbe des heiligen Gallus in der geistlichen Gerichtsbarkeit der Aebte lebt: fort. — Der Episkopat konnte keine bessere und passendere Stätte finden, als „die Ruhestätte des heiligen Gallus". — Das Doppelbisthum Chur-St. Gallen und der Einzug des Fürstbischofs Karl Rudolf in die Kathedrale des heiligen Gallus. — Auflösung des Doppelbisthums und Gründe für ein besonderes Bisthum St. Gallen. — Die zum Rang einer Kathedrale erhobene Stiftskirche. — Consecration des ersten Bischofs von St. Gallen, Johannes Petrus Mirer, am 29. Juni 1847. — Vorbereitungscarrière des Bischofs Karl Johann Greith. — Dessen feierliche Consecration im Dome am 3. Mai 1863. — Die am 14. August vorgenommene Consecration der Kathedrale vollendet geistigerweise den Bau Cölestin's II. — Schluß der „geschichtlichen Beleuchtung der Kathedrale des hl. Gallus".

„Wo konnte nun das apostolische Hirtenamt, wo dieser göttliche Grundkeim des Episkopates ein besseres Erdreich finden, als an dieser Stätte, in diesem heiligen Boden, welchen der heilige Gallus schon vor zwölf Jahrhunderten mit seinem Schweiße getränkt, mit seinen Thränen benetzt, mit seiner Mühe und Arbeit, seiner Tugend und Frömmigkeit besonders eingeweiht hat?"

Bischof Karl Johann Greith in seiner am 4. Juli 1847, bei der Festthatfeier des Bisthums durch den ersten Bischof von St. Gallen, Johannes Peter Mirer, im Dome gehaltenen Predigt. (Apolog. Bd. 3. S. 321.)

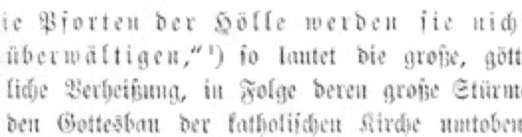ie Pforten der Hölle werden sie nicht überwältigen,"¹) so lautet die große, göttliche Verheißung, in Folge deren große Stürme den Gottesbau der katholischen Kirche umtoben, seine Fundamente wohl in ihren Tiefen erschüttern, niemals aber ihn selbst stürzen, zertrümmern und vernichten können. Nicht dieselbe Verheißung eines immerwährenden Bestandes, deren sich die universale Kirche als solche erfreut, gilt auch den Kirchen der einzelnen Länder und Völker und noch viel weniger jenen materiell sichtbaren Schöpfungen und Instituten, welche im Laufe der Zeit von katholischem Geiste in's Leben gerufen, meistens auch in der Zeit wieder fallen, sich auflösen und verschwinden. Hängt nämlich Bestand, Blüthe und Forterhaltung des Glaubens und somit die Entwicklung seiner concreten Erscheinung in der katholischen Kirche vorzüglich von der Mitwirkung des Volkes ab, dem diese größte aller Gnaden, der Besitz des wahren Glaubens und die Zugehörigkeit zur Kirche Gottes, in barmherziger Fügung der Vorsehung verliehen worden, so ist die Fortexistenz oder die Erhaltung von materiell irdischen Schöpfungen, wie eines Klosters, eines Stiftes, eines kirchlichen Institutes noch von viel mehr und verschiedeneren Factoren abhängig gemacht. Mag auch immer die schöpferische Idee und belebende Seele eines solchen sichtbaren Institutes in ihrer Allgemeinheit

---

¹) Matth. 16, 18.

genommen, eine ewige und göttliche sein, so ist sie es doch nicht bezüglich dieser oder jener localen Verwirklichung; so kann dieses Kloster und jenes ehrwürdige Stift fallen, obschon Klöster und Stifte nicht von der Erde verschwinden werden, sehen wir ja in der That die meisten, selbst die großartigsten und ehrwürdigsten Stiftungen, im Laufe der Jahrhunderte sich ausleben, abnehmen, zerfallen und verschwinden. Das Zeitlich-Irdische überwiegt wie bei allem Sichtbaren hienieden meistens noch die geistige und innere Kraft, löst sich deshalb, weil vom Geiste noch nicht überwältigt und verklärt, wieder auf und vergeht, weil es eben zeitlich ist. Es will uns sogar dieser successive Fall und die ununterbrochene Auflösung solch' zeitlicher, wenn auch noch so ehrwürdiger Schöpfungen nicht blos in der Natur ihrer Zeitlichkeit, sondern selbst im bestimmten Plane der Vorsehung begründet erscheinen, damit eben die Zerstörbarkeit dieser immerhin menschlichen Werke die Unzerstörbarkeit jenes Gotteswerkes mehr hervorhebe, dem die genannte Verheißung allein gilt. —

Nach den Zulassungen derselben Providenz hatten die Nachstürme der französischen Revolution auch die allmähliche Erschütterung und selbst den schließlichen Sturz des durch zwölf Jahrhunderte siegreich hindurchgegangenen Stiftes St. Gallen zur Folge. Schon unter der Stabsführung des Fürsten Beda machten bürgerliche Unruhen und die ersten [1]) Vorboten des kommenden Sturmes sich nur allzu bemerkbar. [2]) Um die empörten Geister zu bannen

---

[1]) Siehe Ild. v. Arx. Bd. III. S. 291 ff.

[2]) Auch in Würdigung der Persönlichkeit des Fürsten Beda, bei allen Schwächen seiner Regierung, zeigt sich wieder die edelsinnige Unparteilichkeit und Objectivität des Herrn August Näf in seinen „Denkwürdigkeiten". Er spendet Beda Seite 281 folgende Anerkennung: „Nur Befangene konnten diesen Todesfall als Anlaß benutzen, um in herben Urtheilen über den Entschlafenen ihn den St. Gallischen Aebten beizugesellen, die das Kloster durch übles Haushalten dem Rande des ökonomischen Verderbens nahe brachten. Sie vergaßen die enormen Verwendungen, welche die unausweichliche Vollendung der unter seinem Vorfahrer angefangenen Bauten erforderte, übersahen die

und dem bereits tief erschütterten Stifte eine sichere Stütze zu verleihen, wählte am 1. Juni 1796 der Convent den bereits unter Beda's Regierung als Mann eiserner Willensfestigkeit und Energie bekannten Pater Pankratius Vorster zum — wie man es freilich noch nicht ahnte — letzten Fürstabte von St. Gallen. Wohl ging Fürst Pankratius, den alle Eigenschaften einer groß angelegten Natur zierten, mit dem Aufgebote aller seiner Kräfte an die Lösung seiner schweren Aufgabe, aber die bereits entfesselten Mächte und die gewaltigen, unter Gottes Zulassung sich drängenden Ereignisse konnte auch des stärksten Fürsten Kraft nicht in ihrer Entwicklung und den sie begleitenden Zerstörungen der frühern Ordnung hemmen. Schlag auf Schlag folgten sich nun die Ereignisse, unter denen schließlich das Stift St. Gallen ebenso zusammenbrach, wie ehedem die alte Kirche des heiligen Gallus zur Zeit des Abtes Gotzbert und die alte Basilika zur Zeit Cölestin's unter den wiederholten Stößen der Mauerbrecher zusammenfiel. Ohne Zweifel hätte Fürst Pankratius[1]) die Ruhe in seinen Landen herzustellen vermocht, wenn nicht die erst moralisch und

---

großen Vortheile, die aus Anlegung neuer Landstraßen dem öffentlichen Wesen zugewendet wurden.... all' dies vermag vor dem Forum unparteiischer Beurtheilung nicht den Ruhm des Abtes Beda zu schmälern, denn in ihre Wagschaale legt die Geschichte zugleich die Erinnerung an jene Hunderttausende, die der Verewigte der Rettung des ihm anvertrauten Volkes aus dem Elend grauser Hungersnoth opferte; darum begleiteten billig hohe Anerkennung und unverwelklicher Segen sein Andenken.

[1]) Franz Anton Ignaz, Eduard, Alois Vorster, unter dem Namen Pankratius letzter Fürstabt von St. Gallen, war ein am 31. Juli 1753 geborener Sohn des Joseph Zacharias Vorster von Wyl, Brigadier im kgl. neapol. Schweizerregiment Jauch, und der Baronesse M. A. Rosa Vernis. 1770 war er im Kloster St. Gallen Noviz; 1780 Professor der Philosophie und 1783 der Theologie. Er war in der edelsten Absicht die Seele der von 1785 bis 1788 gegen Beda's Regierung antretenden Opposition, bis er dann, zum Statthalter in Ebringen ernannt, daselbst seinem Lieblingsfache, der Mathematik, oblag. Von diesem Posten aus ward er dann zur Leitung des Stiftes berufen, als namentlich auch noch seine kurz vor dem Hinscheiden Beda's mit diesem Fürsten geschlossene Versöhnung ihm die Zuneigung aller Conventualen erworben hatte.

sodann direct eingreifende französische Revolution diese Beruhigungsversuche vereitelt hätte, bis endlich den schwer geladenen Gewitterwolken der zündende Blitz entfuhr und der Stamm des ehrwürdigen Stiftes in der Mitte zusammenbrach.[1]

Am 17. und 18. Juli 1797 zeigte sich eine Masse aufgeregten Volkes vor der äbtlichen Pfalz in so bedrohlicher Haltung, daß der Fürst sich am 22. Juli nach dem St. Gallischen Schlosse Neuravensburg in Schwaben flüchtete und auch das Kirchengut in Sicherheit gebracht wurde. Im Jahre 1798 verlangten unter dem Eindruck der überall überhandnehmenden Auflösung früherer Unterthanenverhältnisse auch die Stiftsangehörigen von St. Gallen vom Abte die Abtretung der Landeshoheit. Das Erscheinen der französischen Avantgarde, die zu Wyl am 6. Mai in das St. Gallische Territorium einrückte, gab das Signal zur Einführung der Helvetik in der alten Landschaft. Ihr folgte die Besetzung St. Gallens und der östlichen Schweizergrenze am 7. und 10. Mai und die Beschlagnahme alles Eigenthumes der Abtei. Die vom Fürsten am 8. Juni 1798 zu Wien erlassene Proclamation, wodurch er das Stift von der Verbindung mit den schweizerischen Cantonen für abgelöst und als exempten Reichsstand erklärte, hatte für den Bestand des Stiftes nur nachtheilige Folgen. Dem Wiedereinzuge des Fürsten Pankratius in die Stiftslande, welche schon am 22. Mai die österreichischen Reichstruppen betreten hatten, folgte nur zu schnell seine fast jähe Flucht nach Mehreran in Begleitung des österreichischen Generals von Hiller. Ebenso unglücklich waren des Fürsten Pankratius Bemühungen für Wiederherstellung der Stiftsherrlichkeit bei Napoleon Bonaparte, welcher, nachdem früher schon die Wiederherstellung geistlicher Souveränitäten in der Eidgenossenschaft zur Unmöglichkeit geworden war, durch die Mediationsacte vom 19. Februar den Canton St. Gallen in's Leben rief. So folgte trotz der wiederholten Bemühungen des in der That besserer Zeiten würdigen Fürsten

---

[1] Nach Näf „Denkwürdigkeiten" S. 283 ff.

Pankratius die Aufhebung der Abtei und die Theilung ihres Vermögens durch Gesetz vom 8. Mai 1805.

Hat man bisweilen dem Fürsten Pankratius ob seines unbeugsamen Festhaltens am Plane der Wiederherstellung der ganzen Stiftsherrlichkeit Starrsinn vorgeworfen und ihm die Vereitlung aller Hoffnungen auf Bestehen wenigstens des geistlichen Stiftes vorgeworfen,¹) so darf man nicht vergessen, daß Fürst Pankratius zu jenen seltenen Charakteren gehörte, die in Festhaltung des idealen Rechtes lieber untergehen, als einer trügerischen Diplomatie zum Opfer fallen, sowie daß seinem berechnenden Blicke auch eine solche Wiederherstellung des Stiftes ohne dauernden Bestand erscheinen mußte. Seit der Flucht im Juli 1799 hatte Fürst Pankratius das Stift nicht mehr gesehen. Weil er die Gerechtigkeit geliebt und die Ungerechtigkeit gehaßt, so starb auch er, der letzte jener gloriosen Reihe St. Gallischer Fürstäbte, in der Verbannung im Kloster Muri²) am 29. Juni 1829, seines Alters im 76. Jahre.

¹) Wie blind manche über den hochedlen Fürsten urtheilten, beweist eine Stelle in der 1839 erschienenen Broschüre von J. Baumgartner: „Die Bisthümelei", wo dieser später allerdings anders gesinnte Staatsmann schrieb: „Untreu der Vereinbarung, Verräther am Volke, haben der Fürst Pankraz und sein Capitel neue Beleuchtung gesucht, und weil sie mit dem beschränktern Wirkungskreis einer kirchlichen Stiftung sich nicht befriedigen wollten, unterlagen sie, wie recht und billig, dem Gebote der Behörden, die ein freies Volk zur Wahrung seiner Rechte und Freiheiten aufgestellt hatte. Das ist in Kürze die Geschichte vom Untergange des Stiftes St. Gallen." S. 6. Derselbe Baumgartner ließ aber später dem großen Fürsten seine volle Anerkennung zu Theil werden, als er in seinem Werke: „Geschichte des schweiz. Freistaates und Cantons St. Gallen", II. Bd. S. 526 schrieb: „Pankratius war ein Regent, Abt und Priester, der keines Panegyristen bedarf. Ihm gebührt der Ruf eines ehrenfesten, pflichttreuen, durch Frömmigkeit und milden Sinn geadelten Charakters."

²) Von des verewigten Fürsten hochchristlicher und edler Gesinnung zeugen seine Correspondenz mit Müller Friedberg, dem er auf dessen Bitte volle Verzeihung und Huld gewährte, sowie die Vermächtnisse zu Gunsten von Missionen, Jahrzeiten, Armen ꝛc. Siehe Baumgartner, II. Bd. S. 522 ff.

Einer der letzten und gelehrtesten Capitularen, Ildephons von Arx, spendet dem vielverkannten Fürsten folgende Worte der Anerkennung: ¹) „Die Zeitgenossen, welche die Person des Fürstabtes nicht kennen, mögen, durch das Revolutionsgeschrei betäubt, nachtheilig von ihm urtheilen, aber die Nachkommen werden sprechen: Der war kein gewöhnlicher Mensch, welcher, da er mit bloßem Anerkennen der mit seinem Stifte getroffenen Abänderung sich ein gutes Auskommen verschaffen konnte, aus Amtspflichtgefühl sein Ich hingab und sich dem Mangel und der Armuth unterzog."²)

So stehen wir denn vor dem zertrümmerten Stifte. Bevor wir jedoch über das gestürzte Kloster zur Betrachtung des nicht zerstörten geistigen Erbes vom heiligen Gallus übergehen, gebührt doch gewiß dem hochberühmten Stifte eine Thräne der Anerkennung und der Trauer über sein gewaltsames Ende. Vereinigen wir unsere Thränen und Gefühle mit denen des St. Gallischen Geschichtschreibers P. Ildephons von Arx, der sein Geschichtswerk mit folgenden Worten abschließt: ³) „Billig muß ich auf das

---

¹) Fürst Pankratius ward zu Muri beigesetzt. Die ihm daselbst von seinem treuen Begleiter P. Columban gesetzte Grabschrift wurde uns auf unser Ansuchen vom Hochw. Herrn Pfarrer Döbeli in Muri freundlichst zugestellt. Sie lautet: „Hic jacent ossa Cels[mi] et Rev[mi] D. D. Pancratii S. R. I. Principis Abb. Monasterior, S. Galli et S. Joann. B. in valle Thurae, Comitis in Toggenburg etc. natus III. Idus April. 1755, Professus XIV. Idus Jun. 1796. Serie omnium ultimus Meritis assecutus Primos, Strenuus et Constans Jurium Ecclesiae et Monasteriorum suorum Defensor, obiit velut alter Othmarus exul VII. Non. a. 1829 in Monast. Murensi Argoviae. Expectans justum Dei judicium." R. I. P.

²) Siehe des hochseligen Fürsten Correspondenz mit Müller Friedberg im „Neujahrsblatt des hist. Vereins St. Gallen 1878: der Canton St. Gallen in der Restaurationszeit". Von seinem glorreichen Kampfe berichtet ebenfalls P. Aemilian Haffner am 11. Juli 1829: „Ipse quasi solus contra torrentem depravati saeculi nitens, in diuturno certamine tandem, gloriose tamen, occubuit."

³) Wohl eine der schönsten und schwungvollsten Partieen seiner ganzen „Geschichte des Cantons St. Gallen". Bd. III. S. 666.

Grab dieses Stiftes eine Zähre weinen, das fast zwölfhundert Jahre hindurch in der östlichen Schweiz eine so **große Rolle gespielt und so wohlthätig und kräftig in die jedesmaligen Bedürfnisse der Zeit eingegriffen** hatte; das, solange diese Gegend in ihrer Versunkenheit im Heidenthume Glaubensprediger von Nöthen hatte, ihr Apostel gab, **die ihr das Licht des Evangeliums anzündeten**; das, so lange ihre Wildnisse Anbauer erforderten, Colonisten ausschickte, die den Landbau bis in die hintersten Winkel der Alpenthäler ausbreiteten; das, da der Mangel an Verkehr eine patriarchalische Wirthschaft nöthig machte, solche mit einer großen Menge Leibeigener, Ackersleute, **Hirten und Handwerker trieb**; das, als Künste und Wissenschaften ein **Bedürfniß waren**, selbe mit gutem Erfolge und auf eine auszeichnende und **in ganz Europa bekannte Weise** trieb; das, als die Staats- und Lehenverfassung jedem Herrn die Selbsthilfe nothwendig machten, solche sich mit Kraft verschaffte, da seine Mitglieder sich mit dem Panzer und unter dem Helme so gut als in der Kutte und Kapuze zu benehmen wußten; das, da im 15. Jahrhundert eine Verbesserung der zerrütteten Klöster nothwendig erfunden wurde, sich in solche so gut fand, daß es wieder andere zu reformiren im Stande war; das, da der Zeitgeist auf ein neues den Klöstern die Pflege der Wissenschaft und Seelsorge zur Pflicht machte, sich mit großem Eifer darauf verlegte; das, als der Sturm der Zeiten es ergriff, nicht als ein fauler Stamm zerfiel, sondern in gesundem und thätigem Zustande erfunden wurde, wovon selbst der geleistete Widerstand ein Beweis ist."

Allein bei der Erinnerung an das zerfallene Erbe des heiligen Gallus dürfen wir das geistige, bleibende Erbe des heiligen Gallus, welches eben in diesen Zeiten der Trübsal eine neue Erhebung und Verklärung finden sollte, nicht vergessen. Nicht mit dem fahlen Lichte der Trauer, sondern mit dem glänzenden Lichte freudigen Jubels wollen wir diese **Beleuchtung der Kathedrale des heiligen Gallus** vollenden und sie in ihrer geistigen Erhebung zur „**bischöflichen Kathedrale**" betrachten. Die

Geschichte der Veränderungen und Wechselfälle, welche eben um diese „Ruhestätte des heiligen Gallus" kreisten, hat in dem herrlichen Kirchenbau ihren ständigen und nie fehlenden Zeugen gefunden. Die Worte des über den Stiftsuntergang trauernden Capitulars von St. Gallen bilden zugleich eine sehr passende Präfation zur Geschichte der Erhebung des einst **klösterlichen** zum **bischöflichen Stifte**. Mit dem zeitlichen Erbe des heiligen Gallus seiner Hauptsache nach war, wie gesagt, nicht auch das geistige Erbe desselben seinen Nachkommen entzogen; forderte die so gewaltsam veränderte kirchliche Sachlage doch eine neue Regelung. Um aber die Erhebung der Stiftskirche des heiligen Gallus zur bischöflichen Kathedrale als eine wahre Erhöhung und geistige Vollendung derselben würdigen zu können, müssen wir einerseits genau die dogmatische und hierarchische Bedeutung des **Episkopates** in der katholischen Kirche, andererseits auch die hiefür bereits in der Stiftsgeschichte gelegenen, idealen Vorbereitungen und Einleitungen wohl erfassen. Dieses alles aber mit einem geistigen Streifblicke zu überschauen, dazu veranlaßt uns unwillkürlich eben jener Dom, dessen Geschichte in seinen verschiedenen Erscheinungsformen wir schreiben. Die Kirche des heiligen Gallus ist das einzig noch stehende, nicht profanirte, seinem ursprünglichen Zwecke nie entfremdete Denkmal des Stiftes. Im Innern dieser Stifts- und Kathedralkirche haben die Zeitveränderungen sich gleichsam wieder versöhnt. Sie ist zumal gerade mit der Errichtung des Bisthums, wie es alle Acten ausdrücklich darthun, gleichsam in den Adelsstand der Kirchen und Dome getreten, d. h. zur „**Kathedrale**" erhoben worden.

Zu Zeiten des Bestehens des fürstlichen Stiftes St. Gallen genoß der größte Theil des Landes, nämlich die alte Landschaft, das Toggenburg, die thurgauischen Grenzgemeinden und das Rheinthal in geistlichen Dingen die Pflege des Stiftes. Die Bezirke Sargans und Gaster und ein Theil des obern Rheinthales gehörten zum Bisthum Chur, Utznach und Rapperswyl zum Bisthum Konstanz. Vom Kloster St. Gallen aus erging das Evangelium in seine engere und weitere Umkreisung. Das Kloster stiftete eine große Zahl von Pfarreien und versah sie mit Seelenhirten. Die Aebte des Klosters führten eine gleichsam bischöfliche Regierung, welche man Ordinariat nannte.[1] Dies Zneinandergreifen der verschiedenen Rechte, Befugnisse und Verpflichtungen des Stiftes St. Gallen mit dem bischöflichen Stuhle zu Konstanz führte aber, wie es fast nicht zu vermeiden war, schon von Alters her zu vielgestaltigen, oft nicht ohne Heftigkeit geführten und ausgetragenen Differenzen. Wenn nun bei Anlaß der Aufhebung des klösterlichen Stiftes die Errichtung eines eigenen Bisthums von St. Gallen angebahnt und angestrebt wurde, so lag wohl auch darin eine Fügung der Vorsehung, denn der Sturz des Bisthums Konstanz sollte ja in nicht zu ferner Zeit dem des klösterlichen Stiftes St. Gallen folgen. Legte die Natur der kirchlichen Verhältnisse dem katholischen Volke schon den Wunsch nahe, in St. Gallen selbst, bei der Ruhestätte des heiligen Gallus, an dem ehrwürdigen Platze, wo das erlauchte Stift einstens für die geistigen Interessen des Landes sorgte, eine oberhirtliche, ordentliche und selbständige Verwaltung und Kirchenleitung forterhalten zu sehen, so waren auch alle nothwendigen Erfordernisse für eine solche „geistige Erhebung" der Kirche des heiligen Gallus bereits vorhanden.

War auch die Kirche des heiligen Gallus immerhin mit vielen Privilegien ausgestattet, und übten ihre Fürstäbte im vollsten Sinne quasi bischöfliche Rechte aus, so waren sie als Aebte dennoch in manchen Beziehungen von jenen Bischöfen abhängig, in deren Sprengel das Stift und die von ihm aus versehenen Pfarreien lagen. Nach der dogmatischen Auffassung der katholischen Kirche waren die Fürstäbte, wenngleich im Schmucke aller pontificalen Insignien erstrahlend, immerhin doch nur einfache Priester, ohne die ausschließlich an den bischöflichen Ordo und Charakter geknüpfte Vollgewalt des Hohenpriesterthums in Spendung

---

[1] Siehe die zur Zeit der Errichtung des Bisthums veröffentlichten zahlreichen Flugschriften. Ein eigentlich St. Gallisches Officialat hatte 1614 Fürstabt Bernhard gestiftet.

der heiligen Sacramente der Weihe und Firmung; sie gehörten nicht im Vollsinne des Wortes zu jenen Kirchenfürsten, **welche der apostolischen Succession sich erfreuen und deren nur unter der Oberhoheit des Nachfolgers Petri stehende, sonst aber selbständige und selbstherrliche Hirtenstühle von jeher als Ausgangs- und Knotenpunkte** katholischen Lebens und kirchlicher Verfassung angesehen wurden. Wie in der That alles, was der heilige Gallus in Demuth für seine Person ausgeschlagen und geflohen hat, in der Folge der Zeiten dafür auf um so glänzendere Weise dem Stifte zu Theil[1]) geworden, wir meinen die Abtswürde, die Fürstenherrlichkeit, irdischer Reichthum und Ehre, so sollte auch endlich noch der **Episkopat** die Würde der Ruhestätte des heiligen Gallus vollenden. In tiefer Auffassung dieser Verhältnisse konnte deshalb später am 4. Juli 1847 der jetzige Hochwürdigste Bischof und Jubilar, damals Domdekan, bei der Besitznahme des Bisthums St. Gallen durch den ersten Bischof Johannes Petrus in seiner herrlichen Festpredigt: „**Die Apostolische Hirtengewalt im Episkopate und ihre Segnungen für die Kirche und das Land St. Gallen**" ausrufen:[2]) „Wo konnte nun das apostolische Hirtenamt, wo dieser göttliche Keim des Episkopates ein besseres Erdreich finden, als an dieser Stätte, in diesem heiligen Boden, welchen der heilige Gallus schon vor zwölf Jahrhunderten mit seinem Schweiße getränkt, mit seinen

---

[1]) Hievon sagt d. Propr. Sang.:

„*Episcopatus infulas,*
Abbatiæque ferulas,
Superba mundi solia,
Terrena cuncta respuit."

[2]) Siehe die im Motto dieses Capitels citirte Predigt und überhaupt die drei Bände der herrlichen Predigten, welche von unserm Hochwürdigsten Jubilar zumeist in der Kathedrale gehalten und dann veröffentlicht wurden unter dem Titel: „Apologieen in Kanzelreden über katholische Glaubenswahrheiten gegenüber den Irrlehren alter und neuer Zeit." Hurter. Schaffhausen. 1847.

Thränen benetzt, mit seiner Mühe und Arbeit, seiner Tugend und Frömmigkeit besonders eingeweiht hat? Hier ist der verehrungswürdige Ort, den er geheiliget, das Haus Gottes, das er gebaut, die Pforte zum Himmel, die er eröffnet hat. Ist der Hirtenstab der apostolischen Gewalt, den er in diese Erde einst eingepflanzt hat, in seinem nachmaligen weltberühmten Stifte nicht zum großen Fruchtbaume angewachsen, unter dessen Schatten so viele Lehrer der Kirche, so viele Martyrer, so viele Bekenner, so viele große Diener Gottes sich heranbildeten, und der die Früchte himmlischer Segnungen und göttlicher Gnaden so viele Jahrhunderte dem gesammten Volke im reichsten Maße spendete? . . . Es nahte der Sturm, der zu Anfang dieses Jahrhunderts so viele Reiche zertrümmerte, er hat auch dieses hochberühmte Stift in Trümmer geworfen, vermochte es aber nicht vollends zu zerstören; er hat die alte Eiche zwar in der Mitte gebrochen, ihr inneres Leben aber konnte er nicht gänzlich tödten, das in den Wurzeln und im Stamme annoch fortbestand und aus dieser heiligen Erde immer neue Kräfte an sich zog. Dies innere Leben war das Ewige in der Zeit, das Göttliche in den Anstalten der Menschen, war die apostolische Hirtengewalt und geistliche Gerichtsbarkeit, welche von Anbeginn an auf der Kirche des heiligen Gallus ruhte und von ihren Vorständen immerfort mit bischöflichem Ansehen über die gläubige Heerde ausgeübt wurde. Während die Gewalt des Fürsten zusammenstürzte und der Krummstab den Aebten aus den Händen entwunden wurde, blieb dem Hirten der Heerde die geistliche Gerichtsbarkeit unversehrt erhalten. Sie wurde geschützt durch die rührende Treue und Standhaftigkeit des St. Gallischen Volkes in unsern Tagen, das nach dem beweinungswürdigen Untergang dieses erhabenen Stiftes oft noch mit Wehmuth und Sehnsucht nach dieser Stätte so vieler Heiligen, so vieler Gnaden, so vieler Wohlthaten blickte und einen Hirten und Vater wünschte, der diese Hirtengewalt zum Heile aller wieder ausüben würde. Sie ward von den römischen Päpsten Pius VII., Gregor XVI. u. Pius IX. als das geistige Pfropfreis erkannt, das auf dem abgehauenen

Baumstamm des Stiftes St. Gallen fortblühte, ihre Weisheit hat es gepflegt, ihre Huld die ungeheuren Schranken und Hindernisse besiegt, die seinem Wachsthum und Gedeihen entgegenstanden. Durch ihre Gnade wurde die ursprüngliche Hirtengewalt zur bischöflichen Würde erhöht, wurde das einstige Stift St. Gallen zu einem bischöflichen Stift für die zukünftigen Zeiten umgewandelt. Auf dieses wende ich im Vorgefühle besserer Tage das prophetische Wort an: „Ein Reis wird hervorgehen aus dem abgehauenen Stamm Jesse, und eine Blume aufgehen aus seiner Wurzel, und der Geist des Herrn wird auf ihm ruhen".

War schon unter der Regierung der Fürstäbte Leodegar und Pankratius bisweilen der Gedanke an Errichtung eines mit der Abtei verbundenen bischöflichen Stuhles aufgetaucht, so ward jetzt bei der durch die Zerstörung des Stiftes ganz veränderten Sachlage der Wunsch allgemein: das Kloster St. Gallen in Form einer bischöflichen Einrichtung zu erhalten und ihm die geistliche Gerichtsbarkeit über die katholischen Bewohner des Cantons wieder zu übergeben. Die verschiedenen Meinungen hierüber, die Proteste des Fürsten Pankratius, die täglich sich drängenden politischen Ereignisse verzögerten allerdings die Erfüllung dieses Wunsches, in Bezug auf welchen ebenfalls Pius VII. in seinem Breve vom 12. Juni 1816 sich über „den Untergang des Klosters St. Gallen beklagt, jener uralten Abtei, die so viele Jahrhunderte der gesammten schweizerischen Nation zur Zierde und Ehre war". Auf die mit dem frühern Stifte verbundene und selbst nach dem Sturze desselben den Aebten ausdrücklich gewahrte geistliche Gerichtsbarkeit übergehend, sagt sodann der heilige Vater:[1] „Wenn die Billigkeit und Gerechtigkeit fordern, jedem sein Recht zu halten, so erachten wir es überdies als einen hohen Vortheil für das St. Gallische Volk, daß es auch fürder-

---

[1] Siehe die sehr instructive Volksschrift: „Das Bisthum St. Gallen und seine neue Einrichtung." St. Gallen. Zollikofer. 1844.

Façade der jetzigen Dom= und Kathedral=Kirche in St. Gallen.

LICHTDRUCK VON GEBR. C. & N. BENZIGER IN EINSIEDELN.

hin, wie früher, immer seinen eigenen Hirten und Bischof habe."[1]) Erst nach langen und oft unterbrochenen Verhandlungen kam man endlich auf den Gedanken, zwar ein eigenes Bisthum St. Gallen zu errichten, aber dasselbe mit dem Bisthum Chur in der Person desselben Oberhirten zu verbinden. Jetzt erfolgte endlich von Allerhöchster Stelle jene der Kirche des heiligen Gallus gewordene letzte geistige Krönung und Vollendung in ihrer Erhebung zur bischöflichen Kathedrale. Die nach den endgiltigen gegenseitigen Vereinbarungen über Einrichtung und Fondation des neuen Bisthums endlich unterm 2. Juli 1823 erlassene Bulle „Ecclesias quae antiquitate"[2]) leitet die Schöpfung des neuen Bisthums mit der Betonung ein, daß „die römischen Päpste von jeher in Ausspendung ihrer apostolischen Güte gewohnt waren, jene Kirchen, so durch Alterthum und Ansehen sich auszeichnen, zur Würde bischöflicher Sitze zu erheben", und spricht sodann feierlich sowohl den Untergang der Abtei und ihrer Rechte, als die Erhebung der Gallusskirche zur bischöflichen Kathedrale mit den Worten aus: „**Deswegen erheben Wir aus sicherem Wissen, mit reifem Vorbedacht, aus apostolischer Machtvollkommenheit die Stadt St. Gallen zum Rang einer bischöflichen Stadt, mit den gewöhnlichen Ehren und Vorzügen, und indem der vorige Zustand, mit welch' immer demselben zugehörigen Abteirechten, gänzlich unterdrückt und erloschen sein soll, errichten und bestimmen Wir dasige Kirche unter dem Titel des heiligen Abtes Gallus, zur Ehre des allmächtigen Gottes und zur Aufnahme der katholischen Religion, als Kathedralkirche, welche die Domkirche von St. Gallen heißen und zugleich als Pfarrkirche, wie bisher, fortbestehen soll, mit bischöflichem Sitz, Stuhl und Würde."**

---

[1]) Breve Pius' VII. vom 12. Juni 1816.
[2]) Dieselbe Bulle lateinisch und deutsch übersetzt siehe „Bulle S. Heil. Papst Pius' VII. über Errichtung des Bisthums St. Gallen vom 2. Juli 1823."

So war denn die Stiftskirche in der Kathedrale aufgegangen, und es erfolgte, zwar erst nach neuen Verzögerungen, am 16. October 1824 die unter großer Feierlichkeit vorgenommene Besitznahme der neuen bischöflichen Kirche St. Gallen durch den nunmehrigen Fürstbischof von Chur-St. Gallen, Rudolf, Grafen von Buol-Schauenstein. Unter dem Geläute aller Glocken und dem Donner der Geschütze zog der bischöfliche Hirte in's Gotteshaus des heiligen Gallus. Während 120 Grenadiere Spalier bildeten, bewegte sich die Procession, an deren Schluß der Fürstbischof im Vollglanze seiner Insignien unter dem Baldachin dahinschritt, unter den Klängen des „Ecce sacerdos magnus" durch den festlich geschmückten Dom.

Wieder war im dichten Dorngestrüppe dieser letzten Zeitereignisse eine Rose aufgegangen. Sie welkte nur allzu schnell. Mit dem Doppelbisthum war den Wünschen des Volkes nur halb entsprochen, und gar verschiedene Störungen und Differenzen lockerten schon zu Lebzeiten des Fürstbischofs Karl Rudolf diese Verbindung, welche nach dessen am 23. October 1833 in der bischöflichen Residenz erfolgten Hinscheiden sofort vom radicalen katholischen Großraths-Collegium gewaltsam aufgelöst wurde. Wir treten hier nicht in die Detail-Erzählung mancher sich nun folgenden, höchst unerquicklichen Mißverhältnisse ein. Erst 1836 folgte auf die ersten Protestationen Roms gegen den vollzogenen Gewaltact der Trennung die Ernennung eines apostolischen Vicars in der Person des nachmaligen ersten Bischofs von St. Gallen. Wunsch und Bestreben jedoch, eine bischöfliche Verwaltung und geistliche Gerichtsbarkeit in St. Gallen zu besitzen, theilten Behörden und Volk. In der That sprachen auch gar viele Gründe für eine solche selbständig und nur für St. Gallen ausschließlich bestimmte Einrichtung. Wir führen hier nur die Motive an, welche s. Z. in Beziehung auf die Kathedralkirche in einer Volksschrift namhaft gemacht und erörtert wurden mit den Worten:[1] „Und wozu soll denn die

[1] S. 21 der schon citirten Volksschrift: „Das Bisthum St. Gallen"

herrliche, von Fürstabt Cölestin erbaute Münsterkirche, die Hauptkirche des Landes, die von Pius VII. mit dem schönen Namen Kathedrale des heiligen Gallus geschmückt wurde, mit ihrem für einen bischöflichen Gottesdienst eingerichteten Chor, mit ihrem an kostbaren Gewändern, silbernen und vergoldeten Gefässen reichen Kirchenschatz, mit dem bischöflichen, leider so lange verwaisten Stuhl fürder bestimmt sein? Etwa blos für eine einfache Pfarrkirche der katholischen Gemeinde Tablat? Was sollen wir mit dem ganzen bischöflichen Schmuck, der schon vorhanden ist und den der letztverstorbene Fürstabt Pankratius einem jeweiligen Bischof von St. Gallen vermacht hat? Die katholischen St. Galler können nicht wollen, daß das Grab des heiligen Gallus zu einem ruhmlosen, unbeachteten Orte herabsinke; sie müssen vielmehr wollen, daß die Stätte, wo der heilige Gallus sein Kreuz zuerst aufgepflanzt, wo . . . daß dieser Ort auch fernerhin der Sitz eines Oberhirten bleibe, mit einem Worte, daß unsere gemeinsame Mutterkirche in St. Gallen dieses fernerhin bleibe und des schönen Namens Kathedrale des heiligen Gallus nicht verlustig gehe."

So würdigte schon damals das katholische Volk die der ehemaligen Stiftskirche gewordene Erhöhung, und es wird sie um so mehr würdigen, je tiefer es die Bedeutung eines Bisthums vom katholischen Standpunkte aus erfaßt. „Mag nämlich immerhin die bischöfliche Kirche nur eine Reliquie der einstigen Herrlichkeit sein, so ist dieser Ausspruch doch nur in einer Beziehung richtig. Es ist wahr, die Undankbarkeit der Zeiten hat die erhabene Tochter der allgemeinen Kirche, St. Gallen, ihrer Juwelen und Pretiosen beraubt. Man hat ihr das Diadem irdischer Reichthümer vom Haupte, das Scepter fürstlicher Gewalt aus den Händen, den Purpur weltlichen Ansehens von den erlauchten Schultern genommen. In dieser Beziehung steht die bischöfliche Kirche arm da, entkleidet und ihrer irdischen Zierde beraubt. Allein die Kirche besitzt auch eine Schönheit, die in ihrem Innern wohnt, und von welcher das Wort der Schrift gilt: „Alle ihre Herrlichkeit ist von Innen, und ihre Schönheit liebt der König." (Pf. 44, 14.) Diesen Glanz und diese Pracht hat Gott der Kirche von St. Gallen in dem Grade vermehrt, als sie die Zierden äußern Glanzes verlor, und in ihrem innern Werthe ist die bischöfliche Kirche von St. Gallen nicht blos eine Reliquie, ist sie durch die bischöfliche Hirtengewalt, die ihr verliehen ward, eine ebenbürtige Ergänzung der geschwundenen Größe von St. Gallen. . . . . Der heilige Gallus und seine Jünger waren eben doch nur einfache Priester, und obschon das Stift St. Gallen in Folge seiner hohen Verdienste und Wirksamkeit auch bischöfliche Rechte über die ihm zugehörige Landschaft ausübte, so entbehrten die St. Gallischen Fürstäbte dennoch der bischöflichen Würde und apostolischen Weihe und Nachfolge. So war die Kirche von St. Gallen noch nicht vollends eine freie, selbständige Tochter der allgemeinen Kirche, noch keine ebenbürtige Schwester der bischöflichen Kirchen von Konstanz, Chur und anderer, die sie rings umstanden. Doch Gott der Herr benützte ihre äußere Erniedrigung, um ihr inneres Ansehen zu erhöhen und ihr geheiligtes Haupt von nun an statt mit dem Oele der Fürsten, mit dem Chrisam der Hohenpriester zu salben. Darum nenne ich es Fortschritt, wenn der einfache Wanderstab des heiligen Gallus sich zum Stabe der gefürsteten Aebte, aber auch Fortschritt, wenn der Stab der Aebte sich in den bischöflichen Hirtenstab verwandelte." [1]

Wieder eröffnete sich eine lange Reihe von Unterhandlungen zwischen dem katholischen Großraths=Collegium, dem Staate, und der Nuntiatur, resp. dem heiligen Stuhle über Neuregelung der gewaltsam geänderten Sachlage, und wir dürfen hier nicht verschweigen, daß die Seele dieser Unterhandlungen eben dieser unser Hochwürdigste Jubilar gewesen, der zur Stunde die St. Gallische Mitra trägt, ja in welchem wir die Geschichte des besondern Bisthums

---

[1] Siehe des Verfassers erste Predigt in der Kathedrale des heiligen Gallus: „Die Kirche von St. Gallen, ein Spiegelbild der allgemeinen Kirche." Predigt, gehalten am Feste des heiligen Gallus 1871. Einsiedeln, Gebr. Benziger. S. 16.

St. Gallen gleichsam verkörpert vor uns haben. Endlich fand auch diese vielseitig besprochene Angelegenheit ihren endgiltigen Abschluß, als Pius IX. am 12. April 1847 in Kraft apostolischer Machtvollkommenheit durch die Bulle¹) «Instabilis rerum humanarum natura» das Bisthum für ewig von der Kirche zu Chur trennte und bestimmte: „Daß fürderhin St. Gallen seinen eigenen Bischof habe, der in Zukunft nur Bischof von St. Gallen geheißen werden soll, und ihm angewiesen werde der errichtete bischöfliche Sitz mit der Residenz in der Hauptstadt St. Gallen, und daß ihm verbleibe der bischöfliche Stuhl und **die Würde der zur Auszeichnung einer Kathedrale erhobenen Kirche des heiligen Abtes Gallus**.²) Es folgte nun, gleichwie einstens die Errichtung des Doppelbisthums mit der feierlichen Besitznahme der Kathedrale durch Fürstbischof Karl Rudolf gekrönt wurde, jener große Freudentag für das katholische St. Gallische Volk, an welchem ihm der Legat und Bevollmächtigte des apostolischen Stuhles, der apostolische Nuntius Maciotti, Erzbischof von Colossus, im festlich geschmückten Dome des heiligen Gallus den bereits am 10. October 1846 zum ersten Bischofe von St. Gallen ernannten, bisherigen apostolischen Vicar zum Oberhirten und Hohenpriester weihte und consecrirte. Der Hochwürdigste Consecrator wurde in seiner Eigenschaft als directer Bevollmächtigter des Papstes mit möglichster Feierlichkeit empfangen. In Gossau schon von dem Abgeordneten der geistlichen Behörden empfangen, von Bruggen von einem Cavalleriedetachement zur Stadt geleitet, daselbst unter Kanonensalven, Glockengeläute und Musik durch eine endlose Zuschauermasse nach dem Dome geleitet, wohnte der päpstliche Nuntius am Vorabende des Festes der Fürstapostel Petrus und Paulus der

---

¹) Die Bulle beginnt mit einem Lobe des heiligen Gallus und seines Stiftes, dessen vollendeter Untergang betrauert wird, mit den Worten: „Verum prope finem elapsi sæculi Coenobium ipsummet e pristino dignitatis gradu decidisse omnes doluerunt."

²) „Maneat illi Cathedra et Dignitas Episcopalis in *Eadem Ecclesia Sancti Galli Abbatis ad Cathedralis honorem erecta*."

Promulgation der Bisthumsbulle in der Kathedrale bei. Der vom Kanonendonner festlich begrüßte Morgen des 29. Juni führte sodann in hochfestlicher Procession, unter Theilnahme sämmtlicher Behörden des Cantons und Beiwohnung einer Volksmasse, die man auf 20,000 Personen schätzte, die Hochwürdigsten Kirchenfürsten, nämlich den Nuntius als Consecrator und den neugewählten Bischof unter Assistenz der Bischöfe Kaspar von Chur und Georg von Feldkirch zur bräutlich geschmückten Kathedrale. Hier wurde nun im Chore während des feierlichen Hochamtes die Consecration des Bischofs nach dem erhabenen und ergreifenden Ritus des römischen Pontificale vorgenommen. Der vom päpstlichen Nuntius von der Höhe des Balkons an der Thurmfaçade der im Klosterhof versammelten Volksmenge ertheilte päpstliche Segen schloß sodann die ebenso erhebende, als für St. Gallen geschichtlich bedeutungsvolle Feier.

So war denn wirklich dem abgehauenen Stamm des Stiftes das Reis des neugegründeten Bisthums entsproßt. Die lange verwaiste Kirche des heiligen Gallus freute sich, wieder einem eigenen Hirten angetraut zu sein und der Ehre zu genießen, daß die erhabenen Functionen des katholischen Cultus im imposanten Dome wieder von einem mit der Fülle des Hohenpriesterthums ausgestatteten Kirchenfürsten vorgenommen wurden. Noch nie hatte sich unseres Wissens in der Kathedralkirche oder frühern Stiftskirche von St. Gallen der hochfeierliche und sacramentale Act [1]

---

[1] Die auf den ersten Blick einander sehr ähnlichen Ceremonien der «Benedictio Abbatis» und der «Consecratio Episcopi» des römischen Pontificales unterscheiden sich in ihrem Wesen gar sehr, da die letztere als ein wirklich sacramentaler Act die Fülle des Hohenpriesterthums mit dem episkopalen Charakter mittheilt, erstere jedoch nur eine feierliche Einsegnung in das bereits durch die Wahl verliehene Amt ist. Ein genauerer Beobachter des liturgischen Ritus wird deshalb auch finden, daß in der „Benedictio Abbatis", so ähnlich sie der „Consecratio Episcopi" ist, die zwei wesentlichen Theile der letztern, d. h. die unter Handauflegung vermittelte Mittheilung des heiligen Geistes, sowie die heilige Salbung mit Chrisam fehlt. Siehe Pontif. Rom. in Consecr. Episc.

vollzogen, wo unter Handauflegung eines Nachfolgers der Apostel ein Priester zweiter Ordnung in diese seit den Tagen der Apostel ununterbrochene bischöfliche Nachfolge eintrat und zur Würde des neutestamentlichen Hohenpriesterthums erhoben wurde. Der Mann aber, welcher von der Vorsehung längst für die Leitung der St. Gallischen Kirche bestimmt und auserkoren war, welcher bei eben der genannten Feierlichkeit jenes von heiliger Begeisterung und tiefer Auffassung der ganzen Sache zeugende Festwort sprach, und welcher bei der gesammten Diöcesanverwaltung von Bischof Johannes Petrus die „rechte Hand" desselben genannt werden konnte, — er sollte endlich selbst die Last der Mitra tragen und den nicht leichten Stab der St. Gallischen Kirchenregierung führen.

Es war am Samstag vor dem **Dreifaltigkeitssonntage** [1]) im Mai 1831, als in der Frühe um drei Uhr Morgens, in der Nähe von Paris, mitten unter den Erschütterungen der Pariser-Revolution und ihrer nächsten Folgen, mehrere Seminaristen des berühmten **Seminars von St. Sulpice** und darunter auch ein hoffnungsvoller, seine Jugend- und Studiengenossen durch den Glanz seiner von Gott ihm verliehenen **Talente** überragender Jüngling des St. Gallischen Landes, aus den Händen des hochseligen Erzbischofs de Quelen von Paris das heilige Sacrament der Priesterweihe empfing. Der genannte Jüngling war kein anderer als der hohenpriesterliche Greis, dessen Silberhaare jetzt mit der Mitra der **Lorbeer** des hochverdienten Jubilars umkrönt und der am Festtage des 29. Mai d. J., zu dessen Verherrlichung auch wir die Feder ergriffen haben, nach fünfzig Jahren eines an Verdiensten, Triumphen und Leiden reichen Priesterthums wieder zum Altare Gottes tritt, zu Gott, der einst seine Jugend und jetzt sein noch jugendfrisches Greisenalter erfreut. Es war wieder einige Jahre später, als der jugendliche, so reich mit den Waffen des Geistes geschmückte,

---

[1]) Siehe: **Deutschlands Episkopat in Lebensbildern.** Heft VI. Dr. Karl Johann Greith, Bischof von St. Gallen. Von Fr. Rothenflue. Würzburg. Leo Wörl. 1874.

von seiner Heimat schon als providentieller Kämpe begrüßte Neomyst von der herrschenden radicalen Partei des Cantons bald nach Aufhebung des Doppelbisthums verdrängt, zum letzten Abschiedsworte vor seiner Reise nach Rom, am dritten Fastensonntag auf der Domkanzel erschien und in seiner glänzenden und zündenden Predigt: „Ueber den Kampf des Christen in der Welt nach dem Vorbilde des Erlösers" sich die bleibende Gewogenheit des St. Gallischen Volkes sicherte. Die Ruhestätte des heiligen Gallus aber,¹) welche „seit den Tagen seiner Jugend ein Gegenstand mannigfacher Studien, treuer Liebe und hoher Bewunderung war", sollte ihren Vorkämpfer nicht für immer verlieren und gleichsam in prophetischer Ahnung der hohenpriesterlichen Mission, die an dieser Stelle des Scheidenden wartete, übergab der greise Pfarr-Rector Theodor Wick ihm zum Abschied ein Bildchen mit den darauf verzeichneten Worten der Schrift (Luc. 22, 32.): „Und du einmal bekehrt (zurückgekehrt), bestärke deine Brüder." So war es endlich nach vielen Jahren der Verbannung, des Kämpfens und Arbeitens, der rastlosen Thätigkeit des wieder zurückgekehrten Priesters, welcher nun in verschiedenen Stellungen an der Ruhestätte des heiligen Gallus auf ruhmreiche Weise thätig war, der dritte Mai 1863, als er nach dem Tode seines Vorgängers in einstimmiger Wahl zum Bischofe von St. Gallen erkoren, sein Haupt unter den Händen des Consecrators beugte, und die Kanonen vom Harfenberg der Stadt und Landschaft St. Gallen verkündeten, daß der Hochwürdigste Herr Karl Johann Greith in die apostolische Nachfolge eingetreten sei und die gloriose Reihe St. Gallischer Kirchenfürsten fortsetzen werde.

Auf wessen Haupt paßte in der That die St. Gallische Mitra besser? Die erhabene Kathedrale des heiligen Gallus frohlockte, als nach der durch den Hochwürdigsten Herrn Dr. Fäßler, damals Weihbischof von Feldkirch, vorgenommenen Weihe der neu consecrirte Bischof, begleitet von den Aebten der ehrwürdigen Stifte Einsiedeln

¹) Siehe Vorrede zur „Geschichte der altirischen Kirche".

und Mehreran, im strahlenden Ornate des Episkopates den herrlichen Dom durchschritt. Seine äußere Erscheinung schon zeigte das vollendete Bild eines Kirchenfürsten. Der Ruhm der Gelehrsamkeit, welcher dem Erwählten voranging, leuchtete nun unter der Mitra noch glänzender. Die Kirche des heiligen Gallus fühlte gleichsam auch an sich selbst jene Worte gerichtet, die wir einem alten Loblied zu Ehren eines einstigen, deutschen Bischofs entnehmen: „Gratulare sponsa Christi, quæ per fidem genuisti virum tanti nominis."¹)

Die Kathedrale des heiligen Gallus frohlockte aber mit Grund, denn sie sah in Bischof Karl Johann bereits den Vollender dessen voraus, was Fürst Cölestin in ihrem Baue begonnen; sie sollte eben von ihm jene geistige Vollendung in der „Consecratio ecclesiæ" empfangen, welche ihr in Folge der steten Stürme und Unruhen der Zeit bis jetzt vorenthalten worden war. Der Boden dieser „Requies S. Galli" war freilich vom heiligen Gallus einst feierlich Gott geweiht worden; die Basilika Gotzbert's und die darauf folgenden Neubauten und Hauptrestaurationen erhielten wieder ihre heiligen Weihungen, wie wir gesehen; der neue Münsterbau aber war bis jetzt nur provisorisch zum heiligen Culte eingesegnet worden. Nach der Auffassung katholischer Theologie verhält sich nämlich die einfache Einsegnung einer Kirche zu deren feierlicher Consecration, wie eine Art von Provisorium und Vorbereitung zur definitiven Bestimmung und bleibenden Vollendung, und es empfangen durch den hochsymbolischen und erhabenen Ritus der Kirchweihe, wie ihn das römische Pontificale vorschreibt, nach der Anschauung des heiligen Thomas von Aquin „die Kirche und der Altar eine gewisse geistige Befähigung, wodurch sie tauglich werden zum heiligen Gottesdienst, die Menschen aber mit besonderer Devotion erfüllt werden."²) So schien es nun geboten,

---

¹) „Glück und Heil dir Christi Braut, die du im Glauben einen Mann solchen Namens hervorgebracht." Sequent. in Miss. propr. S. Ottonis Episc. Babenberg.

²) „Ecclesia et altare ex consecratione quandam spiritualem virtutem adipiscuntur, per quam apta redduntur divino cultui, ut sc. homines

einmal der Kirche diese Vollendung zu geben, und der Anlaß des
herannahenden Säcularfestes vom Baue des Domes, sowie der
hiefür begonnenen und vollendeten Restauration seines Innern bot
dazu die schönste und passendste Gelegenheit. Bischof Karl Johann,
dessen Bestrebungen vereint mit denjenigen des Hochwst. Bischofs
von Lausanne, Msgr. Marilley, die engere Verbindung der schweizerischen Bischöfe, sowie deren jährliche Zusammenkünfte beizumessen
sind, sorgte für Abhaltung dieser Conferenz in St. Gallen für das
Fest Mariä Himmelfahrt 1867 und wollte hiemit die Consecrationsfeier der Kathedrale verbinden.[1] Wie einstens der Einladung des
Abtes Gotzbert die Bischöfe Wolfleoz von Konstanz und Adalrich
von Basel mit vielen alemannischen Großen zur Weihe der neu-
errichteten Basilika Folge leisteten, so folgten die schweizerischen Prälaten und Bischöfe de Preux von Sitten, Marilley von Lausanne,
Florentini von Chur, Lachat von Basel, Mermillod von Hebron und
apostolischer Vicar von Genf zc. der Einladung, dem Weihefeste der
altehrwürdigen, neugeschmückten, einstigen Stifts- und nunmehrigen

---

devotionem quandam exinde percipiunt, ut sint paratiores ad divina."
S. *Thomas Aquinas* Summ. P. III. qu. 83. art. III. — „Consecratio altaris
repræsentat sanctitatem Christi, consecratio vero domus sanctitatem totius
ecclesiæ." l. c.

[1] Auf diese Festlichkeit veröffentlichte der Hochwürdigste Herr Jubilar
sein herrliches Werk: „Geschichte der alt-irischen Kirche", widmete es
„dem Hochwürdigsten Domcapitel und der Hochwürdigen Geistlichkeit des Bisthums St. Gallen auf die Consecrations- und
Säcularfeier der Domkirche am 17. und 18. August 1867 zum
Angedenken" und leitete es mit folgenden hochfeierlichen Worten ein, wodurch das Werk eine Art von geistigem Denkmal und Testament seines
Hochwürdigsten Herrn Verfassers geworden: „Ehrwürdige Brüder! Schon lange
trug ich das Verlangen in mir, bevor die Pilgerschaft in diesem Lande der Verbannung für mich zu Ende geht, noch etwas niederzuschreiben, was für Sie
und meine Bisthumsangehörigen heilsam und belehrend wäre, und ich wählte
hiefür die älteste Geschichte der Kirche des heiligen Gallus, die seit den Tagen
meiner Jugend für mich ein Gegenstand mannigfacher Studien, treuer Liebe
und hoher Bewunderung war."

Kathedralkirche beizuwohnen. Die Feierlichkeit dauerte zwei Tage, deren erster der Weihe und deren zweiter der Säcular- und Consecrationsfeier galt. Der Hochwürdigste Jubilar, der in diesen Tagen den von ihm selbst consecrirten Hochaltar betritt, nahm die eigentliche Kirchweihe vor, während die übrigen Bischöfe sich in die gleichzeitige Consecration der sechs Seitenaltäre theilten. Als dann beim Schluß- und Höhepunkt des kirchlichen Ritus das geweihte Feuer auf den sieben consecrirten Altären aufflackerte, da leuchtete die heilige Flamme gleichsam weithin zurück durch die ganze Vergangenheit bis zu jenem Weihefeuer, das bei der Consecration der Gotzbert'schen Basilika, ja bis zu jenem Feuer, das in der Weihenacht St. Gallens in der Wildniß brannte, als St. Gallus von der Seite des schlafenden Hiltibod sich erhob und die Weihe dieser Gegend vornahm. [1])

So wären wir denn in unserer Schilderung des materiellen und geistigen Ausbaues der Galluskirche beim Schlusse, d. h. bei ihrer letzten und vollendeten Erscheinungsform angelangt. Welche Kette von Ereignissen dornenvoller Zwischenfälle und rosiger Vorkommnisse verbindet nicht die zwei Endpunkte der Geschichte dieser Galluskirche, nämlich die Weihe dieser Gegend durch den heiligen Gallus und die Kirchweihe der Kathedrale durch Bischof Karl Johann! Wie erhaben, glorreich und ehrwürdig präsentirt sich nicht St. Gallens Dom, „geschichtlich beleuchtet im Lichte seiner eigenen Vergangenheit"!

---

[1]) Der Zusatz zum Offic. Dedic. Eccles. II. Noct. im Propr. Sang., welcher dieser Consecration erwähnt, lautet: „Incidit postmodum inter maxima temporum discrimina *perpetuo lugendum principalis monasterii S. Galli excidium* atque ob multiplices casus, qui exinde sancti hujus loci faciem mutaverant, *novæ Basilicæ bis interim restauratæ Consecratio in dies semper fuit dilata*. Quam denique Carolus Joannes Episcopus ad ss. Canonum Præscripta *die Sabbati ante Dominicam post festum Assumptionis b. Mariæ semper Virginis anno supra millesimum octingentesimo sexagesimo septimo feliciter exegit* assistentibus omnibus *totius Helvetiæ episcopis*, qui una cum ingenti populi concursu Dominica subsequenti festum Dedicationis insigni Missæ majoris et Processionis Solemnitate concelebrarunt."

In der empfangenen Salbung und Weihe gleichsam neugestärkt und mit der schützenden Kraft des heiligen Geistes umgeben, hat die Kathedrale auch beim Toben und Lärmen eines allerjüngsten, gegen sie heraufbeschworenen Sturmes festgestanden und ist unter Gottes gnädigem Walten diese „**Ruhestätte des heiligen Gallus**" im engsten Sinne des Wortes vor sacrilegischer Profanation durch Menschen bewahrt worden, gegen die schon einst St. Notker den Warnungsfinger erhoben. Wie dieser Dom als materiell sichtbares Gebäude heute noch der Gegenstand der Verehrung, Anhänglichkeit und des Stolzes der St. Gallischen Landschaft ist, so wird auch ebendasselbe katholische Volk eifersüchtig den dieser Kirche gewordenen Adelstitel der „**bischöflichen Kathedrale**" wahren. Dornen und Rosen, die heute nach unserm Titelblatte auf dem **Goldgrund** des Jubels sich abheben, werden freilich nicht aufhören, auch die weitere Geschichte dieser Kirche zu charakterisiren, aber das Aufblühen des „rosigen Ereignisses", wie es in Mitte „dornenvoller Tage" diese „goldene" Jubelfeier des St. Gallischen Oberhirten ist, ruft uns doch jene Worte in Erinnerung, welche einst P. Basilius Balthasar an den Schluß einer unter dem Titel „Requies S. Galli semper in spinis, numquam sine rosis" herausgegebenen, kurzen Stiftsgeschichte setzte.¹) Wir machen sie auch zum Schlusse unserer Arbeit. Sie sind dem heiligen Basilius dem Großen entnommen und lauten: „**Ich weiß, bin überzeugt und wünsche, daß es alle wissen: daß Gottes Hilfe sogleich uns zu Theil wird, und wir schließlich nicht verlassen sind. Was wir etwa erduldet haben, das haben wir unserer Sünden wegen erfahren, aber gemäß der Liebe, welche der gütige Gott für seine Kirche hegt, wird er auch seinen Beistand offenbaren.**"

¹) Cod. manuscr. 1430.

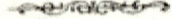

+ Carl Johann, Byschof.

Reihenfolge
der
Aebte, Fürsten und Bischöfe von St. Gallen.*)

I. Aebte und Fürsten von St. Gallen.

1. Der hl. Gallus   † 640   gründete St. Gallen 612.
2. Der hl. Magnus   † 666   starb als Abt von Füssen.
3.   Stephan
4.   Mangulf
5. Der hl. Othmar   720—759   Wiederhersteller der Gallnszelle.
6.   Johannes   760—780

*) Nach dem Handschriften-Katalog der Stifts-Bibliothek von St. Gallen.

7.	Waldo	781—788	
8.	Werdo	786—812	
9.	Wolfleoz	812—839	Bischof von Konstanz.*)
10.	Gohbert	816—836	
11.	Bernwic	836—840	
12.	Engilbert I.	840—841	
13.	Grimoald	841—872	
14.	Hartmut	872—883	
15.	Bernhard I.	883—889	} seit 890 zugleich Bischof von Konstanz.
16.	Salomon	889—920	
17.	Hartmann	920—924	
18.	Engilbert II.	924—933	
19.	Thieto	933—940	
20.	Craloh	940—958	
21.	Anno	953—954	
22.	Burkard I.	956—971	
23.	Notker	971—975	
24.	Immo	975—984	
25.	Ulrich I.	984—990	
26.	Gerhard	990—1001	
27.	Burkard II.	1001—1022	
28.	Thietpolt	1022—1034	
29.	Nortpert	1034—1072	
30.	Ulrich II.	1072—1077	} seit 1086 zugleich Patriarch von Aquileja.
31.	Ulrich III.	1077—1123	
32.	Liutold	1077	von Nellenburg, Gegen-Abt.
33.	Werinhar	1081—1086	Gegen-Abt.
34.	Manegold	1123—1133	von Bottstein.
35.	Wernher	1133—1167	
36.	Ulrich IV.	1167—1199	von Tegernfeld.
37.	Ulrich V.	1199—1200	von Veringen.

*) Bei resignirenden Aebten wird die Jahreszahl bis zu deren Todesjahr fortgeführt.

38.	Heinrich I.	1200—1204	von Klingen.
39.	Ulrich VI.	1204—1219	von Hohensax.
40.	Rudolf I.	1219—1226	von Güttingen, seit 1222 zugleich Bischof von Chur.
41.	Konrad I.	1226—1239	von Bussnang.
42.	Walther	1239—1244	von Truchburg.
43.	Berthold	1244—1272	von Falkenstein.
44.	Ulrich VII.	1272—1277	von Güttingen.
45.	Rumo	1274—1281	von Ramstein.
46.	Wilhelm	1281—1301	von Montfort.
47.	Konrad II.	1288—1291	von Gundelfingen, Gegen-Abt.
48.	Heinrich II.	1301—1318	von Ramstein.
49.	Hiltipolt	1318—1329	von Werstein.
50.	Rudolf II.	1330—1333	von Montfort.
51.	Hermann	1333—1360	von Bonstetten.
52.	Georg	1360—1379	von Wartenberg.
53.	Kuno	1379—1411	von Stoffeln.
54.	Heinrich III.	1411—1417	von Gundelfingen.
55.	Konrad III.	1417—1418	von Pegau.
56.	Heinrich IV.	1418—1426	von Mansdorf.
57.	Eglolf	1426—1442	Blarer aus Konstanz.
58.	Kaspar	1442—1467	von Breitenlandenberg.
59.	Ulrich VIII.	1463—1491	Rösch, „II. Gründer der Gallusstiftung".
60.	Gotthard	1491—1504	Giel von Glattburg.
61.	Franz	1504—1529	Gaisberger aus Konstanz.
62.	Kilian	1529—1530	Germann aus Toggenburg.
63.	Diethelm	1530—1564	Blarer von Wartensee, „III. Gründer der Gallusstiftung".
64.	Othmar II.	1564—1577	Kunz aus Wyl.
65.	Joachim	1577—1594	Opser aus Wyl.
66.	Bernhard II.	1594—1630	Müller aus Ochsenhausen.
67.	Pius I.	1630—1654	Reher aus Weingarten.

68.	Gallus II.	1654—1687	Alt aus Oberriedt.
69.	Cölestin I.	1687—1696	Graf Sfondrati aus Mailand, seit 1696 Cardinalpriester.
70.	Leodegar	1696—1717	Bürgisser aus Luzern.
71.	Joseph I.	1717—1740	von Rudolfis aus Laibach.
72.	Cölestin II.	1740—1767	Gugger v. Staudach aus Feldkirch.
73.	Beda	1767—1796	Angehrn aus Hagenwyl.
74.	Pankratius	1796—1829	Vorster aus Wyl.

„Serie Abbatum ultimus, meritis assecutus primos."
„Aus der Grabschrift des Fürsten Pankratius in der Kloster-Kirche von Muri."

II. Bischöfe von Chur-St. Gallen.

1.	Karl Rudolf	1823—1833	Graf von Buol-Schauenstein, seit 1794 Fürstbischof von Chur.
2.	Johann Georg	1833—1836	Bossi, Bischof von Chur-St. Gallen bis zur Errichtung des apostol. Vicariates St. Gallen 1836.

III. Bischöfe von St. Gallen.

1.	Johannes Petrus	1847—1862	Mirer von Obersaxen, Canton Graubünden, vorher seit 1836 apostolischer Vicar in St. Gallen.
2.	Karl Johann	1863—	Greith von Rapperswyl, Doctor der Theologie, Jubilar seit 29. Mai 1881.

P. S. Mit vorstehender Zusammenstellung will keineswegs gesagt sein, es seien die Bischöfe von Chur-St. Gallen und von St. Gallen im eigentlich strengen Sinne Rechts- und Amtsnachfolger der Fürst-Aebte St. Gallens. Immerhin aber besteht eine geistige Verwandtschaft und Zusammengehörigkeit unter den Prälaten, welche zur Ruhestätte des heiligen Gallus in besonders ausdrücklichem Verhältnisse der oberhirtlichen Jurisdiction standen. Die vorstehende Reihenfolge umfaßt somit nur jene Prälaten, in deren Amtstitel „St. Gallen" ausdrücklich hervorgehoben wird, und das sind a) die Aebte und Fürsten von St. Gallen; b) die Bischöfe von Chur-St. Gallen; c) die Bischöfe von St. Gallen.

Nachtrag

über die Reliquien der heiligen Gallus und Othmar

in der

Metropolitan-Kirche zu Prag.

ie Aufschlüsse, welche uns erst nach Vollendung unseres Manuscriptes über die in Prag befindlichen Reliquien der zwei heiligen Hauptpatrone St. Gallens zu Theil geworden, sind zu interessant, als daß wir sie unsern Lesern vorenthalten dürften. Wie wir bereits im IV. Capitel (S. 94.) erzählt, wurde unter Abt Hermann 1353 dem Kaiser Karl IV. bei dessen persönlichem Besuche in St. Gallen unter mehreren andern Reliquien auch das Haupt des heil. Othmar geschenkt, welches sodann genannter Kaiser der Domkirche von Prag übermachte. Eine bei Ildephons von Arx Bd. III. S. 23, not. e. vorkommende Hinweisung auf ein in Bolland. tom. I. in addit. ad 2. Jan. abgedrucktes Verzeichniß sämmtlicher, von Karl IV. der Domkirche von Prag übermachten Reliquien, worin sich auch ein **"caput et brachium S. Galli"** verzeichnet finden, veranlaßte uns, nicht nur der Richtigkeit dieser Angabe in den Bollandisten nachzuforschen, sondern auch nach eigens vorgenommener Einsicht in dieses Verzeichniß beim Prager Metropolitan-Capitel nähere Erkundigungen hierüber einzu-

ziehen, zumal auch die im „Diarium Abb. Josephi" gewonnene Information nur das Haupt des heiligen Othmar, nicht aber das des heiligen Gallus betrifft.

In ganz außerordentlicher Freundlichkeit hat uns sodann auf solches Gesuch hin erst dieser Tage der Dechant des Prager Metropolitan-Capitels, der Hochwürdigste Herr Dr. Franz Karl Poncha, Bischof von Joppe i. p. i., mit einem sehr einläßlichen Schreiben beehrt, welchem wir der Hauptsache nach Folgendes entnehmen:

1. Kaiser Karl IV. gewann in der That bei seiner Reise durch das deutsche Reich in St. Gallen den größern Theil vom Haupte des heiligen Gallus, das Haupt des heiligen Othmar und einzelne andere Reliquien und vermachte diesen kostbaren Schatz der Prager Domkirche vermittelst eines im Jahre 1354 indict. septima 4. Non. Januar. sub aurea Bulla datirten Schreibens, worin unter anderm folgende Stelle vorkommt: „*Abinde versus monasterium apertis gressibus procedentes, Altare, in quo corpus S. Galli jacebat, fecimus aperiri, de cujus apertura hominum memoria non habetur, et aperto monumento, quod in Altari erat reconditum, obtinuimus tales reliquias: videlicet majorem partem capitis S. Galli Conf. cum aliquibus ossibus suis et aperto Altari S. Othmari in eadem ecclesia et recluso monumento, quod erat subtus Altare, ubi Corpus S. Othmari C. jacebat, recepimus caput ejusdem cum aliquibus reliquiis ejus, posteriorem tamen ibi capitis particulam relinquentes.*

2. Dieser größere[1] Theil des Hauptes unseres heiligen Landesvaters ward sodann noch zu Lebzeiten Kaiser Karl's IV. der damals in Prag bestehenden St. Gallus-Pfarrkirche übergeben, während das „caput S. Othmari Abb. cum infula gemmata" bei den Reliquien des Domschatzes verblieb. So

---

[1] Wenn somit *Sacr. S. Galli* tom. 1. Hierogazophyl. S. 20—26 von einem „Haupte des heiligen Gallus" und dessen feierlicher Einschließung in ein silbernes Reliquiar unter Abt Franz i. J. 1514 die Rede ist, so muß darunter der kleinere, übrige Theil des Hauptes verstanden werden.

berichtet das „Diarium ss. reliquiarum, quæ in S. Metrop. Prag. D. Viti eccl. pie asservantur" zum 16. October, wie folgt: „*S. Galli Abb. major pars capitis, brachium et costa, allata per Carolum ex monasterio S. Galli Diœc. Constant.* a. 1351. *Caput argento et auro circumdatum donaverat idem Imperator eccles. parochiali S. Galli in veteri civitate,* (Prager-Altstadt, wo sich noch heute die seither umgebaute, später Klosterkirche gewordene, jetzt abermals als Pfarrkirche benützte Galluskirche befindet,) **quod tempore hæreseos amissum** *est; brachium et costam dedit Ecclesiæ Pragensi* (Domkirche), *quæ hodie intacta manent. Exstat quoque in Ecclesia Pragensi pars de mandibula S. Galli absque ullo dente."*

3. In eigener Zulassung Gottes ging somit das Haupt des heiligen Gallus, über dessen Schenkung an die Prager Galluskirche Karl IV. ein eigenes Donationsinstrument ausgestellt hatte, in Folge der Hussitenstürme **verloren**, wie sein heiliger Leib hier ein Opfer des Vandalismus jenes 23. Februar geworden. Gerade diese Galluskirche litt eben unter jenen unseligen Wirren sehr viel und war bis 1623 den verschiedensten Profanationen ausgesetzt.

4. Nach den Prager Reliquieninventaren befinden sich dortselbst zur Zeit noch folgende St. Galler-Reliquien:

a) Die ganze, wohlerhaltene Kinnlade des heiligen Gallus.

b) Das wohlerhaltene Haupt des heiligen Othmar in einer eigenen Fassung.

c) Ein zwischen 4 und 5 Centm. langes, fingerstarkes Gebein des heiligen Gallus und ein ganz ähnliches vom heiligen Othmar.

5. Da sich zur Zeit kein eigentliches «brachium S. Galli» in Prag mehr vorfindet, das genannte «Diarium» aber ein solches erwähnt, während der Bericht Karl's IV. über die Reliquien nur den allgemeinen Ausdruck „heilige Gebeine" braucht, so ist die Frage eine offene, ob ein eigentliches „Armbein" des

heiligen Gallus entweder gar nicht[1]) nach Prag gekommen und man ein anderes heiliges Gebein von St. Gallus aus Versehen als «brachium» bezeichnet, oder ob es verloren gegangen, oder endlich irgendwie im Laufe der Zeit verwechselt worden ist.

Immerhin verehrt man also in der Hauptstadt Böhmens noch zur Stunde höchst kostbare Reliquien unserer Landesheiligen, deren Fürbitte auch dem Hochwürdigsten Herrn Bischof Dr. Poncha, dem wir diese Informationen verdanken, die uns erwiesene Freundlichkeit vergelten möge.

---

[1]) Wir glauben die Lösung der Frage in der Ungenauigkeit der Bezeichnung zu finden, da wir Sacrar. S. Galli tom. I. die Seite 27 ebenfalls überschrieben finden mit „*brachium S. Galli*", während es unten im Texte sofort heißt: „Anno quoque 1520 idem, qui supra Rev. et Illustr. Princeps **Brachium unum seu os aliquod** Thecæ argenteæ . . . in *formam brachii humani fabricatæ inclusit*." Es scheint also die Bezeichnung „*Brachium*" mehr im Allgemeinen von „*os aliquod*" genommen zu sein, wenngleich das silberne, armförmige Reliquiar vermuthen läßt, daß man ein Armbein einzuschließen glaubte.

www.ingramcontent.com/pod-product-compliance
Lightning Source LLC
Chambersburg PA
CBHW021816230426
43669CB00008B/775